Bärbel Wardetzki

Weiblicher Narzißmus

Bärbel Wardetzki

Weiblicher Narzißmus

Der Hunger nach Anerkennung

Kösel

13. Auflage 2001, 54.–59. Tausend
© 1991 by Kösel-Verlag GmbH & Co., München
Printed in Germany. Alle Rechte vorbehalten
Druck und Bindung: Kösel, Kempten
Umschlag: Elisabeth Petersen, München
ISBN 3-466-30320-6

*Gedruckt auf umweltfreundlich hergestelltem Werkdruckpapier
(säurefrei und chlorfrei gebleicht)*

Inhalt

Vorwort 7
Danksagung 11
Einleitung 13

I. Weiblicher Narzißmus   19

Was ist weiblicher Narzißmus? 20
Der Hunger nach Anerkennung 26
Sie wurde wütend, obwohl sie traurig war 31
Wenn das Kind einem besonderen Bild entsprechen soll 35
Wenn das ›wahre‹ Selbsterleben verlorengeht 39
Männlicher und weiblicher Narzißmus 46

II. Was wir früh lernen, kann später zum Problem werden   57

Die Auswirkungen früher Trennungen 58
»Sei Nicht!« 60
»Iß, was ich dir gebe!« 66
»Schlucke, was ich dir sage!« 70
Wenn der Körper nicht zum Selbst gehört 75
Bindung und Trennung 80
Wenn kurzfristige Trennungen Verlassenheit bedeuten 86
Der Kampf zwischen Abhängigkeit und Autonomie 92
Die ›narzißtische Hochform‹ 96
Bin ich ein Mädchen oder ein Junge? 99
Die Mutter als weibliches Vorbild? 102
Familienmuster: Mir geht es nur gut, wenn es dir gut geht ... 109
Die Delegation von Leistung, Prestige und Erfolg 112
Das Gebot der Lustfeindlichkeit und Tugendhaftigkeit 115
Wenn Vater, Mutter und Tochter eine ›Ehe zu dritt‹
führen 118

Der Heilige-Hure-Konflikt und das Märchen ›Marienkind‹ ... 124
Sexueller Mißbrauch 135
Die Bedeutung von Geschwistern 140
Eine kleine Familiengeschichte 144
Das Schönheitsideal 146

III. Ein Leben in Extremen 151

Im Spannungsfeld zwischen Minderwertigkeitsgefühl und
Grandiosität 152
Im Glanz der Grandiosität 156
Ich will alles, und zwar sofort 163
Ich bin nichts wert 168
Wer bin ich wirklich? 171
›Gutes‹ und ›böses‹ Essen 176
Verbotene Lust und Gier 180
Das Beziehungsdilemma 182
Wir können nicht miteinander, aber auch nicht ohneeinander . 190
Immer suche ich mir den Falschen 197
Co-Abhängigkeit, Beziehungssucht und Sexsucht 201

IV: Therapie, Selbsthilfe und Heilung des Selbst 209

Die Kapitulation 210
Der Weg zum ›wahren‹ Selbsterleben 217
Die Verführung durch die Grandiosität 226
Wie ein Mensch ›ganz‹ wird 232
Autonomie und Selbstannahme 238

Anhang 249

Anmerkungen 250
Literatur 258
Glossar 263
Hier finden Sie Hilfe und Unterstützung 268

Vorwort

Seelische Krankheiten sind nicht nur individuelles Schicksal, sondern auch Ausdruck eines kollektiven Leidens. Mit Recht hat man unsere Zeit eine Zeit der Egozentrik, der Selbstbezogenheit, kurz des Narzißmus genannt. Aber Narzißmus ist nicht nur das egozentrische Kreisen um sich selbst, sondern tiefer gefaßt, die verzweifelte Suche nach sich selber und nach Grenzen.
Die Sehnsucht nach Normalität und sicherer Begrenzung ist der andere Pol zur Entgrenzung, Maßlosigkeit und Uferlosigkeit, die unser postmodernes Lebensgefühl kennzeichnen. Nicht nur die Begrenztheit unserer ökologischen Reserven zwingt uns zum Maßhalten, auch die Begrenztheit unserer seelischen, körperlichen und spirituellen Quellen.
Kennzeichnend für den narzißtischen Charakter ist das Maßlose und die ausbeuterische Haltung sich selbst, seiner sozialen und ökologischen Umwelt gegenüber. Wieviele moderne »Menschenopfer« in Form von emotionaler Zerstörung bringen wir auf dem Altar der Anerkennung, Leistung und Karriere dar? Zwanghafter Perfektionismus, fassadenhafte körperliche Vollkommenheit und luxuriöse Lebensgewohnheiten sind die neuen »goldenen Kälber«, um die wir bis zur Erschöpfung tanzen.
Durch unsere Überheblichkeit »über-heben« wir uns buchstäblich bis zum krisenhaften Zusammenbruch, der uns zwingt, innezuhalten und in der Genesung unsere Grenzen zu finden und uns mit unserer Begrenztheit auszusöhnen. Der Slogan: »First class or no class« ist die Metapher für das Leben in Extremen. Je mehr wir uns selbst verloren haben, um so mehr müssen wir in Extremen leben, um uns überhaupt noch zu spüren. Es scheint so zu sein: Je reicher und großartiger wir außen sind, um so emotional verarmter sind wir innen. Der Preis der Innenweltzerstörung ist katastrophal. Unsere PatientenInnen berichten, daß sie das Gefühl haben, nur eine Lebens- und Existenzberechtigung zu besitzen, wenn sie perfekt sind. Der zwanghafte Perfektionismus ist die

Kompensation dieser ontologischen Unsicherheit. Kurz gesagt: Wir sind an den Wurzeln unseres Seins erkrankt.

Das Buch von Bärbel Wardetzki ist aus einer annähernd zehnjährigen klinischen Erfahrung in der Behandlung von narzißtischen Persönlichkeitsstörungen entstanden. Als die Anzahl unserer an Bulimie erkrankten Patientinnen, sprunghaft gestiegen war, merkten wir bald, daß eine Behandlung, die nur das Symptom (also die Eßstörung) im Blick hat, zu kurz greift. Wir bemühten uns, die Welt, in der diese Patientinnen lebten, zu verstehen. Aus diesem Bemühen um Verständnis ist das Konzept des *Weiblichen Narzißmus* entstanden.

Viele Patientinnen fanden sich in diesem Konzept wieder und konnten sich in ihrer Krankheit besser verstehen und annehmen. Sie faßten den Entschluß, sich auf die Suche nach ihrem inneren »verlorenen Kind« zu begeben. In der Regel verbirgt sich hinter der prächtigen äußeren Fassade ein emotional verwahrlostes, verzweifeltes Kind, das nach Anerkennung und Spiegelung seiner wahren Identität hungert. Der Heißhunger der Bulimikerinnen ist der symbolische Ausdruck dieses Hungers, der nie durch Essen gestillt werden kann. Dieses Kind, oder auch »wahres« Selbst genannt, leidet an der »unerträglichen Seichtigkeit des Scheins« und will sowohl von der Betroffenen als auch von der Umwelt entdeckt, wahrgenommen und angenommen werden. Diese Entdeckung des »wahren« Selbst ist der Ausgangspunkt der Genesung und erfordert eine geduldige, behutsame und langwierige Pflege des »inneren Kindes«.

Dieses Buch ist geschrieben von einer Frau für Frauen. Mein Wunsch ist, daß das, was uns die leidenden Frauen in der Klinik offenbart haben und von Bärbel Wardetzki als *Weiblicher Narzißmus* konzeptualisiert wurde, anderen Frauen hilft.

Klinik für Psychosomatische   Dr. Konrad Stauss
Medizin Grönenbach

So, wie ich bin

*Es gibt Momente in mir
da habe ich mich lieb
so, wie ich bin
da sehe ich alle Fehler an mir
und mag mich
so, wie ich bin
da frag ich nicht
wie muß ich sein
um anderen zu gefallen
da bin ich einfach
so, wie ich bin*

(Teile eines Liedtextes von Klaus Hoffmann, zitiert von einer ehemaligen Patientin am Ende ihrer Therapie.)

Danksagung

Ich möchte mich bei all jenen bedanken, die direkt oder indirekt an der Entstehung dieses Buches beteiligt waren. Dazu gehören in erster Linie die Patienten und Patientinnen, von denen ich im Lauf der Jahre viel lernte.
Ich danke denen, die mir ihre Lebensberichte zur Veröffentlichung überlassen haben und zu diesem Zweck bereit waren, noch einmal ihre Geschichte, ihren Leidensweg und ihre Genesungsschritte aufzuschreiben. Ich kann nachempfinden, welche Mühe und Anstrengung es kostet, einen bereits hinter sich liegenden Lebensabschnitt erneut hervorzuholen. Um so mehr freue ich mich zu hören, daß es für die meisten nicht nur eine schwierige Aufgabe war, sondern daß es ihnen auch einigen Gewinn brachte. Trotzdem weiß ich ihr Bemühen sehr zu schätzen. Ich halte die persönlichen Beiträge, die ich teilweise wörtlich übernommen habe, für einen wesentlichen Bestandteil des Buches, und eine gute Möglichkeit, eigene Erfahrungen an die LeserInnen weiterzugeben.
Die gute und intensive Zusammenarbeit mit dem Leiter der Psychosomatischen Klinik Grönenbach, Dr. Konrad *Stauss*, und dem dortigen *Team* hat zum Gelingen dieses Buches und zur Erarbeitung der Grundgedanken in hohem Maße beigetragen. In Zeiten von Zweifeln gaben mir die unterstützenden Rückmeldungen Mut weiterzuschreiben. Ich danke auch für die kritischen Auseinandersetzungen besonders mit Herrn Dr. *Sprenger*, Frau *Maasberg* und Frau *Conze*, die immer wieder zu neuen Denkanstößen führten. Bedanken möchte ich mich auch für die finanzielle Unterstützung von seiten der Firmenleitung.
In der langen und kontinuierlichen Zusammenarbeit mit Herrn Dr. *Walch* habe ich persönlich und fachlich sehr viel gelernt. Diese Erfahrungen fließen mit in das Buch ein. Ich danke ihm für die unterstützende Begleitung.
Auch bei meiner Familie und meinen Freunden bedanke ich mich,

da sie mit Verständnis, Interesse und Liebe für mich da waren. Ihre Anteilnahme hat mich gefreut und ermutigt. Die tatkräftige Hilfe und Mitarbeit meiner Mutter war mir sehr wertvoll.
Ich danke auch meiner Freundin und Lektorin Dagmar *Olzog* für die gute Zusammenarbeit.

Einleitung

Die Idee, dieses Buch zu schreiben, entstand im Zusammenhang mit meiner therapeutischen Arbeit in der Psychosomatischen Klinik in Grönenbach. Wir behandeln dort PatientInnen, die vorwiegend unter Suchtkrankheiten leiden. Seit Anfang der achtziger Jahre stieg die Zahl eßgestörter Frauen und Männer stetig an, was uns dazu veranlaßte, Richtlinien für die Behandlung dieser PatientInnen zu entwickeln. In Zusammenarbeit mit Dr. Konrad *Stauss* entwickelten wir das Konzept des ›Weiblichen Narzißmus‹, das ich 1990 in meiner Dissertation über Bulimie-Patientinnen theoretisch weiter ausarbeitete. Mein Interesse war damals, die Persönlichkeit von Bulimikerinnen zu untersuchen. Zu diesem Zweck befragte ich eine Gruppe von betroffenen Frauen, die zum damaligen Zeitpunkt in unserer stationären Behandlung waren. Die Ergebnisse bestätigten meine Annahme, daß Eßstörungen (Magersucht, Eß-Brechsucht und Eßsucht) eine Selbstwert- und Beziehungsstörung zugrundeliegen. Auf diese Befragung beziehe ich mich an zwei Stellen im Text.
Zusammenfassend belegt meine Befragung, daß die Mehrzahl der Frauen mit einer Eßstörung, speziell jedoch Bulimikerinnen, eine weiblich-narzißtische (das heißt den Selbstwert betreffende) Persönlichkeitsstruktur besitzen, die sich durch tiefe Selbstzweifel und Minderwertigkeitsgefühle auszeichnet, die über Attraktivität, Schlankheit, Leistung, Perfektionismus und etwas Besonderes sein ausgeglichen werden soll. Die Frauen zeigen nach außen eine selbstbewußte Seite, die ihre Unsicherheiten nicht vermuten läßt. In Beziehungen haben sie deshalb häufig Probleme, weil sie sich hinter der starken Fassade einsam fühlen, Angst haben, nicht geliebt zu werden, und sich an den Partner klammern. Kommt es jedoch zu wirklicher Nähe, so zeigen sich die Bindungsschwierigkeiten deutlich: Die Frauen sind nicht fähig, sich wirklich auf einen anderen Menschen einzulassen. Sie befürchten, von diesem aufgefressen oder verlassen zu werden. Sind sie jedoch allein,

haben sie Sehnsucht nach einem Partner, aber auch Angst, daß es ihnen beim nächsten Mal wieder nicht gelingt, eine Beziehung aufzubauen.

Im Laufe der Zeit und während der Auseinandersetzung mit PatientInnen, KollegInnen und FreundInnen über dieses Thema wurde immer deutlicher, daß die weiblich-narzißtische Persönlichkeit nicht nur auf Frauen mit Eßstörungen zutrifft, sondern auch auf viele andere Frauen mit und ohne Suchterkrankungen. Sie erkennen sich wieder in Themen wie der mangelnden Abgrenzung, dem schlechten Kontakt zu den eigenen Bedürfnissen und Gefühlen, der Abwertung eigener Wünsche, den Schwierigkeiten, es sich über einen längeren Zeitraum gutgehen zu lassen und die Bedürfnisse der anderen vor die eigenen zu stellen. Typisch weibliche Verhaltensweisen? Ganz sicher nicht. Die Rolle der ›Bedürfnislosigkeit‹ ist keine Naturgegebenheit, sondern eine gesellschaftliche Prägung, die es gilt bewußt zu machen und zu hinterfragen. Wenn Frauen darüber still werden, werden sie zwangsläufig unglücklich und flüchten sich in Süchte. Neben den Eßsüchten ist es vor allem die Medikamenten- und Alkoholabhängigkeit, die viele Frauen als ›stillen‹ Ausweg suchen. Allerdings ist dies ein gefährlicher Weg, denn Süchte können in den Tod führen.

In der weiblich-narzißtischen Persönlichkeitsstruktur kommt das grundlegende Dilemma von Frauen zum Ausdruck, sich zwischen Abhängigkeit und Selbständigkeit zu bewegen. In ihrem Fall liegt die Lösung des Konflikts im Leben der Extreme: entweder vollkommen abhängig und im anderen bis zum Verlust der eigenen Identität aufgehen oder in totaler Distanz vom anderen, autonom, aber allein sein. Dieses Entweder-Oder zieht sich durch fast alle Lebensbereiche. Es zeigt sich auch in der Selbsteinschätzung der Frauen. Entweder fühlen sie sich großartig, stark, selbstbewußt oder unsicher, schwach, hilflos und minderwertig. Das Konstrukt des ›weiblichen Narzißmus‹ soll helfen, die Persönlichkeit von Frauen zu beschreiben, die kein stabiles Selbstwertgefühl besitzen.

Die Hoffnung liegt darin, allen zu gefallen und dadurch innerlich stabil zu bleiben. Die Anerkennung, die sie sich selbst nicht geben können, brauchen sie von außen, wofür sie bereit sind, fast alles zu tun. Sie gehen einen gefährlichen Kompromiß ein: »Ich verleugne mich, meine Bedürfnisse, Wünsche und Gefühle und bekomme dafür von Dir die Anerkennung und Liebe, die ich sehnsüchtig suche.« Gefährlich ist dieser Kompromiß deshalb, weil die Verleugnung der eigenen Person immer auf Kosten der seelischen und körperlichen Gesundheit geht, sei es in Form psychosomatischer Krankheiten oder Süchte.

Den Begriff Narzißmus verwende ich in diesem Buch in der Bedeutung von ›narzißtischer Störung‹. Darunter versteht man die Beeinträchtigung des Selbstwertgefühls und der Selbstliebe.[1] Wenn ich häufig das Wort ›Störung‹ benutze (zum Beispiel narzißtische Persönlichkeitsstörung), so geschieht dies nicht als Abwertung. Ich verstehe die narzißtische Störung als einen grundlegenden Mangel, der das Leben einschränkt und liebevolle, tragende Beziehungen zum großen Teil unmöglich macht. Aus Erfahrung weiß ich um das Leid, das damit verbunden ist. Ich verwende den Begriff ›Störung‹ aus praktischen Gründen immer wieder neben dem der narzißtischen Persönlichkeit. Der Begriff Störung vermittelt die Vorstellung, es gäbe einen ungestörten Zustand. Den gibt es meiner Meinung nach nur als größere oder geringere Störbarkeit des Selbsterlebens. Kränkungen sind Bestandteil des Lebens und bringen das Selbstwertgefühl eines jeden Menschen zumindest für kurze Zeit ins Schwanken. Der Unterschied der Störbarkeit liegt in der Stärke und Qualität der Schwankung. Ein Mensch mit einem stabilen Selbstwertsystem (der demnach nicht narzißtisch gestört ist), wird vielleicht traurig oder zornig reagieren, aber nicht seinen Selbstwert und seine Existenzberechtigung verlieren. Ein Mensch mit einer narzißtischen Störung wird Kritik mit großer Verunsicherung beantworten und nicht in der Lage sein, sein Selbstwertgefühl aufrechtzuerhalten. Möglicherweise wird er durch eine Kränkung dermaßen beeinträchtigt, daß er sogar seine Daseinsberechtigung anzweifelt. »Was hat ein Mensch, der so eine Kritik einstecken muß wie ich, überhaupt noch für ein Recht zu leben?«

Ein weiterer Begriff, den ich im Text immer wieder erwähne, ist der der ›therapeutischen Gemeinschaft‹. Wir arbeiten in unserem Hause mit diesem Konzept. Eine therapeutische Gemeinschaft besteht aus allen PatientInnen, TherapeutInnen und Angestellten, die in direktem Kontakt mit den Patienten sind. Sie definiert sich dadurch, daß sich alle Mitglieder der Gemeinschaft verpflichten, sich auf ihr Fehlverhalten hin anzusprechen und ansprechen zu lassen. Der Grundgedanke ist, daß die Stimmung in der Gemeinschaft vom Verhalten jedes einzelnen mitbestimmt wird. Darüber hinaus inszeniert jeder Patient sein Problem in der Gemeinschaft und kann durch Rückmeldungen der anderen auf sein Fehlverhalten aufmerksam gemacht werden und lernen, es zu verändern. Denn die meisten seelischen Krankheiten sind auch Beziehungskrankheiten und bilden sich direkt in den Kontakten innerhalb der Gemeinschaft ab. Die therapeutische Arbeit in der therapeutischen Gemeinschaft besteht hauptsächlich aus Gruppensitzungen, teils in Kleingruppen, teils in der Großgruppe. Auch wenn die Gemeinschaft sowohl aus weiblichen als auch männlichen Patienten und Kollegen besteht, schreibe ich in diesem Buch nur von Patientinnen und Therapeutinnen. Wenn ich den Schwerpunkt auf Frauen lege, so hat das sicherlich damit zu tun, daß ich mich besser in ihre Lage einfühlen, sie verstehen und ihre Situation nachvollziehen kann. Zum anderen ist es mein Anliegen, mit diesem Buch eine Identifikationsmöglichkeit für betroffene Frauen zu schaffen, um ein grundlegendes Verständnis für ihre Schwierigkeiten zu ermöglichen und damit einen ersten Schritt zu deren Überwindung zu liefern.

Narzißtische Störungen treten nicht nur als individuelle Erscheinungen auf, sondern haben ihr Abbild in unserer Gesellschaft. Wir leben in einer narzißtisch geprägten Welt, in der Werte des Alles-Machbaren und des Besser-Seins vorherrschen. Unsere Gesellschaft ist gekennzeichnet durch die Widersprüchlichkeit von Sein und Schein. Viel Geld und Energie werden verwendet, um die äußere Fassade der Dinge zu optimieren. Reichtum, Luxus, gutes Aussehen und Statussymbole werden auf Kosten unserer Lebensgrundlagen hergestellt, die Welt wird ausgebeutet und somit der Ast, auf dem wir sitzen, langsam abgesägt. Hinter einer prächtigen Fassade materiellen Wachstums und Wohlstands verlieren wir vermehrt den Bezug zur Innerlichkeit und Spiritualität. Es entsteht eine Entleerung, die mit immer mehr Gütern ausgefüllt wird, aber nicht zu einer anhaltenden Befriedigung führt. Denselben Konflikt finden wir bei der narzißtischen Persönlichkeit und der Bulimikerin wieder. Sie verleihen ihm Ausdruck in der Demonstration von Grandiosität bzw. im Eß-Brechsymptom. Beides soll dazu dienen, eine Fassade aufrechtzuerhalten und die dahinter verborgene Selbstwertschädigung und Leere zu kompensieren. Die narzißtische Störung und Bulimie sind daher nicht nur Ausdruck einer individuellen Problematik, sondern auch unserer gesellschaftlichen Situation der Entfremdung vom eigenen Sein zugunsten einer Scheinwelt. Wir leben zwischen Extremen des Überflusses und des Verhungerns, zwischen höchstem Entwicklungsstandard und größter Bedrohung des Planeten, zwischen einem großen technischen Wissen und innerer Verarmung. Es scheint, als würden weibliche Narzißtinnen in ihrem Symptom diese unvereinbaren Widersprüche wortlos ausdrücken wollen.

Krankheit bedeutet aber immer, daß der Versuch, mit einer problematischen Situation fertig zu werden, scheiterte. In meiner Arbeit mit Patientinnen habe ich erkannt, daß Sinnlosigkeit, geistige Abspaltung und Entleerung ein Teil der Erkrankung sind. Die Rückbesinnung auf unsere Existenz und Rückbindung auf ein umfassendes geistiges Verständnis von der Welt halte ich daher für eine ganzheitliche Genesung des Menschen für unerläßlich.

Noch ein Hinweis: Am Ende des Buches befindet sich ein Glossar, das alle Fachausdrücke und Fremdwörter beinhaltet und erklärt. Es soll dem Leser und der Leserin eine schnelle Orientierung ermöglichen. Außerdem habe ich noch eine Liste von Einrichtungen zusammengestellt, bei denen betroffene Frauen Hilfe und Rat erhalten.

I.
Weiblicher Narzißmus

Was ist weiblicher Narzißmus?

Narzißmus und narzißtisch sind in der Psychologie zwei Begriffe, die besonders in den letzten Jahren häufig verwendet wurden. Sie stehen für Selbstwertstörungen im weitesten Sinne. Der Begriff ›weiblicher‹ Narzißmus dagegen ist neu und umschreibt eine besondere Ausprägung narzißtischer Störungen, die hauptsächlich bei Frauen auftritt und sich inhaltlich vom männlichen unterscheidet.

Ich entwickelte das Konzept des weiblichen Narzißmus, als ich die Persönlichkeit von Eß-Brechsüchtigen (Bulimikerinnen)[1] eingehender untersuchte. Diese Frauen hatten es mir angetan, und weckten mein Interesse. Auch fühlte ich mich schnell mit ihnen vertraut und verstand viel von dem, was sie über sich berichteten. Sie erreichten mich und lösten Neugier bei mir aus.

Aber nicht nur das. Ich war zugleich betroffen von dem Leid, das ich bei ihnen spürte. Oberflächlich hatte ich den Eindruck, es mit selbstbewußten, aktiven Frauen zu tun zu haben, denen nichts weiter fehlt, als der richtige Umgang mit dem Essen. Sie zeigten sich wach, aufgeschlossen, offen im Erzählen von sich selbst und motiviert, an sich zu arbeiten. Was aber nie wirklich deutlich wurde, war die Qual, die sie seit Jahren durchlebten, indem sie mehrmals täglich Freßorgien abhielten und dann auf dem Klo das Gegessene wieder erbrachen. Sie schämten sich, ausführlich darüber zu reden, und nur durch genaues Nachfragen erfuhr ich das gesamte Ausmaß der Krankheit, die verbunden ist mit tiefen Selbstzweifeln, starker Selbstabwertung, Einsamkeit, Isolation und Gefühlswirrwar. Sie reden nicht gerne über ihr Leid und ihre Verzweiflung, und wenn sie es trotzdem einmal tun, dann mit emotionaler Distanz. Da sie sehr geschickt sind, sich hinter ihrer intakten Fassade zu verbergen, bin ich ihnen oft ›auf den Leim gegangen‹. Sie schafften es, mir einzureden, daß ihr Fressen und Erbrechen gar nicht so schlimm seien. Sie tun es zwar, bis zu sechsmal am Tag oder noch öfter, aber sie verlieren kein Wort über die Schmerzen, die damit verbunden sind, die

Angst, entdeckt zu werden, den Widerstand, der sich gegenüber anderen Menschen aufbaut, weil sie sie vom Fressen und Erbrechen abhalten könnten und, und, und...

Es dauert lange, bis sie ihre Verzweiflung mitteilen und aufhören, sich und der Welt vorzumachen, daß sie alles im Griff haben. Derselbe Widerspruch auf der Körperebene: In der Regel sind diese Frauen attraktiv, sie legen viel Wert auf ihr Äußeres, haben meist eine gute Figur, aber sie lehnen sich von Grund auf ab, finden sich häßlich, dick, unattraktiv und vor allem nicht liebenswert! Sie sehnen sich nach Nähe und Liebe, rennen aber davon, wenn sie wirklich jemand mag. Sie machen sich immer wieder einsam, obwohl sie gerade unter dem Gefühl, allein zu sein, so leiden. Sie spielen die Rolle ›Es geht mir toll‹, um Aufmerksamkeit und Zuwendung zu bekommen, aber fühlen sich dabei elend und depressiv. Ihr Fühlen und Verhalten ist stark von Gegensätzen geprägt.

Es scheint, als tanzen sie einen Tanz um sich selbst, immer im Kreis, aber sie kommen nie bei sich an. Sie sind sich selbst fremd, sie leiden unter Selbstentfremdung[2]. Tief innen wissen sie nicht, ob sie die traurige, depressive Frau sind oder die, die euphorisch andere mit ihrer guten Laune ansteckt. Auch von außen bekommen sie keine ausreichende Orientierung für die Beantwortung der Frage, wer sie wirklich sind. Denn die Umwelt erlebt sie problemlos, hilfsbereit, meist ›gut drauf‹, in sich gefestigt. So fühlen sie sich aber nur in wenigen ›Sternstunden‹, wenn alles stimmt, aber das kommt ganz selten vor. Der Teufelskreis scheint geschlossen, es gibt keinen Ausweg aus diesem Dilemma.

Brigitte, eine 30jährige Frau, die unter Beziehungsschwierigkeiten leidet und eine weiblich-narzißtische Persönlichkeitsstruktur besitzt, beschreibt den Zwiespalt in sich folgendermaßen:

Ich bin müde und erschöpft von der Anstrengung, meine Sehnsucht nach Liebe, Nähe und Geborgenheit verstecken zu müssen. Aber nein, es darf niemand sehen, wie ich bin! Ich würde mich zu Tode schämen, wenn jemand hinter meiner Fassade von Selbstbewußtsein und Souveränität meine Bedürftigkeit sehen würde.

So trete ich auf: Ich bemühe mich um gutes Aussehen, freundliches Auftreten und liebenswürdige Umgangsformen. Andere sollen denken: die ist jung, dynamisch, aktiv, selbstbewußt und aufgeschlossen. Die kann etwas, geht auf Menschen zu, sie behauptet sich und ihre Position, sie läßt sich nicht einfach übergehen. Sie leistet kompetente Arbeit und ist schlagfertig. Von mir persönlich zeige ich nichts, sondern konzentriere mich ganz auf die Erhaltung des Eindrucks einer beruflich erfolgreichen und ›auch sonst‹ im Leben verankerten Frau.
Und so fühle ich mich: Keiner darf jemals herausfinden, wie mir wirklich zumute ist. Lächeln Brigitte, lächeln, es könnte sein, daß du beobachtet wirst. Die halten mich sowieso für blöde, die nehmen mich doch gar nicht ernst. Ich muß so tun, als ob ich glücklich bin, als ob ich alles verstehe, mich nichts erschüttern kann. Ich wirke nach außen selbstsicher und problemlos, weil andere mich so einschätzen. Bei mir läuft alles innerlich ab.
Und oftmals fühle ich mich so unsicher, daß ich mich fast verkriechen könnte. Ich habe dann Angst, nichts richtig zu machen, mich falsch zu verhalten, dummes Zeug zu reden und abgelehnt zu werden. Ich mache mir sehr viele Gedanken darum, was andere über mich denken und hätte es am liebsten, wenn ich allen gefalle. Aber meistenteils fühle ich mich unbedeutend und minderwertig. Wie soll ich so jemandem gefallen?

Dieser Bericht zeigt eindrücklich den Zwiespalt zwischen äußerer starker Maske und innerer Unsicherheit und Abwertung. Keiner darf davon erfahren! <u>Denn wenn einmal herauskommt, wer sie wirklich ist, dann fliegt der ›ganze Schwindel‹ auf: von wegen selbstbewußt, das spielt sie nur! Im Grunde fühlt sie sich dumm und bedürftig.</u>
Es sind nicht nur Bulimikerinnen, die sich so fühlen und so weit weg sind von dem, was wir Identität nennen. Gibt es nicht viele Frauen, die sich selbstsicher zeigen, obwohl sie unsicher sind? Wissen wirklich die meisten, wer sie sind? Wenn Sie diese Fragen für sich positiv beantworten können, dann brauchen Sie dieses Buch nicht weiterzulesen. Denn dann werden Sie weder von tiefen Selbstzweifeln geplagt, noch werden Sie Probleme mit Beziehungen und Partnerschaften haben. Aber um diese Themen geht es in diesem Buch.
Ich machte die Erfahrung mit Patientinnen, Kolleginnen und Freundinnen, daß es nur wenige Frauen gibt, die sich wirklich

darüber im klaren sind, wer sie sind, die ihre Schwächen ebenso annehmen wie sie ihre Stärken wertschätzen und die in zufriedenen, erfüllenden Beziehungen leben. Dagegen leiden sie unter Minderwertigkeitsgefühlen, obwohl sie erfolgreich sind, werten sich ab, obwohl sie gut aussehen, lassen sich auf keine feste Beziehung ein, obwohl sie große Sehnsucht danach haben. Für diese Frauen schreibe ich dieses Buch. Es ist für Frauen gedacht, die eine oder mehrere Süchte haben, die Bulimikerinnen oder Alkoholikerinnen sind, die magersüchtig oder medikamentenabhängig sind. Aber auch für solche, die vielleicht ›nur‹ rauchen oder gar keine Sucht haben. Ich schreibe für Frauen, die Schwierigkeiten in Beziehungen haben, da sie immer noch emotional in alten kindlichen Gefühlen verstrickt sind, die sie über Gebühr an ihre Eltern binden. Ich spreche die Frauen an, die sich innerlich leer fühlen, obwohl sie ›doch‹ so viel haben, die nie das Gefühl haben, wirklich geliebt zu werden, und die unter großen Anstrengungen Nähe und Zuwendung suchen, mit denen sie aber wenig anfangen können. Ich schreibe für die Frauen, die sich innerlich verlassen fühlen und statt Vertrauen in sich und in die Welt zu haben, Leere und Bedrohung spüren.

Mit dem Konzept des weiblichen Narzißmus läßt sich beschreiben und darstellen, was innerseelisch bei diesen Frauen abläuft, was sie als Kinder versäumten zu lernen, welche Entwicklungsschritte sie heute nachholen müssen und welche Wege es aus dem inneren Gefängnis heraus gibt. Zu diesem Zweck werde ich einige Hintergründe beschreiben, die die Entwicklung einer narzißtischen Persönlichkeitsstruktur unterstützen. Ich spreche ungern von Ursachen, weil damit ein kausaler Zusammenhang hergestellt wird im Sinn von: Wenn Bedingung A vorherrscht, kommt es immer zu Zustand B. Diese Sichtweise ist bei psychologischen Sachverhalten nicht angebracht, weil viele Faktoren eine Rolle spielen und diese zudem untereinander wirken. Ich werde daher einige Faktoren skizzieren, die man in der Kindheit der meisten narzißtischen Persönlichkeiten finden kann. <u>Es sind jedoch selten die einzelnen Erziehungsmaßnahmen oder Erlebnisse aus der Vergangenheit für die Persönlichkeitsentwicklung entscheidend,</u>

sondern mehr die Art und Weise, wie ein Kind sie verarbeitet hat. An einigen Stellen im Text verweise ich auf die Bedeutung des Essens und Erbrechens, beschreibe aber hauptsächlich die weiblich-narzißtische Dynamik. Das Essen hat auch für nicht-eßgestörte Menschen die Bedeutung, sich zu beruhigen, sich vor unangenehmen Gefühlen zu schützen, die innere Leere auszufüllen und als Ersatzbefriedigung zu dienen.

Darüber hinaus meine ich, daß die meisten Frauen, die eine weiblich-narzißtische Persönlichkeitsstruktur besitzen, Probleme haben, ihren Körper und ihr Gewicht anzunehmen und deshalb möglicherweise Schwierigkeiten mit dem Essen haben, auch wenn sie nicht im herkömmlichen Sinne eßgestört sind. Darunter fallen beispielsweise Hungergefühle, die ›eigentlich‹ keine sind und die mit mehr essen nicht stillbar sind, weil es sich nicht um einen körperlichen, sondern um einen seelischen Hunger handelt. Vor allem Frustrationen, Langeweile, Traurigkeit und Einsamkeit sind Situationen, in denen viele Frauen vermehrt essen oder das Essen verweigern, auch wenn sie sonst normal mit dem Essen umgehen können. Ich denke aber auch an Selbstwertprobleme, die mit einem schönen, schlanken Körper wettgemacht werden sollen. Wieviele Frauen machen ihr Wohlgefühl vom Gewicht abhängig und glauben, liebenswerter zu sein, wenn sie schlanker wären (und seien es nur zwei Kilo)? Nicht selten nimmt dieses Denken zwanghafte Züge an, die die Lebensqualität dieser Frauen mindert.

Dieses Denken ist für eine bestimmte Form der Eßstörung charakteristisch, die noch keine Sucht ist, aber in süchtiges Verhalten münden kann: die latente Eßsucht[3]. An ihr wird der fließende Übergang zwischen normalem und süchtigem Eßverhalten deutlich, sie ist sozusagen der Schnittpunkt zwischen ›normalen‹ und eßgestörten Frauen. Man versteht unter latenter Eßsucht ein streng kontrolliertes Eßverhalten, eine Art lebenslanges Diäthalten. Die Betroffenen zügeln mit Willen und Verstand ihr Eßverlangen, haben Angst zuzunehmen und denken oft zwanghaft daran, was sie noch essen dürfen und was nicht. Sie haben kein oder nur sehr wenig Vertrauen in die eigenen Bedürfnisse und Körpersignale, und sind nur selten fähig, Essen wirklich zu genießen. Diese

Charakteristika gelten zwar auch für die Bulimie (Eß-Brechsucht) und Anorexie (Magersucht)[4]. Der wesentliche Unterschied besteht jedoch darin, daß eine Frau, die unter latenter Eßsucht leidet, in der Regel nicht erbricht, kaum Gewichtsschwankungen aufweist und auch im Eßverhalten nicht sehr auffällig ist. Sie hat ›die Situation noch im Griff‹, sie ist ihr noch nicht entglitten, wie süchtigen Frauen. Wenn jedoch diese Selbstkontrolle versagt, besteht die Gefahr, in eine Eßsucht zu ›fallen‹.

Ein Hinweis sei an dieser Stelle noch gegeben. In der therapeutischen Arbeit mit Eßgestörten lernte ich, daß das ›eigentliche‹ Problem dieser Frauen nicht das Essen bzw. Hungern ist, auch wenn es vordergründig so scheinen mag. Denn sie kommen ja in Behandlung, weil sie mit dem Essen nicht zurechtkommen und erbrechen oder hungern. Dennoch ist die Eßsucht mehr das oberflächliche Symptom, das eng mit der Selbstwert- und Beziehungsstörung verbunden ist, von der ich in diesem Buch schreibe. Sie muß daher bei der Behandlung mitberücksichtigt werden, um eine dauerhafte Genesung möglich zu machen.

Gundi, eine 30jährige Frau, die lange Jahre unter Eß-Brechsucht litt, beschreibt am Ende ihres ersten stationären Aufenthaltes in unserer Klinik die Hintergründe ihres gestörten Eßverhaltens. Es ist zugleich eine Beschreibung der weiblich-narzißtischen Problematik:

Ich habe es mir nicht vorstellen können, daß ich ohne Freßanfälle und Erbrechen leben könnte, jetzt weiß ich, daß ich es kann. Nicht nur das Symptom, auch die Ursachen habe ich wenigstens zum Teil erkannt. Solange ich lebe, habe ich mich ständig selbst abgewertet, kein Selbstwertgefühl gehabt, kein Selbstvertrauen, ich hatte Schuldgefühle, wenn ich ›mal‹ glücklich war (wobei das meistens ›Pseudo-Glück‹ im Zusammenhang mit Alkohol, Essen oder Männern war) und es ging mir daher schlecht. Ich schaute nur auf das Negative, konnte überhaupt nicht meine Grenzen wahrnehmen, war macht- und denksüchtig. Ich wußte, mein Leben läuft verkehrt – und ich bin verkehrt. Vor allem mein zwanghaftes Denken, das mich ständig in Verwirrung trieb, kann ich jetzt verstehen. Ich habe meine negativen Gedanken immer für real gehalten, auch die Annahme, daß ich schlecht bin. Jetzt weiß ich, daß dieses Denken ein Teil meiner Krankheit ist und damit kann ich besser leben als zuvor. Es hat mir auch sehr geholfen zu begreifen, daß ich die Verantwortung für meine Gefühle habe. Wenn es mir vor der Therapie schlecht ging, habe ich das nur an äußeren Zuständen festgemacht, die ich eh nicht ändern konnte. Also ging es mir weiterhin schlecht und ich aß dann zwanghaft. Jetzt weiß ich, es liegt an mir, ob ich mich ärgere oder verletzen lasse – und das kann ich ändern. Daß ich auch für meine Hektik und Unruhe verantwortlich bin, hätte ich nie gedacht. Ich hab geglaubt, ich bin halt so, da kann man nur Baldrian nehmen. Gottlob weiß ich jetzt, daß ich da auch etwas ändern kann, weil ich mir den Streß selbst mache.

Jedenfalls hoffe ich, daß ich nicht nur trocken, sondern auch nüchtern werde[5]. Ich bin ganz unbescheiden geworden, denn ich will wirklich glücklich werden. Ich will nicht jeden Tag mit dem Leben hadern und unzufrieden sein. Ich werde etwas für meinen inneren Frieden tun. Momentan bin ich noch euphorisch, ich habe das Gefühl, als hätte ich ein neues Leben geschenkt bekommen. Aber es wird bestimmt nicht einfach. Ich habe aber schon öfter dieses schöne, runde, zufriedene, glückliche Gefühl in mir gespürt, von dem ich ahne, daß es das Leben ist. So eine alles ausfüllende Wärme. Dieses Gefühl ist mir immer noch etwas unheimlich, aber es ist das stärkste, was ich je empfand und ich werde mich dafür einsetzen, daß es der Inhalt meines Lebens wird.

Der Hunger nach Anerkennung

»Spieglein, Spieglein an der Wand, wer ist die Schönste im ganzen Land?« Dieser Satz aus dem Märchen ›Schneewittchen‹ ist die zentrale Frage, die sich eine Frau stellt, die unsicher oder besser gesagt verunsichert ist, sobald eine andere ähnlich oder noch schöner ist als sie. Die Antwort: »Frau Königin, Ihr seid die Schönste im Land« beruhigt sie und stellt ihr inneres Gleichgewicht wieder her. Sie ist zufrieden mit sich und der Welt, denn sie ist etwas Besonderes.

Dieser Widerspruch zwischen ›die Schönste‹ sein und der Angst, eine andere sei attraktiver und man selbst daher schlecht, häßlich, minderwertig, macht den zentralen narzißtischen Konflikt aus.
Die narzißtische Störung ist ihrem Wesen nach eine Beeinträchtigung des Selbsterlebens, des Selbstwertgefühls bzw. der Selbstliebe[6]. Eine weiblich-narzißtische Frau leidet unter einem insta-

bilen Selbstwertgefühl, das starken Schwankungen unterliegt. Auf der einen Seite hält sie sich für die Größte oder die Schönste, auf der anderen Seite glaubt sie, wenig oder nichts wert zu sein. Das Erleben pendelt also zwischen Grandiosität und Minderwertigkeit hin und her. Einmal fühlt sie sich großartig und unübertroffen, das andere Mal zweifelt sie an sich, wertet sich ab, fühlt sich minderwertig und depressiv. *Miller*, die eindrücklich das Schicksal narzißtisch gestörter Menschen nachempfunden hat, hält Grandiosität und Depression für zwei Seiten einer Medaille[7]. Ob die Frau nun Größenphantasien hat oder sich minderwertig vorkommt, beides ist Ausdruck eines gestörten Selbstwertgefühls. Die Größenphantasien sollen vor der Minderwertigkeit schützen und diese wiederum vor dem tiefen Schmerz, der mit dem Selbstverlust verbunden ist.

Das bedeutet, daß eine narzißtische Frau nicht gelernt hat, ihre Person angemessen einzuschätzen. Im Grunde hält sie sich für minderwertig, schwach, schlecht und unattraktiv. Da das Eingeständnis, minderwertig zu sein, jedoch außerordentlich unangenehm ist, rettet die Größenphantasie über das schlechte Gefühl hinweg. Indem sie sich besonders attraktiv macht, versucht, gute Leistungen zu erbringen, besonders anpassungsfähig und liebenswert erscheint, macht sie sich und den anderen vor, ein toller Mensch zu sein. Also eben gerade nicht minderwertig.

Die Grandiosität zeigt sich in dem Verlangen nach ständiger Bewunderung und dem Gefühl, ohne diese nicht leben zu können. Die Bewunderung glaubt die ›grandiose Persönlichkeit‹ aber weniger für ihre Person zu erhalten, weil sie so ist, wie sie ist, sondern vielmehr für ihre Schönheit, Leistungsfähigkeit, Intelligenz oder andere Fähigkeiten. Und nur diese Eigenschaften schätzt sie selbst an sich – so, wie die Königin davon abhängig ist, die Schönste sein zu müssen. Droht nun der Verlust der Bewunderung bzw. der bewundernswerten Fähigkeiten und Eigenschaften oder tritt dieser tatsächlich ein, dann kann es sein, daß das Selbstwertgefühl zusammenbricht und es zu depressiven Reaktionen kommt. Weiblich-narzißtische Frauen streben daher ständig danach, gut auszusehen, körperlich topfit, immer auf der Höhe und ›gut drauf‹ zu sein, mit anderen Worten, die ewige Jugend, Schönheit und Leistungsfähigkeit zu besitzen. Sicherlich, wer träumte nicht davon? Das Dilemma liegt allerdings darin, daß narzißtische Menschen vom Erreichen dieses Ziels abhängig sind, um sich gut zu fühlen. Es ist sozusagen ihre Lebensbasis, schön, erfolgreich und bewundernswert zu sein. Beim Ausbleiben äußerer ›narzißtischer Zufuhr‹ im Sinne von Bewunderung, Anerkennung und Lob kann es zu schweren Depressionen bei den Betroffenen kommen. Solche Situationen treten zum Beispiel infolge von Erkrankung, Älterwerden oder Wechsel der Lebensumstände (Auszug der Kinder) ein; ebenso bei Trennung vom Freund oder Ehemann, bei Versagen im Beruf, bei Kritik oder Zurückweisung.

Alle diese Fälle haben eins gemeinsam: sie sind mit Abschied von bestimmten liebenswerten Eigenschaften oder Menschen verbunden, die eine Quelle von Anerkennung waren. Solange eine alternde Frau noch jünger aussieht als sie ist, steckt sie Komplimente ein und ›füttert‹ damit ihr schwaches Selbstbild: Wenn sie schon alt ist, was schlimm genug ist, dann sieht sie wenigstens jung aus, wird dafür bewundert und fühlt sich dadurch attraktiver. Beim Auszug der Kinder kann es zu depressiven Reaktionen kommen, weil nun eine Konfrontation mit dem Alter und der damit zusammenhängenden neuen Position erfolgt. Wenn Kinder ausziehen, heißt das, daß man alt wird und nicht mehr gebraucht wird. Und Alter bedeutet vor allem in unserer auf Jugend, Schönheit und Fitneß ausgerichteten Gesellschaft eine Einbuße, weil ›man‹ bzw. ›frau‹ nicht mehr so viel wert ist. Hängt nun das Selbstwertgefühl hauptsächlich von äußeren Eigenschaften und der eigenen Leistungsfähigkeit ab, dann erstaunt es nicht, daß Älterwerden von dem Gefühl der Minderwertigkeit begleitet wird. Jedoch nicht nur diese eher gravierenden Formen von Enttäuschung werden depressiv verarbeitet, sondern auch geringere. Lehnt ein anderer etwa eine gemeinsame Unternehmung ab, so kann sich die Betroffene tief gekränkt und zurückgestoßen fühlen. Viele Frauen glauben tatsächlich, daß die Ablehnung ihres Wunsches gleichbedeutend sei mit einer Ablehnung ihrer Person.

Ein anderes Beispiel ist der hohe Leistungsanspruch, den narziß-

tische Frauen an sich richten. Erreichen sie in der Arbeit ›nur‹ ein gutes, aber nicht ein brillantes Ergebnis, kann das zu einem beißenden Gefühl des Versagens führen. Denn sie befürchten, daß sie es nicht mehr wert seien, geliebt bzw. geachtet zu werden, wenn sie einmal nicht großartig waren.
Sie glauben, nur dann liebens- und achtenswert zu sein, wenn sie besonders sind und so, wie sie meinen, daß andere sie haben möchten. Vor diesem Hintergrund ist auch die Panik vieler Frauen zu verstehen, wenn sie morgens auf die Waage steigen und ein Kilo oder einige Gramm zugenommen haben. Gemäß ihrem Selbstbild fühlen sie sich nur liebenswert, wenn sie schlank sind. Die Gewichtszunahme rührt daher tief an ihren Selbstwert. Mehr Gewicht bedeutet dick sein; das wiederum bedeutet, nicht attraktiv sein, ›nichts zu haben‹, weshalb man sie mögen könnte. Auch sie selbst lehnen sich ab, finden sich häßlich und unansehnlich.

Wenn ich morgens auf der Waage sehe, daß ich zugenommen habe, ist der ganze Tag ruiniert. Ich denke dann sofort, wie ich das Gewicht wieder runterbringen kann. Wenn ich eine Verabredung für diesen Tag habe, bin ich besonders verzweifelt, weil ich mir nun gar nicht mehr gefalle. Am liebsten würde ich absagen und mich verkriechen.

In diesem Zitat wird die überdimensionale Bedeutung der äußeren Erscheinung als Quelle von Bewunderung deutlich. Hierbei geht es nicht um den Wunsch, gut auszusehen und dafür Komplimente zu bekommen. Sondern es geht um die Absolutheit des Denkens und Fühlens, bei dem ein bestimmtes Gewicht verlangt wird, um in den eigenen Augen zu bestehen: liebenswert ist sie nur bis maximal fünfundfünfzig Kilo. Darüber hinaus muß sie sich ›verkriechen‹. Das heißt auch, mit sechsundfünfzig Kilo entzieht sie sich die Achtung und Zuneigung. Und dann bleibt nichts als ein Gefühl von Minderwertigkeit.
Bei narzißtisch gestörten Menschen liegt eine »tragische Verknüpfung von Bewunderung und Liebe« vor, die zu trennen nicht möglich erscheint[8]. Sie setzen Bewunderung und Liebe fälschlicherweise gleich, das heißt ohne Bewunderung fühlen sie sich ungeliebt. Sie versuchen alles, um Anerkennung und Zustimmung

zu erhalten. Nur dann fühlen sie sich angenommen, bestätigt und gemocht. Die Suche nach Bewunderung muß jedoch unbefriedigend bleiben, weil Bewunderung und Liebe eben nicht identisch sind. Bewunderung ist an besondere Merkmale gebunden, Liebe dagegen richtet sich auf den ganzen Menschen mit seinen Stärken und Schwächen. Bewunderung bleibt daher eine Ersatzbefriedigung für den eigentlichen, nie erfüllten Wunsch nach Achtung, Annahme und Liebe.

Auch Erfolg und Anerkennung dienen narzißtischen Menschen als Kompensation für ihre ›alte Wunde‹ oder ihr ›narzißtisches Loch‹[9], und sollen den geschwächten Selbstwert ausgleichen. Das gelingt vorübergehend, führt jedoch zu keiner langanhaltenden Befriedigung, da der eigentliche Mangel immerfort bestehenbleibt. Ich möchte damit nicht sagen, daß das Streben nach Erfolg und Anerkennung nur eine Folge der narzißtischen Störung eines Menschen ist. Das wäre sicherlich falsch, denn beides gehört zu einem ausgefüllten Leben. Das Problem ist mehr die Funktion, die dem Erfolg und der Anerkennung zugeschrieben werden. Sie sollen einen Mangel der Psyche ausgleichen, was ihnen jedoch nur zum Teil gelingt. Es bleibt eine tiefe Sehnsucht nach Angenommen- und Geliebtwerden, die mit noch so viel Leistung nicht gestillt werden kann. An dieser Stelle geht die Rechnung nicht auf. Dieser seelische Mangel ist das, was *Miller* mit Selbstverlust bezeichnet. Die narzißtische Persönlichkeit hat das Pech, nie wirklich bei sich selbst angekommen zu sein und sich gefunden zu haben.

Sobald der Selbstwert eines Menschen betroffen ist, haben wir es mit einer narzißtischen Thematik zu tun. Ein gesunder Narzißmus zeichnet sich durch ein angemessenes Selbstwertgefühl aus, das an der Realität erprobt ist. Dieser Mensch weiß um seine Stärken, kann aber auch seine Begrenzungen respektieren. Eine narzißtische Störung dagegen geht mit einem instabilen Selbstwert einher, das bei der geringsten Kränkung zusammenzubrechen droht. Die Selbstachtung kann nicht von innen reguliert werden, sondern ist abhängig von der Außenwelt, also der Meinung der anderen oder von objektiven Erfolgen.

Sie wurde wütend, obwohl sie traurig war

Lange Zeit hat Karin gewartet, daß er endlich anruft. Er hatte es doch versprochen, sich zu melden. Aber nein, das Telefon läutet nicht. Sie starrt es an, es starrt zurück, aber es klingelt nicht. Sie macht sich Sorgen: Es ist doch hoffentlich nichts passiert? Man weiß ja nie. Wie schnell kann es zu einem Unfall kommen. Und schnell fahren tut er ja. Sie beruhigt sich, weil sie weiß, wie oft sie sich schon umsonst solche Gedanken gemacht hat. Bisher ist auch nie etwas passiert. Aber warum ruft er dann nicht an? So ein blöder Kerl. Was kann der Grund sein? Vielleicht hat er viel Arbeit und kommt nicht dazu? Aber er hat doch versprochen... Er wird doch nicht... nicht mit einer anderen...? Nein, er nicht... Aber...? Die Verzweiflung steigt allmählich in ihr hoch. Sollte er vielleicht doch? Nein, es ist Unsinn, vollkommener Quatsch. Und doch kommen immer mehr Zweifel, Ängste, Befürchtungen und dann der Zorn. So ein unverschämter Kerl; nie ruft er an, wenn er soll; unzuverlässig ist er; kümmert sich nicht um mich; denkt immer nur an sich; ich bin ihm gar nichts wert!

Irgendwann ruft er an, natürlich viel zu spät. Auf der einen Seite ist sie froh, ihn endlich zu hören, auf der anderen aber auch gekränkt, weil sie so lange warten mußte. Wenn es ihr nicht gelingt, ihm ihre Enttäuschung mitzuteilen, macht sie ihm Vorwürfe und es kommt zum Streit. Er fühlt sich von ihr genervt und sie sich von ihm mißverstanden. Er hält sie für eine ›hysterische Pute‹, die immer Szenen macht, und er ist für sie der unzuverlässigste Mann der Welt. Beide sind am Ende sauer.

Das eigentliche Problem ist aber, daß sie gekränkt ist, weil er sich nicht an die Vereinbarung gehalten hat, anzurufen. Ihr vordergründiges Gefühl jedoch ist Ärger und Ablehnung. Wird er dann auch noch wütend, sind am Ende beide allein, weil sie sich gefühlsmäßig verlassen haben. Keiner unterstützt mehr den anderen, sondern achtet nur noch darauf, sich zu schützen und den anderen zu bestrafen.

Narzißtische Menschen sind äußerst empfindlich gegenüber Kränkung und Verlassenwerden und reagieren darauf mit Wut, Empörung und Rachebedürfnis statt mit echter Trauer[10]. Diese sogenannte narzißtische Wut übersteigt meist in ihrem Ausmaß den Anlaß und ist von Rachegefühlen begleitet. Sie hat Ressentimentcharakter und ist darauf ausgerichtet, den anderen zu bestrafen oder zu verletzen. Denn er wird als Feind, als Verfolger erlebt, so wie der Freund in dem Beispiel. Bei der narzißtischen

Wut geht es mehr um Rache als um eine reife Art der aggressiven Auseinandersetzung[11]. Das liegt daran, daß narzißtische Menschen sich schnell durch den anderen beleidigt fühlen, wenn dieser sich anders verhält, als sie es fordern oder erwarten. Karin fühlt sich von ihrem Freund abgewertet und verletzt: »Wie kann er es sich erlauben, mich warten zu lassen?« Es geht ihr sicher auch darum, ihn zu sprechen, aber deshalb müßte sie kein solches Drama aus der Situation machen. Sie könnte auch am nächsten Tag mit ihm reden oder einige Stunden später. Aber die Tatsache, daß sie das nicht kann, zeigt, daß es um mehr geht, als nur darum, mit ihm zu telefonieren. Das wirklich Schlimme ist für sie, daß er es ›wagt‹, sich nicht zu melden. Es ist eine Beleidigung für sie, eine ›Majestätsbeleidigung‹[12].

Zur Enttäuschung kommt eine große Wut und die Abwertung des Mannes hinzu, dem die ganze Schuld an ihrem Drama gegeben wird. Seinetwegen geht es ihr schlecht, weil sie nicht aus dem Haus gehen kann, da sie ja auf seinen Anruf wartet; dadurch ist ihr ganzer Abend verdorben und ihre Stimmung am Nullpunkt. Er hat Schuld, daß es ihr schlecht geht. Vorwürfe über Vorwürfe. Möglicherweise sinnt sie auf Rache: ›Wenn jetzt das Telefon klingelt, geh ich nicht dran, nun lasse ich ihn hängen‹, oder ›Er wird schon sehen, dann gehe ich morgen eben mit jemand anderem aus.‹ Es wird ihr schon gelingen, ihn so zu verletzen, wie sie sich von ihm verletzt fühlt.

Es geschieht jedoch keine realitätsangemessene Verarbeitung der Enttäuschung oder Traurigkeit. Das würde bedeuten, das Gefühl der Enttäuschung zu registrieren, anzuerkennen, es mitzuteilen und gleichzeitig die Beziehung zum anderen aufrechtzuerhalten. Das können narzißtische Persönlichkeiten nicht. Innerlich brechen sie die Beziehung ab, denn sie können es nicht ertragen, wenn der andere sich anders verhält, als sie es von ihm erwarten. Sie fühlen sich dann tief gekränkt und bestrafen ihn durch Entzug ihrer Zuwendung und Liebe. Und das hat er in ihren Augen auch ›verdient‹. Sie leiden zwar selber unter dem Bruch in der Beziehung, aber sie sind es ihrem Stolz schuldig. Mit ihren Rachegedanken und dem Beziehungsabbruch vermeiden sie das Gefühl von Traurigkeit, aber auch die Achtung, daß der andere ein eigenständiger Mensch mit eigenen Entscheidungen ist, der sich nicht immer nur an ihren Wünschen orientiert. Sie beenden lieber mit Stolz die Beziehung als zu spüren, daß Kontakt zu einem anderen Menschen immer auch Verzicht bedeutet und erfordert, dessen Individualität und Schwächen zu akzeptieren. Im Rückzug vom anderen ist auch viel Trotz enthalten, in dem sich ihre Weigerung äußert, sich für eine Auseinandersetzung zu öffnen und den Konflikt zu bereinigen.

Die narzißtische Wut ist nicht identisch mit Ärger auf jemanden, da sie immer auf Zerstörung gerichtet ist. Rache, jemandem etwas Schlechtes wünschen oder sogar antun, ist etwas ganz anderes, als in einem Streit dem anderen gegenüber seinen Zorn auszudrücken. So könnte Karin ihren Ärger mitteilen, weil sie warten mußte. Er würde jedoch in einem so harmlosen Fall relativ gering ausfallen, sofern er überhaupt aufträte. Die Beziehung als solche würde jedenfalls erhalten bleiben, und der Ärger würde der Auseinandersetzung und Klärung des Kontakts dienen. Die narzißtische Wut dagegen richtet sich gegen die Beziehung und den anderen und hat zum Ziel, daß dieser sich mindestens so schlecht fühlen soll, wie man selbst. Ärger und Wut können beziehungsstiftend sein, Rache und Verletzenwollen führen dagegen zu Einsamkeit. Das Gefühl der Einsamkeit bestätigt dann wiederum die tiefliegende Angst narzißtischer Menschen, abgelehnt und ungeliebt zu sein. Durch ihr Verhalten kreieren sie letztlich eine solche Erfahrung: indem sie den Kontakt zum anderen abbrechen, sind sie dann wirklich allein. Sie befinden sich also in einem Teufelskreis.

Auffällig ist die Heftigkeit, mit der die narzißtische Wut in der Regel durchbricht und mit der die narzißtische Person auf Begebenheiten reagiert, die ihre Erwartungen kränken. Ich vermute, daß in vielen Fällen damit eine existenzbedrohende Erfahrung aus der Kindheit verknüpft ist. Als wäre die Andersartigkeit des anderen nicht eine Tatsache, über die ›man‹ sich lediglich ärgert, sondern eine tiefe, das Überleben betreffende Bedrohung. In der Wut wird nicht nur die eigene Position verteidigt, sondern das eigene Leben. Lebensbedrohende Erfahrungen, zum Beispiel durch körperliche Bedrohung stärkerer Geschwister oder Eltern, sexuellen, körperlichen oder emotionalen Mißbrauch, Erstickungsversuche, Unfälle oder lebensgefährliche Krankheiten, können Spuren einer solchen Bedrohung hinterlassen, die mit dem Gefühl des hilflosen Ausgeliefertseins und Sich-nicht-wehren-Könnens zusammenfällt. Aus dieser Hilflosigkeit kann es zu einem Um-sich-Schlagen kommen.

In der narzißtischen Wut kommt aber noch ein anderer Aspekt zum Tragen. Sie kann nämlich zugleich als ›Verlassenheitsgebärde‹, als ›Schrei nach Nähe‹ interpretiert werden[13]. Wird der Wunsch nach Nähe und Kontakt bei einem Kind ständig frustriert (beispielsweise beim Schreienlassen des Säuglings über längere Zeit), so entwickelt sich nach *Bowlby* eine »dysfunktionale Wut, die über das ursprüngliche Ziel hinausschießt und zwei Signale in sich vereint, nämlich: ›Komm mir nicht zu nahe, ich hasse dich‹, und ›Komm in die Nähe, ich brauche dich‹. In diesem Sinne ist die narzißtische Wut eine Verlassenheitsgebärde, sie drückt die Verlassenheit zwar aus, wehrt sie gleichzeitig aber auch ab.«[14] Übertragen auf Karin bedeutet die übertriebene Ärgerreaktion, daß ihr tiefes Bedürfnis nach Angenommen- und Nicht-allein-Sein gekränkt wurde. Statt jedoch diese Kränkung, ihren Ärger und den Wunsch nach Nähe mitzuteilen, wird in der rachegeprägten narzißtischen Wut der andere für seine Untreue bestraft und weggeschickt. Der Gewinn ist die Vermeidung ihres Schmerzes, den sie meint, nicht aushalten zu können. Der Preis ist der Verlust der Beziehung. Anderseits zeigt ihre massive Reaktion auf den Freund, daß sie ihn sehr braucht. Ihr Streit mit ihm wäre dann in Analogie zu dem Bild von *Bowlby* die Verlassenheitsgebärde, mit der sie gleichzeitig ihren Wunsch nach Kontakt und ihre Ablehnung ausdrückt. Nach *Beaumont*[15] zeigt sich in der Heftigkeit der Enttäuschung und Wut, wie stark die Sehnsüchte und Wünsche an den anderen sind.

Wenn das Kind einem besonderen Bild entsprechen soll

Es war einmal mitten im Winter, und die Schneeflocken fielen wie Federn vom Himmel herab, da saß eine Königin an einem Fenster, das einen Rahmen von schwarzem Ebenholz hatte, und nähte. Und wie sie so nähte und nach dem Schnee aufblickte, stach sie sich mit der Nadel in den Finger, und es fielen drei Tropfen Blut in den Schnee. Und weil das Rote im weißen Schnee so schön aussah, dachte sie bei sich: ›Hätt' ich ein Kind so weiß wie Schnee, so rot wie Blut und so schwarz wie das Holz an dem Rahmen‹.

So beginnt das Märchen von Schneewittchen, das uns immer wieder in diesem Buch begegnen wird. Denn es stellt die Situation und innere Befindlichkeit einer weiblich-narzißtischen Frau in eindrucksvoller Weise dar, so daß ich vor allem im Therapiekapitel auf das Märchen zurückgreifen werde. An ihm kann man viel über selbstwertschwache Frauen lernen[16].
Die Königin sitzt ›mitten im Winter‹ einsam an einem Fenster aus schwarzem Ebenholz und näht. Der Winter ist die kalte Jahreszeit, es herrscht Düsternis, und alles ist wie mit einem Leichentuch (Schnee) bedeckt. Die Kälte symbolisiert einen seelischen Zustand der Erstarrung und des Eingefrorenseins (Seelenwinter). Die Königin ist allein und wirkt verlassen und verloren; auch der König bleibt bisher unerwähnt. Die Arbeit, die sie ausführt (nähen), ist ihrer nicht würdig, sondern ist eher die einer Magd. Die Zeit der großen Feste scheint vorüber, die Königin ist bescheiden und schlicht geworden, begleitet von einem Gefühl der Minderwertigkeit und Depression, symbolisiert durch den Ebenholzrahmen, der nur einen düsteren Ausschnitt des Lebens zeigt. Der Zeitpunkt der Wintermitte, in dem diese Szene spielt, deutet allerdings auf eine bevorstehende Wende hin, als wäre unbewußt das Wissen vorhanden, daß es so nicht weitergehen könne und auch nicht müsse.
Durch das plötzliche Ereignis des Nadelstichs kommt Bewegung in die Erstarrung, die durch den Wunsch nach einem Kind

belebt wird. Es existiert bereits zum jetzigen Zeitpunkt eine konkrete Vorstellung, wie dieses Kind sein muß: weiß wie Schnee, rot wie Blut und schwarz wie Ebenholz. Das Kind kommt gleichsam mit der Hypothek auf die Welt, dem Ideal zu entsprechen, das die Mutter von ihm zeichnet. Darüber hinaus muß das Kind die Funktion erfüllen, die Königin aus ihrer Depression zu befreien und ihrer Existenz einen Sinn zu geben. Die Situation des Kindes ist demnach von narzißtischer Ausbeutung geprägt: <u>Die Mutter liebt das Kind nicht so, wie es ist, sondern das Bild von ihm.</u> Es dient ihr als narzißtische Erweiterung. <u>Das Kind muß dafür seine eigene Lebendigkeit und Autonomie opfern.</u> Dadurch bekommen Blut, Schnee und Rahmen eine neue Bedeutung: das Blut als Sinnbild des Opfers (auch des narzißtischen), der Schnee als Erstarrung, aus der das Kind die Mutter befreien soll und der Rahmen als Symbol für das Bild von dem Kind, das geliebt wird.

Diese Situation ist charakteristisch für die frühe Kindheit und Jugend von später narzißtischen Menschen. Zwei Stichworte spielen dabei eine wichtige Rolle: die ›narzißtische Ausbeutung‹ und die ›narzißtische Erweiterung‹. Beide Begriffe mögen etwas ungewohnt klingen, sie benennen jedoch prägnant, worum es geht. Ausbeutung bedeutet, jemanden ausnutzen, also Nutzen durch einen anderen erlangen. Narzißtische Ausbeutung beinhaltet darüber hinaus, daß der Nutzen dem eigenen Selbstwert dient. Die Eltern fühlen sich durch das Kind besser, fröhlicher und wertvoller. Daß Eltern durch ein Kind glücklich werden oder an ihm Freude haben, und sie dadurch ihr Leben bereichern, ist selbstverständlich nicht zu kritisieren, sondern wunderschön. So soll es auch sein, denn das ist nicht mit narzißtischer Ausbeutung gemeint. Diese setzt erst dort ein, wo <u>die Aufwertung der Eltern und ihres Selbstbildes auf Kosten des Kindes und seiner Individualität geht.</u>

<u>Das Kind wird dann ausgebeutet, wenn es für die Eltern bestimmte Eigenschaften, Fähigkeiten und Verhaltensweisen besitzen soll, auch wenn sie gegen seine Natur oder Eigenart sind.</u> Diese speziellen Wünsche und Forderungen an das Kind bestehen

häufig schon vor seiner Geburt, spätestens aber, wenn es auf der Welt ist. Sie prägen die Einstellung der Eltern zu ihrem Kind, je nachdem, wie sehr es ihren Erwartungen entspricht. Weicht es sehr davon ab, ist das Kind mit ihren Enttäuschungen konfrontiert. Es kann jedoch durch besondere Anpassung versuchen, ihnen doch noch zu entsprechen.

Narzißtisch gestörte Erwachsene werden andere Menschen ebenso ausbeuten, wie sie als Kinder ausgebeutet wurden. Die Menschen, mit denen sie sich umgeben, werden danach ausgewählt, inwieweit sie der eigenen narzißtischen Zufuhr dienen. Sie suchen die Nähe zu anderen ›gleichwertigen‹ oder höherrangigen Partnern, die meist nicht um ihrer selbst willen geliebt und geschätzt werden, sondern aufgrund ihres Ranges, ihrer Leistungen oder ihres Prestiges. Für den Narzißten sind sie bedeutsam, weil er durch sie an Bedeutung gewinnt.

Der Begriff der ›narzißtischen Erweiterung‹ bedeutet nichts anderes, als daß sich die Eltern durch das Kind (oder die erwachsene Frau durch den Mann) erweitern, indem sie nun nicht nur ihre eigenen Fertigkeiten besitzen, sondern zugleich die des Kindes. Ist es hübsch, aufgeweckt, lernt es schnell und ist es seinen Altersgenossen etwas voraus, so können die Eltern sich mit diesen Qualitäten identifizieren. Das Lob und die Bewunderung, die das Kind erhält, bekommen die Eltern stellvertretend und werten sich damit auf. Des weiteren wirft das Kind ein positives Licht auf sie als gute Eltern. Sie lieben es um so mehr, je stärker sie durch das Kind an Zuwendung gewinnen. Doch diese Liebe ist mehr eine Form der Bewunderung, als wirkliche Liebe, denn sie bezieht sich weniger auf das Kind, wie es ist, als auf die positiven Eigenschaften des Kindes, mit denen sie ihre eigene Selbstwertstörung ausgleichen.

Zu einer gesunden Entwicklung benötigt das Kind die ›Spiegelung‹ durch die Mutter: von ihr gesehen, verstanden, ernstgenommen werden. Im Bild von *Winnicott* wird deutlich, was damit gemeint ist: »Die Mutter schaut das Baby an, das sie im Arm hält, das Baby schaut in das Antlitz der Mutter und findet sich selbst darin... vorausgesetzt, daß die Mutter wirklich das kleine

einmalige, hilflose Wesen anschaut und nicht ihre eigenen Introjekte, auch nicht ihre Erwartungen, Ängste, Pläne, die sie für das Kind schmiedet, auf das Kind projiziert. Im letzteren Fall findet das Kind im Antlitz der Mutter nicht sich selbst, sondern die Not der Mutter. Es selbst bleibt ohne Spiegel und wird in seinem ganzen späteren Leben vergeblich diesen Spiegel suchen.«[17]
Spiegelung bedeutet, die Reaktionsweisen des Kindes, seine Gefühle und Wahrnehmungen zu erkennen und sie ihm verbal oder nonverbal zu vermitteln. Ein Kind ist beispielsweise traurig, weil sein Spielzeug zerbrochen ist. Eine einfühlende Reaktion, die die Empfindungen des Kindes angemessen spiegelt, könnte darin bestehen, das Kind in den Arm zu nehmen und zu trösten. »Ich kann mir vorstellen, daß dir das weh tut. Laß uns zusammen schauen, ob man es noch reparieren kann.« Nicht einfühlsam dagegen und eine mangelhafte Spiegelung wäre, dem Kind seine Traurigkeit auszureden und es damit zu trösten, daß es ja noch andere Spielsachen hat. »Ach, das ist doch nicht so schlimm, man weint doch nicht über ein zerbrochenes Puppengeschirr.« Das Kind wird nun nicht wissen, wem es glauben soll, seiner Wahrnehmung, daß ihm der Verlust weh tut, oder der Aussage der Mutter, daß es nicht weh tun kann. Wahre Gefühle, die nicht gespiegelt oder sogar aufgrund der Familienideologie verleugnet werden, werden abgespalten, und an ihre Stelle tritt unspontanes, angepaßtes Verhalten.

Unter ›wahren Gefühlen‹ verstehe ich gefühlsmäßige Reaktionen wie Traurigkeit bei Verlust, Schmerz bei Verletzung, Freude bei einem schönen Erlebnis, Angst bei Bedrohung und Ärger, wenn jemand die eigenen Grenzen überschreitet. Wievielen Kindern wird beigebracht, bestimmte Gefühle nicht zu leben und das heißt, sie auf Dauer nicht mehr bewußt wahrzunehmen! Der meist zitierte Spruch in diesem Zusammenhang ist sicherlich der: »Ein Indianer kennt keinen Schmerz.« Das heißt übersetzt: »Ein Junge weint nicht.« Schade. Denn wo soll er hin mit seiner Traurigkeit? Nur weil er ein Junge oder ein Mann ist, bedeutet das nicht, daß er nicht auch Trauriges erlebt. Aber er darf nicht zeigen, daß ihm etwas weh tut, auch wenn es so ist. Das Kind wird lernen, anders mit seinem Kummer umzugehen und ihn möglicherweise in Form von Gewalt gegen andere oder sich wenden. Werden Gefühle beim Kind unterbunden, verleugnet oder nicht gespiegelt, dann entsteht in ihm eine Gefühlsverunsicherung. Es wird die eigenen Empfindungen anzuzweifeln und sie allmählich bei sich selbst verleugnen. So wie die Mutter früher die Gefühle des Kindes überging, abwertete oder viel zu schnell wegrationalisierte, wird das Mädchen später selber mit sich umgehen und ihnen ebensowenig Raum zugestehen. Mangelnde Empathie im Sinne von Verleugnung oder Umdeutung der kindlichen Gefühle führt zu Störungen im Selbsterleben und dient dazu, ein ›falsches‹ Selbst auszubilden, das den Erwartungen der Umwelt mehr entspricht als der eigenen Persönlichkeit.[18]

Bei Mädchen taucht noch ein weiteres Phänomen auf, das sich auf dem Hintergrund einer Verwöhnungsgeschichte herausbilden kann: das ›Prinzeßchensyndrom‹. Das kleine Mädchen wird aufgrund seines Aussehens bewundert und wie eine Puppe behandelt. Häufig sind es die Väter, die ihre Töchter zu Prinzessinnen machen und sie aufwerten und überidealisieren. Dadurch erfahren sie eine Art Vergötterung, aber keine echte Liebe. Später zeigen sich diese Frauen oft stolz und in gewisser Weise beziehungslos. Sie leben wie ›Eisprinzessinnen‹ in einem wunderschönen Schloß, aber um sie herum ist alles kalt und sie selbst sind unnahbar.

Wenn das ›wahre‹ Selbsterleben verloren geht

Die Grundlage der narzißtischen Störung liegt zu einem großen Teil in einer nicht geglückten Mutter-Kind-Beziehung, die sich in mangelnder Liebe und Einfühlung zum Säugling oder in Verwöhnung und Überbehütung äußert[19]. In beiden Fällen fühlt sich das Kind gefühlsmäßig allein gelassen, weil es nicht so angenommen und geliebt wird, wie es ist. Auf eine lieblose oder harte Erziehung reagiert das Kind mit Gefühlsscheu, Verbitterung oder Vereinsamung. Die Überfürsorglichkeit dagegen führt beim Kind zu einer Abhängigkeit von den Bezugspersonen, weil es auf ihre Hilfe angewiesen ist und erwartet, daß ihm Probleme aus dem Weg geräumt werden[20]. In beiden Fällen, bei Ablehnung wie bei Überbehütung, liegt also eine Enttäuschung des Kindes vor, im ersten durch mangelnde Umsorgung, im zweiten durch Verwöhnung. Denn auch »primär Verwöhnte (sind) immer sekundär Frustrierte«.[21]

Aber auch reale Abwesenheiten der Mutter oder der Eltern, lange Trennungen, Katastrophen, Kriege oder andere Einbrüche, wirken sich auf die Entwicklung des Kindes in störender Weise aus. Können diese einschneidenden Erlebnisse nicht ausgeglichen und verarbeitet werden, weil dem Kind keine Ersatzbezugspersonen zur Verfügung stehen oder es nicht die Möglichkeit hat, zu trauern, dann muß es Überlebensstrategien entwickeln, die ihm helfen, mit der Situation fertig zu werden. Da das Kind auf die Zuwendung der Eltern angewiesen ist und sein Überleben von ihnen abhängt, wird es alles tun, um ihnen zu gefallen. Es wird versuchen, den Anforderungen der Umwelt gerecht zu werden und es allen ›recht machen‹ wollen. Es wird nach außen ein Selbst aufbauen, das nicht ihm entspricht. Man kann es ›falsches‹ Selbst nennen, Maske oder Fassade. Das ›falsche‹ Selbst ist somit ein Überlebensmechanismus, der in der Kindheit das Leben des Kindes sichert. Wenn ein Kind jedoch früh beginnt, eine Maske aufzusetzen, dann wird es in der Folge sein anderes Selbst, das es auch noch ist, immer weniger spüren. Als Erwachsene sind diese Menschen oft nicht fähig zu sagen, wie es ihnen wirklich geht. Zum einen, weil sie es nicht fühlen, zum anderen weil sie sich nicht trauen, es mitzuteilen.

Miller nennt Menschen mit einem ›falschen‹ Selbsterleben ›Als-ob-Persönlichkeiten‹, die so weit von ihrem eigenen Selbst entfremdet sind, daß sie mit dem nach außen gezeigten Verhalten verschmelzen. Hinter diesem ›maskierten Selbstverständnis‹ verbirgt sich die eigentliche Person, die oft nur sehr wenig mit der anderen zu tun hat. Diese Selbstentfremdung, die Entfremdung vom eigenen Wesen, ist das Ergebnis eines Anpassungsprozesses des Kindes an die Bedingungen seiner Lebenssituation. »Das wahre Selbst kann sich nicht entwickeln und differenzieren, weil es nicht gelebt werden kann.«[22] Das Ergebnis ist eine innere Entleerung, Verarmung und partielle Tötung, weil das Spontane und Lebendige abgeschnitten wird. Um die Zuwendung und Liebe der Eltern nicht zu verlieren, verleugnet das Kind die Gefühle und Empfindungen bei sich, die nicht angemessen und erwünscht sind. In der Regel sind es Gefühle von Wut und Aggression, aber auch Lust und Schmerz, die es so weit abspaltet, daß es sie nicht mehr wahrnimmt. Um die Eltern nicht zu verlieren, was Tod bedeuten würde, tötet es lieber seine Gefühle ab und damit auch ein Stück des eigenen Selbst. Es wird nur noch jene Gefühle zeigen, die ›gefragt‹ und erlaubt sind, und die anderen verbergen. Das geht auf Kosten seines wirklichen Selbsterlebens und führt dazu, daß es nach außen jemand darstellt, der es innen gar nicht ist. Und das bedeutet, es baut ein ›falsches‹ Selbst auf. Aber gerade diese Fähigkeit zur Anpassung an die Bedürfnisse und Wünsche der Umgebung, die schon der Säugling beherrscht, ist für *Miller* der spezifische Faktor in der Entstehung der narzißtischen Störung. Die Sensibilität des Kindes für seine Umwelt und deren Erwartungen und seine Begabung, sich nach diesen zu richten, scheint sich einerseits positiv auf das Kind auszuwirken, indem es bewundert wird und Liebe und Zuwendung erhält. Sie haben aber auch die negative Konsequenz der Selbstentfremdung, da die Anpassung auf Kosten seines wahren Wesens geht. Es wäre in diesem Zusammenhang vielleicht besser von Überanpassung zu sprechen, da Anpassung im Zusammenleben unerläßlich ist und nicht zwangsläufig auf Kosten der Beteiligten gehen muß. Überanpassung dagegen bedeutet, seine Eigenheit hinter die Wünsche der Umwelt zurückzustellen. Und diese Selbstentfremdung macht es dem Menschen später sehr schwer oder sogar unmöglich, seine wirklichen Gefühle und Bedürfnisse wahrzunehmen.

In diesem Zusammenhang fällt mir der Umgang vieler Patientinnen mit Abschied ein. Ihr Leben lang haben sie es vermieden, sich wirklich von anderen Menschen zu verabschieden, wenn sie sich trennen mußten. Oftmals sind sie ohne Abschied zu nehmen weggelaufen oder haben zuvor noch einen Streit oder eine Unstimmigkeit angezettelt. Alle diese Manöver dienten dazu, den Trennungsschmerz nicht zu spüren und den Abschied zu umgehen. Je stärker sie dieses Gefühl bisher in ihrem Leben verdrängt haben, um so mehr fürchten sie es heute.

»Wenn ich meine Traurigkeit zuließe, dann würde ich mit dem Weinen gar nicht mehr aufhören.« In diesem Satz wird deutlich, daß die Frau wenig Erfahrung mit Abschiedsschmerz in ihrem Leben gemacht hat. Statt dessen reagiert sie auf ihre Phantasie, daß ihr Weinen unendlich lange andauern würde. Und wer würde nicht alles tun, um diese Vorstellung nicht wahr werden zu lassen? Sie schaltet also ihren Abschiedsschmerz aus und spürt dafür vielleicht Angst vor der Zukunft.

Frauen mit einer weiblich-narzißtischen Struktur bleiben hinter ihrem ›falschen‹ Selbsterleben verborgen. Es ist die Fassade, die Persona oder Maske, die diese Frauen sich und dem Beziehungspartner zeigen: das Bild der Bedürfnislosigkeit, Selbständigkeit, Coolness, Unabhängigkeit, Perfektion und Leistung. Das ›wahre‹ Selbsterleben dahinter tritt nicht oder nur selten in Erscheinung und ist den Betreffenden selber mitunter vollkommen fremd und unbekannt. Es liegt eine Identifikation mit der Persona (Maske) vor, die das wahre Wesen in den Schatten stellt[23]. Mit Hilfe des ›falschen‹ Selbsterlebens werden aber auch die Selbstwertdefizite ausgeglichen, weil die Maske meist aus sogenannten positiven oder bewundernswerten Eigenschaften besteht, die die Gefühle von Minderwertigkeit und Unsicherheit überdecken.

Gundi beschreibt es folgendermaßen:

Ich gebe mich nach außen immer sehr selbstbewußt und stark, kann alles, bin aufgeschlossen und sicher. Aber innerlich habe ich oft das Gefühl, ich verhalte mich verkehrt, bin unsicher und habe auch Angst, jemandem in die Augen zu sehen. Ich denke, der sieht in mich rein, wie unsicher ich bin. Wenn meine Maske wegfällt, dann habe ich das Gefühl, daß mir sämtliche Felle wegschwimmen und nichts mehr übrig bleibt als ein kleines, undifferenziertes, unwichtiges Etwas. Ich habe dann schreckliche Angst, verlassen zu werden, nicht wichtig und uninteressant zu sein.

Ich fühle dann den Schmerz, schwach zu sein und sehe, wie ich wirklich bin: schwach, unfähig fürs Leben, fehlerhaft, ungeliebt.

Durch das mangelnde Gespiegeltwerden in der Kindheit haben selbstwertschwache Frauen nicht nur einen schlechten Zugang zu ihren Gefühlen, sondern auch zu ihrem eigenen Erleben. Die Angst, abgelehnt zu werden, ist so groß, daß sie die Anpassung wählen, statt sich authentisch zu fühlen und zu verhalten. Ihre Sehnsucht, geliebt zu werden, bleibt und drückt sich in der Sehnsucht nach Anerkennung und Echo und der Suche nach idealen Menschen und Verhältnissen aus.

Was unter dem Selbst bzw. Selbsterleben zu verstehen ist, wird in der Literatur nicht einheitlich gesehen.[24] Jede Umschreibung kann nur ein Versuch sein, eine schwierig zu fassende Kategorie in Ansätzen zu definieren. *Wolf* beschreibt es als psychische Struktur, die als »Gefühl der Selbstheit« wahrgenommen wird. Ein gesundes Selbst wird als Selbstwertgefühl und Wohlbefinden erlebt, besitzt eine Struktur, die über die Zeit stabil ist, das heißt ein Mensch weiß, daß er heute derselbe ist, der er gestern war und morgen sein wird. Das Selbst kann an sich nicht dargestellt, sondern nur durch seine Ausdrucksformen erschlossen werden. Das bedeutet, daß man ein gesundes Selbstwertgefühl daran erkennt, wie jemand mit sich und anderen Menschen umgeht. Er wird es in diesem Fall nicht nötig haben, sich oder andere ab- bzw. aufzuwerten.

Ein Mensch mit einem geschwächten Selbstwertgefühl wird dagegen unsicher sein, wer er wirklich ist, und sich nach außen so geben, wie er es als Kind gelernt hat. Man kann also sagen, daß er sein ›wahres‹ Selbst nicht oder nur ungenau kennt, dafür aber in Kontakt mit seinem ›falschen‹ Selbst ist. Der Begriff ›wahres‹ Selbst beschreibt demnach mehr das Wesen des Menschen, das ›falsche‹ mehr sein angelerntes Verhalten, das der Person nicht gerecht und von ihr als falsch bzw. unecht erlebt wird. Ist der Mensch dagegen im Einklang mit sich selbst, mit seinen Gefühlen, Bedürfnissen und Wünschen und verhält er sich dementsprechend, dann kann man sagen, daß er sich im Zustand seines ›wahren‹ Selbst bzw. Selbsterlebens befindet. Selbst und Selbsterleben stehen oft synonym füreinander. Denn das Selbst ist ja kein endgültiger Zustand, sondern ein Erleben.

Die Begriffe ›wahr‹ und ›falsch‹ sind nicht unproblematisch, da sie scheinbar eine Wertung beinhalten: falsch ist schlecht, wahr ist gut. Ich bin mir dieser Schwierigkeit bewußt, lehne mich aber dennoch an die alte Begriffstradition an.[25] Ich setze die Begriffe ›falsch‹ und ›wahr‹ deshalb in Anführungsstriche, um zu zeigen, daß ich sie im übertragenen Sinne verwende.

Das ›wahre‹ Selbsterleben bedeutet für mich vereinfacht jenes psychische Geschehen, durch das wir ein Gefühl von Ganzheit bekommen. Zu ihm gehören alle ›echten‹ Gefühle, Bedürfnisse und Wünsche und die grundlegende menschliche Motivation, Intuition, Neugier, schöpferische Kraft und Intelligenz. Ist ein Mensch im Kontakt mit seinem ›wahren‹ Selbst, dann erlebt er sich nicht mehr wie zwei oder mehrere verschiedene Personen, sondern wie eine. Und das ist das Gefühl von ›Selbstheit‹, von Identität, das über die Zeit stabil bleibt.

Ein vereinfachtes Bild für das ›wahre‹ Selbst ist das des inneren Kindes in jedem Menschen[26]. Es ist insofern eine hilfreiche Kategorie, weil sie vorstellbar und erfühlbar ist. Sich fühlen wie ein freies Kind bedeutet spontan lachen, sich freuen, aber auch weinen, wenn man traurig ist, und sagen, was man im Moment möchte. Außerdem beinhaltet es unangenehme Gefühle wie Angst, Verletztheit, Schutzlosigkeit.

Die Entwicklung des Selbst sehe ich wie einige andere Autoren als Ergebnis früher Beziehungsmuster mit der Mutter oder anderen Bezugspersonen[27]. Das Selbst geht demnach aus einer geglückten ›Urbeziehung‹ hervor, die ein erstes Muster für alle späteren Beziehungen bildet. Narzißmus hat also immer einen Beziehungsaspekt. Ist die Urbeziehung gestört, so befindet sich das Kind in einer Situation, die »im Zeichen des Hungers (steht), des Schmerzes, der Leere und Kälte, der Ohnmacht und des völligen Ausgeliefertseins an die Einsamkeit, des Verlustes jeder Sicherheit und Geborgenheit, sie ist der Absturz in das Verlassensein und die Angst in einem bodenlosen Nichts«[28]. Die gestörte

Selbstentwicklung führt zu Selbstentfremdung, Angst, Unsicherheit, mangelndem Selbstvertrauen, Beziehungsschwierigkeiten, Rückzugstendenzen, Sucht und vielen neurotischen Symptomen wie Depressionen, Phobien, Zwängen usw.

Auch wenn ein geschädigtes Selbstwertgefühl auf der Grundlage der frühen Mutter-Kind-Beziehung entsteht, heißt das nicht, daß dieser Mensch ein Leben lang dazu verdammt ist, allein und ohne Liebe zu leben. So wichtig die ersten Lebensjahre auch sind, die Entwicklung hört danach nicht auf und kann durch neue, positive Erfahrungen in eine andere Richtung gelenkt werden. Durch heilsame und gute Beziehungen oder durch eine Therapie können die alten Wunden und Ablehnungen korrigiert werden.

Die Störung des grundlegenden Vertrauens durch mangelhafte Annahme hinterläßt im Kind und späteren Erwachsenen tiefe Spuren. Dennoch glaube ich, daß es nicht immer nur die Mutter sein muß, die dem Kind die liebevolle Unterstützung gibt. Ich meine, daß es vielmehr um das allgemeine Angenommen- und Geachtetwerden geht, das auch andere Menschen vermitteln können. Wenn ich also von der frühen Mutter-Kind-Beziehung schreibe, dann sollte man weniger an die einzelne Mutter denken, als mehr an die mütterliche Qualität, die das Kind für eine positive Entwicklung braucht. Ansonsten bekommt die Mutter eine Bedeutung, die ihr zum einen nicht angemessen ist, sie zum anderen aber auch überlastet. Die einzelne Mutter kann gar nicht an ›allem schuld sein‹. Sie hat sicherlich einen erheblichen Einfluß auf die seelische Entwicklung der Tochter, was man in der Therapie immer wieder erfährt. Aber ihr Einfluß auf das Kind hängt auch von dem allgemeinen Familienklima ab, von der Persönlichkeit des Kindes, dem Vater, den Geschwistern, dem Eingebundensein der Familie in ihr soziales Umfeld und so weiter. Alle Faktoren sind miteinander verknüpft und wirken nie unabhängig voneinander.

Männlicher und weiblicher Narzißmus

Zu Beginn meiner therapeutischen Arbeit mit Bulimikerinnen wäre ich nicht auf den Gedanken gekommen, daß es sich bei der psychischen Struktur dieser Frauen um eine weibliche Variante einer narzißtischen Persönlichkeitsstörung handelt. Narzißten waren für mich zum einen nur die Männer und zum zweiten ein bestimmter Typus von Männern, den man auch bei Alkoholikern findet. Männer, die der Kategorie des ›Machos‹ angehören, was bedeutet, Beziehungen über Verführung herzustellen, die Macht über den anderen zu behalten und sich im Augenblick des Sich-einlassen-Müssens zurückzuziehen bzw. die Beziehung zu beenden. Es sind diese nach außen ›harten, coolen Typen‹, deren Partnerinnen dazu dienen, ihnen das Leben zu verschönen und ihren Glanz zu verstärken. In Beziehungen zeigen sie sich ebenso wie in der therapeutischen Arbeit ablehnend, unerreichbar, ausweichend, aggressiv abgrenzend und wenig gefühlsmäßig betroffen.

In gewisser Hinsicht ähneln weibliche Narzißtinnen der obigen Beschreibung. Sie wirken im oberflächlichen Kontakt selbstbewußt, lässig, cool, überlegen und unabhängig. Auch verführen sie in Kontakten, oftmals unmerklich, und erhalten dadurch vor allem von Männern Zuneigung. Aber auch Frauen können sie ›um den Finger wickeln‹, da sie es gelernt haben, sich schnell auf die Erwartungen und Wünsche des Gegenübers einzustellen und eine freundliche und offene Zugewandtheit zu demonstrieren.

An dieser Stelle zeigt sich der Unterschied zwischen ›männlichen‹ und ›weiblichen‹ Formen des Narzißmus. Während Männer um ihre Autonomie kämpfen und immer befürchten, sie zu verlieren, passen sich Frauen in überstarkem Maße an und erhoffen dadurch die Anerkennung des anderen zu erhalten. Der männliche Typus lebt und betont die Distanz, die er als Autonomie erlebt, die aber eher eine Pseudounabhängigkeit bedeutet. Man könnte ihn als ›Beziehungsvermeider‹ bezeichnen, der Beziehungen abwehrt und sich selbst genug zu sein scheint[29]. Die weiblichen Typen dagegen reagieren mit Überanpassung und Aufgabe der eigenen

Identität und verhalten sich in Beziehungen symbiotisch anklammernd, sie sind aber ebenso wenig zu wirklicher Anpassung fähig, wie der männliche Narzißt. Sie suchen die Beziehung und in ihr die notwendige Sicherheit und sie meiden das Alleinsein. Sie gehören sozusagen zu der Gruppe der ›Beziehungsannehmer‹. Es gibt auch zahlreiche Männer, die eine weiblich-narzißtische Persönlichkeitsstruktur besitzen, also mehr dem anklammernden Typus zuzuordnen sind. Von ihnen spreche ich in diesem Buch jedoch nicht, kann mir aber vorstellen, daß auch sie sich im vorliegenden Text wiedererkennen. Sicherlich muß man berücksichtigen, daß es viele Mischtypen gibt, die nicht den hier beschriebenen Idealtypen zuzuordnen sind, weil Menschen sich nicht in vorgeschriebene Kategorien pressen lassen. Aber zur Verdeutlichung des Themas ist die Beschreibung der Typen nützlich, da man an ihnen die Unterschiedlichkeiten deutlicher herausarbeiten kann.

Beide Formen, die männliche und die weibliche, sind zwei Seiten einer Medaille und haben dieselbe narzißtische Grundstörung. Sie zeigen aber nach außen, in ihren Kontakten, jeweils eine andere Seite: den weiblichen Typus der Anklammerung und den männlichen der Vermeidung. Bezogen auf die zwei Ausprägungen der narzißtischen Persönlichkeitsstörungen kann die weibliche Form dem depressiven Pol und die männliche dem grandiosen zugeordnet werden. Dabei muß man jedoch beachten, daß die jeweils andere Seite auch dazugehört, aber nicht nach außen gezeigt wird. Das heißt unter der grandiosen Fassade liegt eine Depression und hinter der Depression ist die Grandiosität verborgen.

Die unterschiedlichen Ausprägungen des männlichen und weiblichen Narzißmus hängen in starkem Maße mit den speziellen Sozialisationsbedingungen der Geschlechter und der Rolle von Mann und Frau in unserer Gesellschaft zusammen. Mädchen lernen selten, sich aggressiv durchzusetzen, und werden mehr zur Anpassung erzogen. Die Jungen dagegen erfahren genau das Gegenteil. Sie sollen sich durchsetzen, sich wehren, wenn sie angegriffen werden, stark und ›männlich‹ sein. Und genauso verhält sich auch ein männlicher Narzißt.

Ich erinnere mich an einen Patienten, Anfang vierzig, beruflich sehr erfolgreich, aber unfähig, eine langandauernde Beziehung einzugehen. Er kam wegen seiner Alkoholprobleme in die Klinik. Zu Beginn der Therapie war es sehr schwer, eine Beziehung zu ihm herzustellen, da er mich als Therapeutin (noch dazu eine Frau!) ständig auf meine Kompetenz hin prüfte. Wiederholt versuchte er, mir und anderen zu beweisen, daß er sowieso alles besser wisse. Mit diesem Verhalten eckte er natürlich in der therapeutischen Gemeinschaft an, da die anderen sich abgewertet fühlten. Er wurde immer wieder mit seiner kritisch-mißbilligenden Haltung konfrontiert, worauf er jedoch mit Arroganz und Überheblichkeit reagierte. Bei Kritik fühlte er sich sofort abgelehnt und fing dann an zu kämpfen und sich zu rechtfertigen. Aber er blieb in der Klinik und brach die Therapie nicht ab! Und das war ein großer Schritt für ihn. Früher wäre er unter Schimpfen abgereist, erbost darüber, immer angemacht zu werden.

Er hatte in seinem Leben gelernt, in jeder Auseinandersetzung recht zu behalten. Die geistigen Spitzfindigkeiten in der Argumentation, durch die er ›unschlagbar‹ wurde, lernte er von seinem Vater. Dank seines Wissens und seiner intellektuellen Fähigkeiten mußte er nie befürchten, bei einem Schlagabtausch zu verlieren. Diese Stärke war eine Zeitlang für ihn überlebensnotwendig, da er sich nur auf diese Weise seinem Vater gegenüber behaupten konnte. Im Laufe der Jahre spürte er jedoch, daß er zwar immer alles besser wußte, dabei aber allein blieb. Sein Verhalten ging auf Kosten seiner Beziehungen, denn recht haben ist eben etwas anderes, als mit jemandem in Beziehung zu sein. Im Grunde fühlte er sich einsam, weil er keine richtigen Freunde hatte, sondern nur Bewunderer oder Feinde.

In der therapeutischen Gemeinschaft konnte er lernen, nicht auf Biegen und Brechen recht zu haben, sondern sich auf andere Menschen einzulassen, zuzuhören, sich auseinanderzusetzen und auch andere Meinungen gelten zu lassen. Das fiel ihm unsagbar schwer. Mit der Zeit aber öffnete er sich und ließ seinen Panzer, den er um sein Herz und seine Gefühle gelegt hatte, etwas durchlässiger werden. Eine Wende trat ein, als er mit seiner Freundin in Kontakt trat und das erste Mal wirklich spürte, daß er sie sehr mochte und es ihm weh tat, als sie sich wieder trennen mußten. Und nicht nur das. Er konnte es in der Gruppe erzählen und diesmal nicht nur ›mit dem Kopf‹, sondern zugleich seine Gefühle mitteilen. Er begann zu weinen, als er über seine Beziehung sprach, und kam in Kontakt mit dem Schmerz über seine bisherige Unfähigkeit, wirkliche Gefühle zu empfinden.

Seine emotionale Offenheit erfaßte die ganze Gruppe. Es entstand eine

tiefe, gegenseitige Zuneigung und Annahme. So hatten wir ihn alle noch nie erlebt. So unangenehm er sich am Anfang gab und so wenig er einlud, sich auf ihn einzulassen, nicht zu reden von den vielen Verletzungen, die er austeilte und vor denen sich alle schützen mußten, so intensiv war die emotionale Beteiligung, als er die andere Seite von sich offenbarte. Es war, als hätten alle auf diesen Moment gewartet.
Doch der Weg eines männlichen Narzißten aus seinem Gefängnis ist lang. So war das Erlebnis in der Gruppe für diesen Patienten nur der erste Schritt, der von vielen Rückfällen in sein altes abwertendes, rechthaberisches Verhalten begleitet war. Es war ihm die Mühe anzumerken, die es ihn kostete, immer wieder den neuen Weg zu wählen. Seine Beziehung zu der Freundin drohte auch daran zu zerbrechen, sofern er nicht bereit wäre, mehr Kompromisse einzugehen. Er handelte mit ihr Bedingungen für einen weiteren Kontakt aus, doch er hatte große Mühe, sie in die Tat umzusetzen.

Der narzißtische Konflikt besteht in der Unvereinbarkeit von Grandiosität und Minderwertigkeit als die zwei extremen Pole der Erlebens. In unserer Kultur scheinen die Frauen mehr dem Pol der Minderwertigkeit zugeordnet zu werden und die Männer mehr dem Pol der Grandiosität. Das bedeutet aber nicht, daß nicht auch die Frau grandios ist (etwa wenn sie sich für die schönste Frau hält, sobald sie zwei Kilo abgenommen hat) oder der Mann sich nicht auch minderwertig fühlt. Unter emotionalem Streß jedoch, den Beziehungen für diese Menschen bedeuten, greift jeder zu seinem ›bevorzugten‹ Abwehrmanöver: Männer machen sich noch größer und unangreifbarer, Frauen fühlen sich noch minderwertiger und wertloser.

Im folgenden habe ich eine Gegenüberstellung dieser zwei Grundmuster der narzißtischen Störung entwickelt (siehe Seite 50):

Die männlichen Narzißten versuchen gemäß einem alten Männerbild ihre Minderwertigkeit durch überzogene Größenvorstellungen zu kompensieren. Bei erfolgreichen Geschäftsleuten ist diese Lebenshaltung weit verbreitet, aber auch bei beruflichen ›Versagern‹, die ihre Potenz dann durch andere Attribute als Leistung und Erfolg demonstrieren, wie durch riskantes Autofahren, lautstarkes Auftrumpfen usw. In Therapiegruppen neigen sie dazu, ein grandioses narzißtisches Gruppenselbst herzustellen,

Männlicher Narzißmus	**Weiblicher Narzißmus**
betont die Grandiosität	ist in der Minderwertigkeit, Depression und Hilflosigkeit verwurzelt
Kampf um Anerkennung und Autonomie	Anerkennung durch Überanpassung
männliches Rollenbild	weibliches Rollenbild
Kompensation der Schwäche durch Grandiosität	Kompensation der Schwäche durch Überanpassung, Leistung und Attraktivität
distanziert, vorwiegend unempathisch	Aufgehen im anderen, empathisches Mitfühlen bis zur Übernahme fremder Gefühle
narzißtisches Wir-Gefühl	depressiver ›Gefühls-Sumpf‹ (Negativität)
Beziehungsablehner (meidend)	Beziehungsannehmer (anklammernd)
Narzißt	Komplementärnarzißtin[30]
Stabilisierung des Selbstwertgefühls durch die Partnerin und ihre Bewunderung	Suche und Entlehnung eines idealisierten Selbst beim Partner und seinen Erfolgen
Identifizierung mit dem Idealbild, das die Partnerin von ihm macht	Identifikation mit Idealselbst des Partners; Partner ist idealisiertes Ersatzselbst
sucht Mutterfigur	sucht Elternfigur und Halt im Partner, bemuttert den Partner
offene Aggressivität, Auflehnung und Abwertung	passive Form der Aggressivität, häufig in Form von Verweigerung, Trotz und interner Abwertung
Verfolgerposition	Opferposition

mit dem sie sich vollständig identifizieren und damit ihr mangelndes Selbstwerterleben ausgleichen[31].

Demgegenüber ist das Erleben in Gruppen mit weiblich-narzißtischen Frauen von Negativität, Hoffnungslosigkeit und Resignation geprägt. Es herrscht ein sogenannter ›Gefühls-Sumpf‹, eine Stimmung, die schnell auf alle Beteiligten überspringt und ein schlechtes Gefühl hinterläßt. Das hat damit zu tun, daß sie stark an negativen Gefühlen klammern und diese immer wieder produzieren. Bei Eßgestörten zeigt es sich daran, daß sie sehr lange über einen Rückfall reden und ausmalen, wie schrecklich dieser für sie sei[32]. Sie werten sich stark dafür ab und leiden. Es entsteht dann in der ganzen Gruppe ein allgemeines Leidensgefühl, getragen von viel Mitempfinden der anderen aufgrund eigener Erfahrungen. Diese Haltung trägt jedoch mehr zur Aufrechterhaltung denn zur Änderung der Symptomatik bei.

Weiblich-narzißtische Frauen sind sehr angepaßte und ›ideale‹ Patientinnen, die alles hinnehmen, nichts hinterfragen, auch wenn es ihnen nicht einsichtig ist, und alles tun, was die Therapeutin von ihnen erwartet. Im Kontakt bieten sie mehr ihre hilflose, depressive Seite an, die sie oft durch Leistung und Attraktivität zu kompensieren versuchen. Auch wenn sie beruflich erfolgreich sind, zeigen sie sich in persönlichen Belangen als Opfer, lassen sich viel gefallen, ohne zu protestieren, und wehren sich meist nur über Verweigerung. In der Therapie geben sie sich unselbständig und wollen, daß die Therapeutin die Arbeit für sie übernimmt, ihnen sagt, was für sie gut ist und was sie am besten tun sollen. Daß es sich bei diesem Verhalten nur um eine äußerliche Anpassung handelt, wird im Kontakt mit ihnen schnell deutlich. Sie tun alles, was man ihnen vorschlägt, aber leider ändert das an ihrer mißlichen Lage nichts. Alles, was ihnen angeboten wird, reicht entweder nicht aus oder ist nicht das Richtige oder erfolgt zum falschen Zeitpunkt. Mit einem Wort, es hilft nichts. Mit dieser Form der Verweigerung und Abwertung stellen die Frauen die fehlende Distanz her, was Männer früher, aggressiver und direkter ausdrücken.

Beide Formen narzißtischer Strukturen, also die männliche und die weibliche, leiden an derselben narzißtischen Selbstwertstörung, unterscheiden sich aber in der Art, wie sie ihre Beziehungen gestalten. Der männliche Narzißt sucht sich eine Frau (die Komplementärnarzißtin), durch die er sein schlechtes Selbstwertgefühl aufwerten kann[33]. Er erhält in der sich unterordnenden Frau jene Bewunderin, die er zu seiner Stabilisierung braucht. Sie wiederum leiht sich bei ihrem Partner ein Ideal-Selbst, indem sie ihn idealisiert, sich für ihn aufgibt und in ihm aufgeht. Sie stellt keine eigenen Ansprüche oder Forderungen, die er erfüllen muß und dient ihm als sogenannter »mütterlicher Nährboden«. In der Verschmelzung mit ihrem bewunderten Partner erhält sie die nötige Aufwertung ihres Selbstbildes, indem sie an seinen Erfolgen teilhat. Dadurch, daß sie sich mit ihm identifiziert, wird er zum ›idealisierten Ersatz-Selbst‹. Das heißt, der eigene mangelnde Selbstwert wird durch das Ideal des Partners ausgeglichen.

Wird die Nähe zu eng, so versucht der Narzißt die Partnerin wegzustoßen, was jedoch sehr schwierig ist. Die Komplementärnarzißten sind in hohem Maße anhänglich, auch noch weit über die Trennung hinaus und in wahnhafter Weise mit ihren Erwartungen an den Partner verflochten. Sie leugnen lange das Scheitern der Beziehung, wohl auch, weil sie existentiell darauf angewiesen sind, »im Partner die Verkörperung eines Ideal-Selbst zu bewahren«[34]. So halten sie oft loyal zum Partner, auch wenn dieser sie schlecht behandelt, abwertet und massiv kränkt.

Das Verhalten und die Einstellung von Komplementärnarzißten ähnelt sehr den in diesem Buch beschriebenen Frauen, die sich am liebsten ganz in ihrem Partner auflösen möchten und sich ihm vollkommen anpassen. In der therapeutischen Gemeinschaft kann man beobachten, daß diese Frauen sich häufig in sogenannte Macho-Typen verlieben, also in ›männliche‹ Narzißten, häufig die beliebtesten Männer der Gruppe. Sie dienen ihnen dazu, sich aufgewertet zu fühlen und damit ›mehr wert‹ zu sein.

Eine ehemalige Patientin schrieb mir folgenden Brief:

Der dickste Brocken sind halt immer noch meine Beziehungskisten. Nach dem letzten Drama versuchte ich es mal mit einem netten, überall beliebten Mann. Ich dachte, ich könnte mich mit dem Verstand verlieben. Es war eine völlig ruhige, ›katastrophenlose‹, langweilige Beziehung. Er hatte gerade eine Trennung hinter sich, und ich hatte dauernd das Gefühl, er benützt mich, um seinen Selbstwert aufzubauen und einen Abladeplatz für seine Depressionen zu haben. Ja, und dann kam die Sache mit Robert, einem Frauentypen, der gerade mich unter zig attraktiven Frauen herauspickte. Es schlug ein wie ein Blitz, ich war ihm von der ersten Umarmung an verfallen. Er erzählte mir von sich und wie aus ihm, dem harten Mann, ein weicher wurde. Dabei sah er mich an, als sei ich die einzige Frau auf der Welt. Ich wußte es gleich, das ist mein ›Suchtmann‹, er ist Gift für mich, weil ich total auf ihn abfahre, ich leide danach. Aber ich faßte den Entschluß, mir zu nehmen, was da war, mit der Konsequenz, die Rechnung zahlen zu müssen. Und sie kam.
Wir erlebten eine wunderschöne, traumhafte Woche. Ich habe alles bekommen, nach dem ich mich seit langer Zeit sehnte, viel Liebe, Nähe und vor allem Annahme meines echten Wesens. Wir gingen gut miteinander um. Ich merkte, wie mich seine ›Horror- Vergangenheit‹ (er hatte eine Alkoholkarriere hinter sich) noch mehr in seinen Bann zog, weil ich sah, wie ein Mensch sich verändern kann. Diese ganzen Extreme, die er gelebt hat, teils dieser ›Windhund‹, knallhart, gewalttätig, cool, verdorben, und die andere Seite, liebevoll, verletzlich, weich, zart, gut – das faszinierte mich dermaßen an diesem Mann, daß ich vor Liebe hätte platzen können.
Nun bin ich wieder daheim, weiß, daß er nächste Woche kommt, und – leide! Ich heule nur noch, weil ich weiß, daß er nicht für mich bestimmt ist. Die Entfernung ist zu groß, wir wollen nicht nur am Wochenende zusammenleben. Der Unterschied ist, daß er seine Gefühle durch den Verstand in Schach halten kann und ich nicht. Er sieht es lockerer und ich leide. Die Sache mit Robert verlangt mir alles ab, nimmt mir völlig den Boden. Ich habe mich abhängig gemacht, entwurzeln lassen, bin nicht mehr da. Und habe viel Angst.
Ich war wieder bei ihm. Es war schrecklich. Zum Schluß schliefen wir in getrennten Zimmern. Es ist einfach so, daß ich bei ihm ein Nichts bin. Er hat ein dermaßen starkes Ego, daß meines daneben gar keine Chance hat. Er kritisierte mich fortwährend, und ich habe in dieser Woche mein ganzes Selbstvertrauen und Selbstwertgefühl verloren. Jetzt habe ich mir wieder meine alten Ängste bestätigt: Ich fühle mich als Versagerin, dumm, fehlerhaft, schuldig. Es war, als müßte ich mit ganzer Kraft kämpfen, um neben ihm zu bestehen, ja um überhaupt dazubleiben. Ich

habe mir mal wieder einen Mann gesucht, bei dem ich hoffnungslos um Liebe kämpfen kann. Ich leide wie ein Tier.
Sein Teil ist: Angst vor Nähe, Distanz, Egozentrik, Abwertung, und ein Nicht-akzeptieren-Können der Fehler anderer. Mein Teil ist: Ich habe mich abhängig gemacht aus (falscher?) Liebe. Habe es ertragen, daß er meine Gefühle nicht so erwiderte, wie ich es gewollt hätte. War nicht mehr Ich selbst, ich lachte, wenn er lachte, war depressiv, wenn er es war usw. Es war ein Trauerspiel. Ja, und dann habe ich meine warnende innere Stimme gehört und bin einen Tag früher abgefahren und das war schon ein Fortschritt. Nun, hab ich erst mal die Nase voll von Männern!

Was in dieser Beschreibung besonders auffällt, sind die Extreme, in denen beide Partner leben. So vehement, wie sie sich in die Beziehung stürzen, so schnell ›kommen sie darin um‹. Der Partner ist das genaue Gegenstück von ihr, reserviert, distanziert und ›kopfgesteuert‹. Auf die intensive Nähe folgt die Distanz, in diesem Fall sogar das Ende der Beziehung. Weder sie ist fähig, sich auf ihn einzulassen, ohne sich zu verlieren, noch kann er dauerhaft Nähe zu ihr aufbauen.
Die weibliche Form der narzißtischen Haltung finden wir auch häufig bei den sogenannten ›modernen Karrierefrauen‹. Sie sind gehetzt von einem Gefühl, immer besser werden und immer mehr Macht und berufliche Positionen erwerben zu müssen. Sie bauen sich in ihrer Phantasie ein Bild auf, die Besten zu sein, werten andere ab, auch aus Angst, in ihrer Position bedroht zu werden, verlieren aber schnell ihr potentes Image, wenn sie kritisiert werden. In dem Moment fürchten sie, daß alles zusammenbricht und die Welt sehen würde, was für Versagerinnen sie eigentlich sind. Viele Frauen kommen sich auch wie Betrügerinnen vor, die der Welt vormachen, intelligent zu sein, sich aber im Grunde für dumm und inkompetent halten. Äußere Stabilisatoren wie Anerkennung, Beförderung usw. dienen dann dazu, das ›aufgebaute Bild‹ aufrechtzuerhalten. Schlanksein gehört ebenso dazu wie die Übernahme männlicher Züge und Haltungen. Damit ist die Haltung des Alles-Machbaren, Alles-Kontrollierbaren, einer mehr rationalen als emotionalen Einstellung verbunden. Das Fatale daran ist wiederum nicht deren Existenz, sondern deren Vorherr-

schaft. Die männlich geprägte Haltung wird zum Ideal, an das sich die Frauen anpassen.
Doch sehr oft trügt der Schein und es verbirgt sich hinter diesem nach außen so selbstbewußten Verhalten eine emotional sehr anhängliche Frau. Wo sie im Berufsleben ›ihren Mann steht‹, wird sie privat abhängig und fürchtet Kritik oder Ablehnung durch den Mann. Sicherlich gilt das nicht für alle Frauen. Ich konnte diesen Zusammenhang jedoch häufig beobachten, sei es im Bekanntenkreis oder bei meinen Patientinnen. Viele von ihnen sind beruflich erfolgreich und wirken nach außen selbstbewußt und lebenstüchtig. Im Privatleben verlieren sie jedoch diese Sicherheit immer wieder. Sie geben sich pseudo-sicher und cool, aber hinter dieser Maske fühlen sie sich unsicher, abhängig und schutzbedürftig. Es scheint, als sei ein Teil von ihnen, der kognitiv-intellektuelle, weiter entwickelt als der emotionale.

II.
Was wir früh lernen, kann später zum Problem werden

Die Auswirkungen früher Trennungen

Störungen des Selbstwertgefühls, also narzißtische Persönlichkeitsstörungen, hängen im wesentlichen mit Entwicklungsdefiziten innerhalb der ersten zwei Lebensjahre zusammen. Je früher im Leben eine Beeinträchtigung auftritt und je weniger Gelegenheit das heranwachsende Kind hat, diesen Mangel nachträglich auszugleichen, um so stärker ist die psychische Hemmung des späteren Erwachsenen. Dies hat hauptsächlich mit der Ich- und Selbstentwicklung zu tun: Je älter das Kind ist, um so einheitlicher ist sein Ich und um so mehr Ichfunktionen stehen ihm zur Verfügung, um aktuelle Konflikte und Trennungen zu verarbeiten.

Die große Bedeutung, die das erste Lebensjahr des Kindes für seine Entwicklung besitzt, läßt sich an Untersuchungen von kleinen Kindern belegen.

Werden Kinder verlassen, wenn sie klein sind, dann hat das weitreichende Folgen. Durch die Untersuchungen von *Spitz* wissen wir, daß für ein Kleinkind zwischen sechs und acht Monaten eine Trennung von drei bis fünf Tagen zu einer depressiven Verstimmung führt, wenn in dieser Zeit keine stellvertretende Bezugsperson die Betreuung des Kindes übernimmt wie zum Beispiel der Vater, die Geschwister, die Großeltern oder eine Ersatzmutter. Das Kind reagiert dann (wie es in Heimsituationen beobachtet wurde) zuerst mit Protest, dann mit Verzweiflung und am Ende mit Abwendung. Es zieht sich allmählich aus dem Kontakt zurück, wird traurig, weinerlich, depressiv und beginnt, sich selbst zu stimulieren (Schaukeln). In der weiteren Folge wird das Kind aggressive Impulse, die es nicht nach außen richten kann, gegen sich wenden, indem es etwa den Kopf gegen die Wand schlägt.

Diese Form der seelischen Erschütterung wird ›anaklitische‹ Depression genannt[1]. Sie bildet sich zurück, wenn die Trennung den oben genannten Zeitraum nicht überschreitet und vor der Trennung eine gute Beziehung zur Mutter bestand.

In einer anderen Untersuchung konnten *Robertson* und *Robertson* zeigen, daß die Verarbeitung von Trennungserlebnissen entschei-

dend vom Alter des Kindes, seiner Persönlichkeitsentwicklung und dem Vorhandensein ständiger Bezugspersonen abhängt. Je älter die Kinder waren und je ausgereifter ihre Ich-Entwicklung und damit auch ihre Fähigkeit, Beziehungen zu anderen Menschen aufzunehmen, um so eher zeigten sie Trauerreaktionen und überbrückten und verarbeiteten auf diese Weise die Trennung. Lebten die Kinder während der Trennungszeit von der Mutter mit dem Vater oder anderen ständigen Bezugspersonen zusammen, wurden sie nicht depressiv, sondern überstanden die Trennungszeit ohne Schaden. Auch konnten sie ihre Mütter hinterher wieder problemlos annehmen. In dem Fall eines kleinen Mädchens hatte die Trennung sogar einen positiven Einfluß auf die Entwicklung des Kindes. Eine Eßstörung der Tochter verschwand während des Aufenthaltes in der Pflegefamilie, und die Beziehung zur Mutter verbesserte sich auffallend.
Das einzige Kind der Untersuchung, das im Heim betreut wurde, zeigte Kummer und tiefe Verzweiflung. Es zog sich im Laufe der neun Trennungstage immer mehr auf sich zurück, und es dauerte hinterher Wochen, bis es seine vormals gute Beziehung zu seiner Mutter wieder aufbauen konnte. Außerdem litt der Junge noch drei Jahre nach dem Heimaufenthalt unter massiven Trennungsängsten und periodisch auftretenden starken Aggressionen als Nachwirkung der frühen Verlassenheit.
Diese Untersuchungen zeigen, daß unverarbeitete Trennungserlebnisse für das Kind traumatische Auswirkungen haben können. Für das kleine Kind, das noch vollständig auf seine Eltern angewiesen ist, um leben zu können, bedeutet Trennung eine große Gefahr. Denn wenn es alleingelassen wird, wird es sterben. Der Säugling und das Kleinkind sind daher auf stabile Beziehungen angewiesen, um eine positive Entwicklung zu durchlaufen. Sobald das Kind in Beziehungen lebt und Kontakt zu anderen Menschen hat, kann es Trennungen von den Eltern leichter verarbeiten.
<u>Neben den realen Trennungen haben vor allem auch seelische Vernachlässigungen einen negativen Einfluß auf das Kind.</u> Seelisches Verlassenwerden ist leider weit verbreitet. Auch wenn die

Eltern anwesend sind, heißt das noch nicht, daß das Kind sich auch angenommen und geliebt fühlt. Fehlt ihm diese Erfahrung, wird es sich verlassen fühlen und darauf mit einer Störung seines Selbstwertgefühls reagieren.

»Sei Nicht!«

Es wäre besser, du wärst gar nicht auf der Welt. Deinetwegen habe ich geheiratet, obwohl ich gerade meine Berufsausbildung fertig hatte und arbeiten wollte. Alle meine Pläne warf ich über den Haufen und das nur, weil ich dir eine Familie bieten wollte.

Mit diesen Botschaften ihrer Mutter wuchs eine Frau auf, die unter starken Minderwertigkeitsgefühlen und Ängsten litt. In der Therapie lebten diese frühen Botschaften wieder auf, die sie jahrelang verleugnet hatte. Sie erinnerte sich an ihre Kindheit als eine schöne Zeit und hatte große Mühe, sich ehrlich einzugestehen, daß nicht alles so schön war, wie sie es gerne gehabt hätte. Im Gegenteil. Sie war kein gewolltes Kind, aber die Eltern entschlossen sich dann doch, sie zu bekommen. Direkt oder indirekt wurde ihr jedoch immer wieder vermittelt, daß sie eine Last sei und ihrer Mutter die Zukunft verbaut habe. Sie hatte diese Vorwürfe schon so häufig gehört, daß sie sie gar nicht mehr ernst nahm. Im Laufe der Therapie aber spürte sie die tiefe Verletzung, die sie dadurch erlitten hatte und die Traurigkeit, so wenig willkommen geheißen worden zu sein.
Sie hatte auch als erwachsene Frau häufig die Befürchtung, anderen lästig zu sein, zu stören oder sich aufzudrängen. Diese Gefühle umging sie, indem sie sich ›dünn machte‹, nicht auffiel und tat, was sie meinte, daß andere von ihr erwarten. Die Folgen dieser Überanpassung waren starke Lebensängste und häufige Selbstmordgedanken, die sie jedoch bisher noch nie in die Tat umgesetzt hatte. Sie erlebte sie mehr als massive Existenzängste und den Wunsch, sich zu verkriechen, wenn die Anforderungen zu groß wurden. Indirekt aber verletzte sie sich häufig und hatte

eine Reihe schwerer Unfälle. Daß das etwas mit ihr zu tun hatte, ahnte sie, aber richtig bewußt wurde es ihr erst in der Therapie, als sie mit dem Gefühl, ›eigentlich‹ nicht leben zu dürfen, in Kontakt kam. Sie hatte bisher immer mit der Einstellung gelebt: ›Ich muß leben‹ aber nicht: ›Ich darf leben, es ist schön, daß ich da bin.‹ Die ablehnende Haltung ihrer Mutter, aber auch ihres Vaters, hinterließen in ihr viele negative Spuren und ermöglichten ihr nicht, ein ›Urvertrauen‹ aufzubauen[2].

Das Gefühl des ›Urvertrauens‹ bzw. ›Urmißtrauens‹ bildet sich im wesentlichen in den ersten Lebensmonaten heraus, je nachdem, wie die Beziehung zwischen dem Kind und den Eltern gestaltet ist. Aber bereits die Einstellung zu dem Ungeborenen hat einen Einfluß auf sein späteres Grundgefühl. Das Urvertrauen ist ein Gefühl des Sich-verlassen-Dürfens und resultiert aus einer verläßlichen Versorgung und Annahme des Kindes. Es entsteht, wenn es auf der Welt willkommen geheißen und liebevoll empfangen wird. Wird es dagegen ärgerlich-ängstlich weggeschoben, so wird es die Welt und die Menschen mißtrauisch betrachten. Denn die Qualität der ersten Beziehungen bildet die Basis für spätere Beziehungen und prägt das Verhalten und die Einstellung des Kindes zu anderen Menschen, aber auch zu sich selbst. So, wie der Mensch auf der Welt angenommen oder abgelehnt wird, so wird er sich später selbst annehmen oder ablehnen. Dabei haben die Eltern und Geschwister innerhalb einer bestimmten Familienkonstellation eine Schlüsselfunktion, da sie dem Kind günstige oder ungünstige Bedingungen zur Entwicklung eines gesunden Urvertrauens bieten können. In den ersten Lebensmonaten ist meist die Mutter die wichtigste Person, weil sie den intensivsten Kontakt zum Kind hat. Durch ausreichende Ernährung und Pflege befriedigt sie die Grundbedürfnisse des Kindes nach Nahrung, Wärme und körperlicher Unversehrtheit und trägt so zu seinem Wohlbefinden bei. Durch liebevolle Zuwendung gibt sie dem Kind das Gefühl der »Sicherheit, in der Welt willkommen zu sein«[3]. In einem einfühlsamen Kontakt erfährt das Kind durch die Mutter Vertrauen, Geborgenheit, Trost und Schutz. Diese innige Zweisamkeit wird auch ›Symbiose‹ genannt.

Wenn das Kind verständnisvoll angenommen wird und die Möglichkeit hat, eine nährende Einheit mit der Mutter zu bilden, dann gewinnt es eine innere Sicherheit, die ihm später hilft, sich selbst Trost und Zuspruch zu geben, vorausgesetzt, seine Entwicklung verläuft auch weiterhin positiv.[4]

Menschen mit einem mangelnden Urvertrauen erleben die Welt als einen bedrohlichen Ort und andere Menschen eher als Gegner denn als Partner. Sie fühlen sich nicht wirklich sicher, da sie als Kinder gelernt haben, daß sie sich nicht vollständig auf ihre Umgebung verlassen können. An der Reaktion des Kindes auf fremde Menschen kann man sehen, ob es ein grundlegendes Vertrauen entwickelte oder nicht. Kinder, die die symbiotische Phase positiv durchlaufen haben, reagieren auf fremde Menschen hauptsächlich mit Neugier und staunender Erwartung, wogegen Angst- oder Abwehrreaktionen gegenüber anderen ein Hinweis auf ein gestörtes Grundvertrauen ist.[5]

Dasselbe gilt für das Phänomen der Trennungsangst. Wenn Menschen mit Angst und Panik auf Abschiede und Alleinsein reagieren, fehlt ihnen das Vertrauen, daß die Beziehung auch über die Trennung hinaus bestehen bleibt und der andere wiederkommt. Die Trennungsangst ist also ein Ausdruck dafür, daß diese Person keine Verläßlichkeit in frühen Beziehungen erfuhr. Darüber hinaus weist sie auf ein instabiles Selbsterleben hin. Denn nur jemand, der sich nicht für wichtig und liebenswert hält, glaubt, daß er ›grundlos‹ verlassen wird. Mangelndes Selbstbewußtsein geht also Hand in Hand mit dem Verlust eines grundlegenden Gefühls des Vertrauens und steht damit in enger Verbindung zu den Erfahrungen in den ersten Beziehungen.

Mangelnde Zuwendung und/oder Ernährung führt zu negativen Selbst- und Fremdbildern. So wie die Umgebung sich dem Kind gegenüber verhält, so fühlt es sich. Wird es befriedigt, das heißt gut behandelt, bildet sich ein positives Selbstbild und ein positives Bild von der Mutter (die ›gute Mutter‹). Wird es schlecht behandelt und bleibt es häufig unbefriedigt, entwickelt es ein negatives Selbstbild und ein negatives Bild der Mutter (die ›böse Mutter‹). Ist die Umwelt ›böse‹ (frustrierend), so bedeutet es zugleich, daß es selbst ›böse‹ (nicht existenzberechtigt) ist. Das Kind wird die Einstellung entwickeln, nicht liebenswert zu sein und die Umwelt als einen bedrohlichen Ort erleben. Denn so wie das Außen ist, so ist es selbst.

Wir berühren mit dem Thema ›Sei Nicht‹ eine grundlegende Dimension des Lebens, die mehr einschließt als nur die individuelle Beziehung der Eltern zum Kind. Es gibt beispielsweise Menschen, die unter Bedingungen aufwachsen, die nach der Entwicklungstheorie tiefe Persönlichkeitsstörungen hinterlassen müßten. Trotzdem sind diese Menschen nicht stärker seelisch beeinträchtigt. Es gibt wieder andere, die starke emotionale Probleme haben, obwohl ihr Leben in einigermaßen normalen Bahnen verlief. Diese Phänomene sind also nicht allein durch das Verhalten der Eltern und der Umgebung ausreichend erklärbar. Vielmehr kommen Kinder mit unterschiedlichen Ausstattungen auf die Welt, die sie auf verschiedene Weise befähigen, mit den Lebensanforderungen umzugehen. Unsere Eltern sind nicht so allmächtig, daß sie für alles, was wir sind, verantwortlich gemacht werden können. Ganz sicher gibt es Phasen im Leben, in denen wir ihnen die Schuld an unserer Misere geben und uns mit ihnen auseinandersetzen müssen. Das ist auch wichtig und nötig. Darüber hinaus können wir unsere Probleme auch als unser Schicksal betrachten, das wir lösen und mit dem wir uns aussöhnen müssen. <u>Wir haben diese Eltern vielleicht deshalb, um uns in der Beziehung zu ihnen zu finden. Möglicherweise ist es gerade die Auseinandersetzung mit der menschlichen Fehlbarkeit und einer nie vollkommenen Sicherheit im Dasein, die den Menschen fordert und einen Teil seines Lebens ausmacht. Ich meine, daß viele Probleme und Krisen den Sinn haben, zu sich selbst zu finden.</u>

Die Auseinandersetzung mit Krankheit und dem eigenen Lebensschicksal führt uns über die psychologische Betrachtung hinaus. Wenn wir uns des größeren Zusammenhangs, in dem wir leben und handeln, bewußt sind, vermeiden wir, unseren Eltern eine einseitige Schuld zuzuweisen, die ihnen nicht gerecht wird. Zum anderen berührt diese Sichtweise die Frage nach dem Sinn in jedem einzelnen Leben und geht über Vorwürfe an das Leben hinaus. ›Hätte ich nur andere Eltern gehabt, dann...‹, so denken und sprechen viele. Aber dann wären sie nicht die Person, die sie heute sind. Um zur Entfaltung der eigenen positiven Möglichkeiten zu kommen, müssen jedoch zuerst die Hindernisse abgebaut werden, die sie unterbinden.

Die frühe Ablehnung taucht im Verlauf der Therapie als sogenannte ›Sei-Nicht-Botschaft‹ auf, die als erste grundlegende Prägung ein Nicht-willkommen-Sein in der Welt bedeutet, kein Recht auf Leben zu haben. Der Begriff stammt aus der Transaktionsanalyse, einer Form der Humanistischen Psychotherapie. Eine Sei-Nicht-Botschaft ist im Menschen mit einem Gefühl der Unsicherheit und Bedrohung, mangelndem Vertrauen in die Welt, die Menschen und sich selbst sowie häufiger Verunsicherung und Angst gekoppelt. Sie ist eine ›Einschärfung‹, das heißt eine frühe, meist nonverbale Botschaft, die dem Kind durch die Außenwelt vermittelt wird.

Man geht von der Annahme aus, daß die Botschaften aus der Kindheit im Erwachsenenalter immer noch, meist unbewußt, wirken und das sogenannte Drehbuch des Lebens schreiben. Der Bann der Botschaft wirkt besonders dadurch, daß er unbewußt ist und damit nicht gezielt beeinflußt werden kann. Bekommt ein Kind viele negative, verbietende und einschränkende Botschaften mit auf den Weg, so wird sein Leben in eine negative Richtung weisen. Dieser Mensch wird mit großer Wahrscheinlichkeit nicht auf der Sonnenseite stehen, sondern mehr zu den Verlierern gehören. Umgekehrt ist es natürlich ebenso. Ein Kind, dessen Situation durch viel Unterstützung, Zuspruch und positive Einstellungen geprägt ist, wird insgesamt erfüllter leben. Das Ziel der Therapie ist, die unbewußten, negativen Botschaften zu entschlüsseln, bewußt zu machen, zu überwinden und durch neue, positive zu ersetzen, sowie zu helfen, diese emotional zu verankern.

Sei-Nicht-Botschaften werden auf verschiedene Weise vermittelt. Meist geschieht die Vermittlung ohne Worte und wirkt atmosphärisch. Ist beispielsweise eine Mutter mit ihren bereits vorhandenen Kindern überfordert oder leidet sie unter ihrer Ehe, so kann das

Neugeborene zu einer zusätzlichen Last werden, die sich in einer untergründigen Ablehnung des Kindes äußert. Aber auch unerwünschte Kinder kommen mit dieser Hypothek auf die Welt. Aus Patientenberichten ist bekannt, daß die meisten von ihnen in eine unglückliche Situation hineingeboren wurden. Spätere selbstwertschwache Frauen erfahren demnach schon sehr früh, es wäre besser, es gäbe sie gar nicht bzw. sie sollten anders sein. Viele Mütter sprechen ihren Wunsch, daß das Kind besser nicht auf der Welt wäre, auch direkt aus.

Eine Patientin erinnert sich, daß ihre Mutter häufig auf sie einschlug und dabei gedroht habe: »Noch einen Ton, und ich bring' dich um.«

Besonders in Familien mit alkoholabhängigen oder anders süchtigen Eltern kommt es oft zu Eskalationen, in denen das Kind körperlich bedroht und mißbraucht wird. Häufiges Geschlagenwerden aber auch Unfälle und Krankheiten, die lebensgefährlich waren, können im Kind ein tiefes, nachhaltiges Gefühl der Bedrohung hinterlassen. Die Bandbreite der Erlebnisse von Ablehnung und Lebensbedrohung (körperlich wie seelisch) ist groß.

Sei-Nicht-Botschaften drängen im Kind und späteren Erwachsenen unbewußt auf Erfüllung. Diese Menschen werden sich dementsprechend selbstschädigend verhalten. Sei es, daß sie süchtig werden, sich körperlichen Schaden zufügen oder sich in Gefahrensituationen begeben, in denen sie ihr Leben riskieren. In jedem Fall verhalten sie sich so, daß die Sei-Nicht-Botschaft bestätigt wird. Auch Selbstmordversuche oder Selbsttötung können die Folge sein.

Eine Patientin, die seit drei Wochen in der Klinik ist, schreibt folgenden Bericht:

Ich habe mir besondere Gedanken über die Frage ›Willst du leben?‹ gemacht. Meine spontane Antwort: ›Ja, natürlich will ich leben, ich wollte immer leben. Das Idealste wäre natürlich ein Leben mit der Sucht, aber es ist mir jetzt bewußter als je zuvor, daß ein Leben mit der Sucht der gerade Weg in den Tod ist.‹

Ich habe für mich die Frage umformuliert: ›Willst du lernen, ohne deine Sucht zu leben?‹ – Ich habe nämlich erkannt, daß die Angst, die ich

habe, die Angst vor dem Ungewissen ist: Ich weiß nicht, wie ich ohne meinen ›Halt‹ in der Sucht leben soll, ich weiß nicht, was Leben bedeutet, was für einen Platz ich in einem suchtfreien Leben einnehmen soll, was für ein ›Mensch‹ sich in mir offenbaren wird…???
Und ich möchte wieder flüchten in die ›Sicherheit‹ (Sucht). Aber ich kann jetzt etwas dagegenhalten, da ich immer deutlicher erkenne, daß ich mit meiner Sucht nicht ›gelebt‹ habe, denn es ging mir schlecht, auch wenn ich noch dachte, es ginge mir gut. Und deshalb will ich lernen, ohne Sucht zu leben; ich will nicht mehr nachts vor Hunger aufwachen, will keine Angst mehr vor dem Einschlafen haben in der Erwartung, nie mehr aufzuwachen, nie wieder auf der Straße zusammenklappen und auf allen Vieren nach Hause kriechen, nicht mehr ständig Angst haben zu sterben, zu versagen, entdeckt zu werden…
Es macht mich jedoch wütend, daß ich mir den Weg zum Leben so schwer mache, ja fast verbaue, ich hasse mich dafür, fühle mich zwiespältig, traue mir selbst nicht mehr. Ich habe Angst, alles verspielt zu haben, denn ich habe mit meinem Leben gespielt!

Auch in Süchten schlägt sich die Destruktivität einer Sei-Nicht-Botschaft nieder[6]. Das Suchtverhalten erfüllt in diesem Zusammenhang zweierlei scheinbar paradoxe Funktionen: Es dient zum einen dazu, das existenzbedrohende Gefühl, das mit der Sei-Nicht-Botschaft verbunden ist, nicht spüren zu müssen, weil es mit dem Suchtmittel überdeckt wird. Im Rausch der Droge, welcher auch immer, spüren die Betroffenen die Bedrohung weniger. Auf der anderen Seite erfüllen sie aber mit ihrer Suchtkrankheit gerade dieses ›Sei Nicht‹, da sie an den Folgen der Sucht sterben können.

»Iß, was ich dir gebe!«

Essen bedeutet Leben, denn wenn wir keine Nahrung zu uns nehmen, sterben wir. Und wie wir essen, so leben wir und so gehen wir mit Beziehungen um. Als Neugeborene erfahren wir die Welt in der Beziehung zur Mutter zuerst über das Essen. Dadurch entsteht die Analogie von Essen und Leben. Über die Nahrung ist das Kind mit der Mutter eng verbunden, und es erfährt beim Gestillt- oder Gefüttertwerden zugleich eine gefühlsmäßige Beziehungsqualität. In dieser Situation kommen Liebe, Annahme oder Ablehnung, Körperlichkeit und Berührung zusammen. Die Fütterungssituation ist also nicht eingeschränkt auf die Gabe von Nahrung, sondern sie ist zugleich eine soziale Begegnung, in der ein emotionaler Austausch stattfindet.

Die Art, wie das Kind gefüttert wird, hat daher nicht nur einen Einfluß auf sein späteres Eßverhalten, sondern prägt auch sein Lebensgefühl. Dieses hängt davon ab, ob die Umwelt sensibel auf das Kind reagiert und versucht, seine Signale zu entschlüsseln, oder ob sie jedes Unwohlsein des Säuglings mit Füttern beantwortet. Wird Weinen vorwiegend als Ausdruck von Hunger interpretiert und das Kind durch Füttern beruhigt, so kann es zu einer Vermischung oder Verwechselung von emotionalen und körperlichen Bedürfnissen kommen[7]. Wird das Kind etwa gefüttert statt gehalten, wird es später versuchen, Alleinsein mit Essen oder Süßigkeiten zu füllen. Auch als Erwachsene wird es ihr außerordentlich schwer fallen zu unterscheiden, ob sie Essen oder Nähe braucht.

Werden seelische Bedürfnisse mit Essen beantwortet, wird nur eine vorübergehende Befriedigung eintreten, da der eigentliche emotionale Mangel nicht behoben ist. Auf der anderen Seite lernen diese Menschen, jegliches Unbehagen durch Nahrungsaufnahme zu beeinflussen. Das führt dazu, daß das Problem, also der spezifische Mangel, gar nicht mehr differenziert wahrgenommen wird und daher kein spezifisches Lösungsverhalten folgen kann. Es entsteht die Unfähigkeit, seelische Vorgänge angemessen zu interpretieren und darauf zu reagieren. Körperliche und seelische Bedürfnisse werden als unspezifisches Gefühl von ›Hunger‹ wahrgenommen und unspezifisch mit Essen beantwortet. Dieser Zusammenhang gilt auch für Menschen, die keine Eßsucht haben, wie das folgende Beispiel verdeutlicht:

Doris legte den Telefonhörer auf und setzte sich ins Wohnzimmer. Plötzlich bekam sie eine unwiderstehliche Lust auf Süßigkeiten und holte sich eine Tüte Gummibärchen. Nachdem sie fast die Hälfte gegessen hatte, fiel ihr plötzlich auf, was sie da tat. Abgesehen davon, daß ihr schon leicht schlecht war, fragte sie sich, warum sie sich mit dem Süßen vollstopfe. Erst wußte sie es nicht, es war ›einfach‹ ein Verlangen, ein Gefühl irgendwo im Magen. Aber dann überlegte sie, was eigentlich mit ihr los sei. Ihr wurde klar, daß es mit dem eben geführten Telefongespräch zu tun hatte, bei dem sie erfuhr, daß eine Verabredung nicht zustande kommt, auf die sie sich gefreut hatte. Im Grunde war sie deshalb traurig. Sie hatte aber nichts gespürt: keine Traurigkeit, keine Enttäuschung, keinen Wunsch nach Trost. Statt dessen bekam sie die starke Lust auf Gummibärchen. In dem Moment, in dem ihr der Zusammenhang zwischen Eßlust und ihrer Enttäuschung bewußt wurde, war der Eßdruck vorüber, sie spürte ihre Traurigkeit und den Wunsch, mit jemanden darüber zu reden.

Von vielen Patientinnen konnte ich erfahren, daß ihre Mütter das Sattsein des Säuglings nicht erkannten oder respektierten. So wurden sie über ihren Hunger gefüttert und erlebten nicht, daß ihrem Nein, ihrer Abgrenzung, Rechnung getragen wurde. Die Vorstellung, von einer fremden Person gefüttert zu werden, erfüllte diese Patientinnen mit panischer Angst. Sie befürchteten, entweder zu wenig zu bekommen oder überfüttert zu werden. Diese Reaktion zeigt deutlich, daß sie keine intakte innere und äußere Grenze erworben haben. Eine innere Grenze haben bedeutet, körperliche Signale wie Hunger oder Sattsein wahrzunehmen und angemessen auf sie zu reagieren. Können sie dies nicht, so essen sie weiter, obwohl sie satt sind, oder essen nichts, obwohl sie Hunger haben.
Das Fehlen einer äußeren Grenze zeigt sich in der Unfähigkeit, sich gegenüber anderen Menschen und deren Gefühlen abgrenzen zu können. Diese Frauen zeigen dann Tendenzen, ›sich nach außen aufzulösen‹ und sich von den Gefühlen anderer anstecken zu lassen. Sie werden traurig oder depressiv, nur weil andere so empfinden. Auf diese Weise machen sie auch Probleme anderer zu ihren eigenen, ohne es zu merken.
Die Übernahme fremder Gefühle kommt in Beziehungen sehr häufig vor, zum Beispiel wenn der Freund mit schlechter Laune heimkommt und die Frau daraufhin ihre gute Stimmung verliert. Sie stimmt sich auf ihn ein und fühlt mit ihm, allerdings so intensiv, daß sie ihr Gefühl durch das seine ersetzt. Sie wird also

bald ebenso schlecht gelaunt sein wie er, auch wenn es ihr vorher gut ging. <u>Durch das Einswerden mit dem Partner wird dessen Gefühl zu ihrem.</u> Eine ehemalige Patientin beschreibt diesen Prozeß eindrücklich:

Innen drin in mir, da ist nichts. Ich reagiere meist nur auf die Stimmung von außen: freuen sich andere, habe ich die Erlaubnis, mich auch zu freuen. Sind Menschen, die mit mir zusammen sind, traurig, dann bin ich es auch bald. Aber – es ist kein eigenes Gefühl, ich spüre mich so selten. Es gibt nur wenige Augenblicke, wo ich sicher sagen kann, jetzt spüre ich mich wirklich. Das ist nur dann der Fall, wenn ich singe.

Wie ich schon eingangs beschrieb, hat die Art, wie ein Kind gefüttert wird, nicht nur Auswirkungen auf sein Eßverhalten, sondern auch auf seine seelische Entwicklung. Beantworten die Eltern beispielsweise das Schreien des Säuglings aus Hunger mit Ärger und unterschwelliger Ablehnung, können existentielle Ängste beim Kind auftreten, die mit dem Essen gekoppelt werden. Später verbindet dieser Mensch möglicherweise Essen mit Ablehnung und Nicht-leben-Dürfen. Essen bedeutet in diesem Fall keinen Genuß, kein Lebens-Mittel, sondern Bedrohung oder sogar Zerstörung. Die Folge kann ein zwanghaft eingeschränktes Eßverhalten sein und der Wunsch, das bedrohliche Essen wieder zu erbrechen. Über- oder Unterfütterung und unterschwellige Ablehnung hinterlassen beim Säugling ein Gefühl von Unwohlsein, das sich im Erwachsenenleben in einer Unfähigkeit ausdrückt, Probleme so zu lösen, daß es ihm am Ende gut geht. Diese Menschen werden später dieselbe Erfahrung wie früher machen: ›Am Ende fühle ich mich schlecht.‹ Diese Haltung kann sich durch ihr ganzes Leben ziehen und sie werden es immer wieder ›hinkriegen‹, daß sie am Ende negative Empfindungen haben. <u>Vor allem in Zeiten, in denen es ihnen gut geht, sind sie sehr gefährdet, sich unangenehme Gefühle ›zu machen‹. Es ist, als könnten sie nicht damit umgehen, sich wohlzufühlen.</u>

Ich fühle mich heute schon viel besser als vor einem Jahr. Ich erlaube mir hin und wieder sogar, mich attraktiv zu fühlen. Aber dann habe ich das Gefühl, daß es mir zu gut geht, und dann kommt die Angst, daß ich es büßen muß. Ich fange dann an, mich wieder abzuwerten, wie schlecht und häßlich ich doch bin, um der Buße zuvorzukommen. Ich schaffe es einfach nicht, es mir lange Zeit gut gehen zu lassen. Es ist, als müßte ich für all das Gute, das ich bekommen habe, wieder leiden. Manchmal glaube ich, es gibt so etwas wie eine Rache dafür, daß es einem zu gut geht. Irgendwie muß man es immer bezahlen.

Diese Einstellung, positive Empfindungen nicht über längere Zeit aufrechterhalten und erleben zu können und zu dürfen, kann zu einer ›Sucht nach negativen Gefühlen‹ werden[8]. Schlechte Gefühle können sich Frauen dadurch machen, daß sie sich innerlich abwerten, kritisieren und Positives nicht beachten. Dinge, die sie am Tag gut machten und Situationen, in denen sie sich wohl fühlten, werden von ihnen nicht bewußt wahrgenommen und sind dann auch keine Quelle für angenehme Gefühle. Auch Sucht, zu viel essen und unbefriedigte Beziehungen sind Möglichkeiten, sich schlecht zu fühlen.

Die Fähigkeit, Hunger und andere Körpersignale richtig wahrzunehmen und zu unterscheiden, muß, wie ich bereits zeigte, früh gelernt werden und unterliegt einer Fehlentwicklung, wenn die Antworten auf die Bedürfnisse des Kindes nicht angemessen sind[9]. Bleibt eine adäquate Reaktion aus, so bildet sich beim Kind die Überzeugung heraus, die eigenen Wünsche und Neigungen seien unwichtig oder unrichtig. Als Erwachsene trauen sie sich nicht zu sagen, was sie brauchen und gehen dann in der Regel leer aus. Die Befriedigung der Wünsche anderer Menschen gelingt selbstwertschwachen Frauen gut, aber ihre eigenen Wünsche bleiben unrespektiert.

»Schlucke, was ich dir sage!«

Das Kind bekommt nicht nur leibliche Nahrung zu essen, sondern auch geistige in Form von Botschaften, Einstellungen, Anweisungen, Ideologien usw. Nach *Perls* fördert die Erziehung in unserer abendländischen Kultur eine Einstellung, die er als ›dentale Hemmung‹ bezeichnet. Damit ist eine unkritische Haltung gemeint, bei der jeder alles ›schluckt‹, was ihm vorgesetzt wird, ohne es auf seinen Sinn zu prüfen, es zu ›schmecken‹ und dann anzunehmen oder zu verwerfen. Kritik, Infragestellung und Neugier sind dabei Verhaltensweisen, die unerwünscht sind oder unterbunden werden. Die Erziehung zum Gehorsam ist sicher eine im deutschen Volk tief verwurzelte Haltung, die auch heute immer noch verbreitet ist. Von Kindern verlangt man dann, jeden Unsinn zu ›schlucken‹; als Erwachsene werden sie alle Nachrichten, Informationen und Werbeslogans um so urteilsloser hinnehmen, je stärker ihre kritische Einstellung (in Analogie: ihr Kauvermögen) eingeschränkt worden ist.

Die unkritische Einverleibung von Meinungen und Menschen nennt *Perls* ›totale Introjektion‹[10]. Sie werden dabei vollständig übernommen und im wahrsten Sinne des Wortes verschluckt. Sie wirken dann unverbunden wie ein Fremdkörper im Organismus, da sie nicht Teil des Menschen geworden sind, sondern isoliert von ihm existieren. Die ›totale Introjektion‹ wird einer sehr frühen Entwicklungsstufe zugeordnet, dem Säuglingsstadium, in dem das Kind und die Welt noch eins sind. Mit zunehmender seelischer Reifung werden die totalen Introjektionen dann durch differenziertere Formen abgelöst. Das Kind muß nicht mehr alles schlucken, sondern kann Informationen auswählen. Tritt jedoch früh eine Hemmung dieser Fähigkeit durch erzwungene Anpassung ein, dann bleiben bei diesem Menschen die frühen Formen der Introjektion erhalten. Man kann sich leicht vorstellen, daß diese Menschen später abhängig und wenig selbstbewußt sind. Da sie keine eigene Meinung haben, werden sie dankbar die von anderen übernehmen, wobei sie kaum auswählen können, welche für sie die richtige ist. Sie haben keinen eigenen Maßstab der Beurteilung und sind deshalb ständig auf ein äußeres Leitbild angewiesen.

Bei weiblich-narzißtischen und eßgestörten Frauen fällt auf, daß sie sowohl viele Sachen essen, die sie ›eigentlich‹ gar nicht mögen, als auch Dinge tun, die sie im Grunde nicht tun möchten. Das heißt, statt auszuwählen, was sie essen möchten, stopfen sie alles, was sie bekommen können, in sich hinein. Und anstatt sich zu fragen, was sie tun möchten, richten sie sich nach anderen.

Ebenso geht es ihnen in bezug auf Regeln. Am liebsten hätten sie feste Vorschriften, an denen sie sich orientieren können. Auch in der Therapie übernehmen die Patientinnen unhinterfragt die Anweisungen, befolgen sie ›brav‹ und haben nicht den Mut, sie zu kritisieren, wenn sie sich als hinderlich auf ihrem Genesungsweg herausstellen. Entweder ›halten sie aus‹ oder sie werten die Klinik und die Therapeuten ab, die die Regeln aufstellten. Es kommt ihnen nicht in den Sinn, für sich selbst einzutreten und auf eine individuelle Lösung hinzuarbeiten, die für sie im Moment sinnvoller wäre. Das Gegenteil ist der Fall. Die Frage: »Was möchtest du denn?«, löst bei ihnen Unsicherheit und Zweifel aus. Unsicherheit, weil gar nicht wissen, was sie wollen, Zweifel, weil sie sich nicht vorstellen können, selber Wünsche äußern zu dürfen, auf die der andere ernsthaft eingeht.

Polster und *Polster* sprechen im Zusammenhang mit der Introjektionsneigung von der Triade: Ungeduld, Faulheit und Gier. »Ungeduld, irgend etwas schnell aufzunehmen, Faulheit bei der anstrengenden Arbeit, es richtig aufzunehmen, oder Gier, so viel wie möglich so schnell wie möglich zu bekommen – all diese Tendenzen führen zur Introjektion.«[11]

Alle drei Merkmale findet man auch häufig bei weiblich- narzißtischen Frauen. Sie lassen sich für ihren therapeutischen Prozeß kaum Zeit und wollen am liebsten sofort gesund sein (Ungeduld). Indem sie schnell übernehmen, was man ihnen sagt, vermeiden sie Eigenverantwortlichkeit und selbständiges Nachdenken, also eine mühevolle Arbeit, die sie lieber andere tun lassen. Bevor sie sich den Kopf zerbrechen, um herauszufinden, was sie wollen, fragen sie lieber den anderen und passen sich ihm an (Faulheit). Und die Gier zeigt sich in der Unmäßigkeit, ›soviel wie möglich an Therapie haben zu wollen‹. Dabei geht es ihnen oft weniger um die speziellen Gruppen als um die Angst, etwas zu verpassen oder zu kurz zu kommen. Sie glauben, nur wenn sie viel Therapie machen, kommen sie weiter und können sich verändern.

Interessant ist hier die Analogie zum Eßverhalten. Wenn Menschen sich überessen, schmecken sie in der Regel nichts mehr von dem, was sie essen. Sie schlucken einfach nur runter, was sie vor sich haben, ohne Beachtung der einzelnen Speisen und ihres Geschmacks und ohne sich für das Essen Zeit zu lassen. Die Ungeduld ist so groß, daß sie im Stehen oder aus der Tüte essen. Sie können es nicht erwarten, das Essen anzurichten und sich an den Tisch zu setzen. Die Gier richtet sich auf das Verschlingen des Essens, auch wenn sie im Grunde genug haben. »Es ist paradox, aber mein Mund schreit nach Nahrung und mein Bauch ist immer überfressen«, so beschreibt eine Bulimikerin ihr Empfinden.

Kinder übernehmen von den Eltern und anderen Menschen und Institutionen (Schule, Kirche, Vereine usw.) Meinungen, Regeln, Ver- und Gebote, Erlaubnisse, Werte und Moralvorstellungen. Sowohl kritisches als auch liebevolles und nährendes Elternverhalten gibt ihrem Leben und ihren Handlungen eine Richtung. Diejenige Instanz im Menschen, die diese Inhalte speichert, ist das Über-Ich, auch Gewissen oder Eltern-Ich genannt[12]. Je stärker die Introjektionsneigung des Menschen, um so höher die Tendenz, die fremden Meinungen nur zu schlucken. Auf diese Weise wird die betreffende Person kein eigenes, ausgereiftes Über-Ich entwickeln, sondern das der Elternfiguren unverändert übernehmen und sich ein Leben lang daran orientieren[13]. Sie werden sich immer fragen, wie sich diese Menschen verhalten würden und das als Maßstab für ihr eigenes Handeln nehmen.

Das Über-Ich narzißtischer Menschen besteht hauptsächlich aus Soll-Forderungen, Verboten, Anweisungen und hohen Idealen, die die Eltern dem Kind vermitteln. Daraus erklärt sich das sehr strenge Umgehen dieser Menschen mit sich selbst. Sie kommentieren all ihr Tun und Denken kritisch, treiben sich zu immer mehr Leistungen an und behandeln sich ›gnadenlos‹. Ihr innerer ›Zensor‹, der alle Gefühle prüft, läßt nur wenige Emotionen zum Ausdruck kommen. Sich zeigen, wie sie wirklich sind und was sie fühlen, ist mit einem absoluten Verbot belegt. Alle Manöver zielen darauf ab, der Welt und sich etwas vorzumachen. Das überstrenge Gewissen ist also eine Art gegen sich gerichtete

Aggression in Form von Angriffen. Diese reichen von Gewissensbissen über Anschuldigungen bis zu Bestrafungen. Ungezwungenes Verhalten und spontane Reaktionen lösen in diesen Menschen Schuldgefühle oder Selbstabwertungen aus, weil sie befürchten, sich unmöglich benommen zu haben. Statt jedoch ihre unhinterfragten und strengen Über-Ich-Inhalte und ihre totale Abhängigkeit von ihnen zu kritisieren, richten sie die Aggression gegen sich.

Ein rigides, zwanghaftes Über-Ich bedeutet, daß dieser Mensch viele innere Verbotsstimmen hat, die ihn in seinem spontanen Verhalten einschränken: ›Tu das nicht, mach jenes richtig, lach nicht so laut, sei fleißig, ordentlich, mach alles richtig, am besten zweihundertprozentig.‹ Werden diese Anweisungen nicht erfüllt, was ganz unmöglich ist, weil kein Mensch perfekt sein kann, dann folgt eine innere Selbstbestrafung in Form von Abwertung und Beschimpfung: ›Wie blöd ich doch wieder bin, ich bin ein Versager, nichts mache ich richtig‹ usw. Bei einem Versagen oder einer Enttäuschung fehlen die tröstenden Stimmen und statt dessen fühlt sich dieser Mensch für alles schuldig. Was ihm fehlt, ist ein liebevolles Verständnis für sich selbst und ein sorgendes Auf-sich-Eingehen. Wenn die Frau diese Qualitäten als Kind wenig erlebte, wird sie eher ungeduldig und streng mit sich umgehen. So, wie sie früher behandelt wurde, so behandelt sie sich und andere heute. Was sie sich selbst verbietet, kann sie auch anderen nicht zugestehen. Vor allem das spontane Verhalten von Kindern macht vielen Erwachsenen Angst, wenn sie selbst innerlich stark reglementiert sind.

Ich bin oft nicht auf die Gefühle der Kinder eingegangen. Ich hab' versucht, sie zu verstehen, ich hab' sie auch verstanden, aber ich wollte es nicht zulassen. Die haben Gefühle ausgelebt, die ich nicht haben durfte, und deshalb mußte ich sie ihnen kaputt machen. Und das mach' ich häufig so, wenn jemand sich gefühlsmäßig äußern kann, zum Beispiel weinen und traurig sein, dann werte ich den total ab: ›So was albernes, wegen so was heult man nicht.‹ Und dabei ist das nur Neid oder Eifersucht. Ich block' das beim anderen ab, was ich nicht fühlen kann und will.

Wenn der Körper nicht zum Selbst gehört

Eine positive Einstellung zu sich selbst setzt eine positive Einstellung zum eigenen Körper voraus, denn es gibt kein Selbstbewußtsein ohne Körperbewußtsein. Der Körper gehört nicht nur zu mir, sondern ich bin mein Körper. So, wie ich meinen Körper betrachte und bewerte, so betrachte und bewerte ich mich selbst.

Wie wenige Frauen gibt es, die sich wirklich in ihrem Körper wohl fühlen und ihn nicht ständig nach einem illusionären Modell verändern wollen? Meiner Erfahrung nach sind es nicht nur Frauen mit Eßstörungen, die darunter leiden, sich zu dick zu fühlen, aber bei ihnen ist dieses Denken bekannt. Die anderen leiden still darunter, nicht ihrem Ideal zu entsprechen, das oft einige Kilo unter dem jetzigen Gewicht liegt. Von diesem Denken leben die Modezeitschriften und die Nahrungsmittelindustrie, die immer wieder neue Diäten und Diätrezepte anpreisen. Es wird die Illusion verkauft, sich mit der richtigen Diät nicht nur den erwünschten ›Traumkörper‹, sondern auch ein positives Selbstbild zu erkaufen.

Daß das scheitern muß, beginnt erst allmählich in den Köpfen sowohl der Frauen als auch der ›Illusionsverkäufer‹ zu dämmern. Letztere haben finanzielle Interessen, erstere die Hoffnung, daß doch noch einmal ein Wunder geschieht und sie morgens schlank und glücklich aufwachen.

Dieses Denken ist grandios, denn zum <u>Glücklichsein</u> gehört weit mehr als schlank sein. Ich möchte sogar sagen, daß Schlanksein nicht unbedingt dazugehören muß. Dagegen aber <u>die Annahme des eigenen Körpers und seine gute Behandlung.</u> Und diese drückt sich darin aus, daß ich ihm weder zu viel noch zu wenig Nahrung zuführe, geschweige denn künstlich erbreche. Ein Mensch, der sich in seinem Körper wohlfühlt, wird ihn sicherlich nicht ständig kritisieren und sich abwerten, weil manche Stellen zu dick und andere zu dünn sind und ›frau‹ sich so gar nicht sehen lassen kann. Nicht nur stark übergewichtige Frauen meiden Schwimmbäder und Saunen, sondern auch normalgewichtige, die meinen, zu dick zu sein. In diesem Fall liegt oft eine Störung der Körperwahrnehmung vor. Das bedeutet, daß die Betroffenen ihre Maße nicht realitätsangemessen einschätzen, sondern sich dicker oder dünner wahrnehmen, als sie in Wirklichkeit sind. Gerade schlanke Frauen fühlen sich häufig dicker, als sie sind, dicke Frauen dagegen empfinden sich oft schlanker, als sie sind.

Gundi, eine ehemalige Patientin, hat das Problem, daß sie glaubt, einen zu dicken Bauch zu haben. Als sie in unsere Klinik kam, konnte sie ihren Bauch- und Magenbereich nicht entspannen, weil sie ihn vollständig einzog. Sie lief immer mit eingezogenem Bauch und Magen herum, was ihr selbst gar nicht bewußt war, denn es war ihr im Lauf der Zeit selbstverständlich geworden. Sie bezweckte damit, sich schlanker zu machen, behinderte dadurch aber zugleich ihre Atmung und den freien Zugang zu ihren Empfindungen. Wenn sie ihren Bauch nicht einzog, konnte sie ihn nicht mehr akzeptieren:

Mein Schönheitsideal ist eine schlanke Frau ohne Bauch, aber das erfüll' ich nicht. Denn ich habe einen Bauch, der zu meinen Proportionen überhaupt nicht paßt. Ich habe bis vor einiger Zeit gedacht, wenn der Bauch weg wär', dann wär' ich glücklich. Und deshalb versuche ich ihn abzutrainieren mit täglichen Übungen, aber es ist unnütz. Ich habe zwar wahnsinnige Bauchmuskeln, aber trotzdem Speck drauf. Ich mache trotzdem weiter, weil ich Angst habe, daß er sonst noch dicker wird. Ich mag ihn nicht und er gehört nicht zu mir und ich möchte ihn packen und wegreißen. Er ist was Fremdes, das ich nicht haben will.

Wenn sich Frauen zu dick oder ihren Körper nur als plumpe Masse fühlen, dann liegt meist eine Störung des Körperschemas vor. Unter Körperschema versteht man das Bild und Erleben des eigenen Körpers und seiner Ausmaße. Körperschemastörungen haben ganz sicher etwas mit unserem gängigen Schönheitsideal zu tun, in dem Schlanksein mit Schönheit gleichgesetzt wird und das Maß nicht der eigene Körper, sondern das dünne Fotomodell ist. Und diesem Vergleich können nur wenige Frauen standhalten, weshalb sich die meisten zu dick fühlen. Denn in der Tat sind sie dicker als das Modell, was nicht automatisch heißt, daß sie deshalb zu dick sind[14].

Hier noch einige Aussagen von Frauen zu ihrem Körpergefühl:

Ich habe kein Verhältnis zu meinem Körper. Mein Körper ist eine Last, die ich hinter mir herziehe.
Das Verhältnis zu meinem Körper ist sehr wechselnd. Zeitweise ist es geprägt von Unwohlsein, Steifheit, Völlegefühl, Verspannung, Selbstverachtung, Schuld. Ich habe mich aber auch schon sehr gut in meinem Körper gefühlt. Das ist sehr seelisch bedingt.
Ich fühle mich häßlich und zu dick und möchte raus aus meiner Haut.
Meinem Körper stehe ich mit gemischten Gefühlen gegenüber. Er reagiert sehr sensibel auf meine seelische Befindlichkeit. Die Gestalt meines Körpers gefällt mir, ich bin trotz kleiner Unschönheiten zufrieden.
Wenn er mich schmerzt, registriere ich ihn erst. Ich bin sehr unsensibel mir gegenüber, zum Beispiel bei Hunger und Kälte. Ich fühle mich nie ganz okay (meist zu pummelig), kann mich selbst nicht annehmen, habe merkwürdige Idealvorstellungen, obwohl mein Kopf mir sagt, daß das alles nebensächlich ist.
Ich hasse meinen Körper. Meine Figur finde ich abstoßend.

Das Urteil dieser Frauen über ihre Körper ist teilweise vernichtend und nur ansatzweise versöhnlich. Dabei handelt es sich bei ihnen nicht nur um Eßgestörte. Es ist auch keine Frau dabei, die wegen massivem Übergewicht ihren Körper ablehnen könnte. Alle zitierten Frauen hatten im Gegenteil normale Figuren und ein normales Gewicht. Normal heißt in diesem Zusammenhang ein Gewicht und eine Körperstatur, die proportional zusammenpassen. Die negativen Urteile beruhen daher auf Verzerrungen der Körperwahrnehmung und der Ablehnung der eigenen Person. Sich nicht annehmen können heißt immer auch, seinen Körper nicht annehmen.
Eine weitere Quelle von Körperschemastörungen – neben der des angestrebten Idealmaßes – liegt weit in der Kindheit, in einer Zeit, als der Säugling noch nicht zwischen Außen und Innen (also der Welt und sich) unterscheiden konnte. Die ersten Grundlagen des Körperschemas hängen mit den Erfahrungen des Kindes in

der symbiotischen Einheit mit der Mutter zusammen. Ich zeigte schon, wie das Fütterungsverhalten und die Empfindungen von satt und nicht satt den Aufbau einer inneren Grenze bewirken. Durch den Hautkontakt mit der Mutter und ihr Pflegeverhalten erwirbt das Kind eine sogenannte Körpergrenze. Das Körper-Ich entwickelt sich aus diesen zwei Quellen: »dem inneren Kern des Körperbildes und der äußeren Schicht, die zur Abgrenzung des Körper-Selbst beiträgt«.[15] Den Kern des Selbst bilden die inneren Empfindungen des Säuglings. Damit wird deutlich, daß schon die ersten Erfahrungen von Lust und Unlust, von satt und nicht satt das spätere Selbsterleben und das Körperselbst prägen. Die Haut als Berührungsorgan hat dabei zweierlei Bedeutung: Sie dient einerseits der Wärmezufuhr, andererseits ist sie das Organ, über das der Säugling mit der Mutter in Beziehung tritt[16]. Die Berührung und das aus ihr resultierende Körperempfinden beeinflussen die Entwicklung des Körpergefühls und der äußeren Körpergrenze.

»Das Kind steckt in einem es umgebenden Mutterkörper, durch den es sich entweder erdrückt (zu geringe Distanz der Mutter) oder erweitert (optimale Distanz) oder verlassen (zu große Distanz) erleben kann.«[17] Mutterkörper bedeutet die enge Beziehung zur Mutter und die körperliche Unversehrtheit, die in dieser Beziehung erlebt wird. Ist die Nähe zu eng, dann erdrückt sie und führt zu körperlichem Unwohlsein, wie es ebenso bei zu großer Distanz auftritt. Das Körpererleben des Kindes wird mit der Ablösung von der Mutter immer eigenständiger. Im Laufe der Entwicklung bilden sich eigene Körpergrenzen und -dimensionen heraus. Wird diese Ablösung behindert, erfährt nicht nur die kindliche Autonomie eine Einschränkung, sondern auch sein Körpererleben. Im Erwachsenenalter werden diese Menschen Mühe haben, die Grenze zwischen sich und anderen zu erspüren und zu wissen, ›wo‹ ihr eigener Körper aufhört. Viele beschreiben ihre Angst zuzunehmen als Furcht davor, zu viel Raum und Platz zu beanspruchen.

Körperliche Stimulation durch Berührung, Bewegung und Gehaltenwerden sind für die gesunde Entwicklung von großer Bedeutung. In der Säuglingspflege wird erst seit den letzten zwei Jahrzehnten der Berührung immer mehr Aufmerksamkeit geschenkt. Schreit ein Kind, so wird es sich schnell beruhigen, wenn es auf dem Bauch der Mutter liegt.

Von Naturvölkern ist bekannt, daß sie ihre Kinder im ersten Lebensjahr an ihren Körper gebunden mit sich tragen. Auf Bali herrscht der Mythos vor, daß die Kinder in den ersten sechs Monaten den Göttern gehören und sie deshalb nicht den Boden betreten dürfen. Sie werden in dieser Zeit immer auf dem Arm getragen, mal von dem einen, mal von dem anderen. Sie wandern von Arm zu Arm, bis sie auf ihren eigenen Füßen stehen. Die Balinesen sind bekannt für ihre große Freundlichkeit und Friedfertigkeit, die sie möglicherweise auch diesem intensiven zwischenmenschlichen Kontakt in den ersten Monaten zu verdanken haben.

Unsere abendländische Kultur ist durch eine starke Berührungsfeindlichkeit geprägt, die in der Kindererziehung beginnt und sich im Erwachsenenalter fortsetzt. Es wundert daher nicht, daß es in den meisten Familien, in denen selbstwertschwache Frauen aufwuchsen, einen erheblichen Mangel an Körperkontakt beim Füttern und eine hohe Verweigerung der Mütter, ihr Kind zu stillen, gab. Frauen, die selbst Schwierigkeiten mit Körperkontakt haben, können ihrem Kind oftmals nichts anderes weitervermitteln.

Auch die Art, wie die Mutter auf den Körper des Kindes reagiert, prägt die spätere Einstellung der Frau zu ihrem eigenen Körper. So kann ein Übergriff auf den Körper des Kindes, durch zu frühe oder zu strenge Sauberkeitserziehung eine natürliche Körperlichkeit und einen positiven Körperbezug erschweren oder verhindern. Nach *Erikson* entwickelt sich durch ein übermäßiges Eingreifen der Eltern und den Verlust der Selbstkontrolle ein dauerndes Gefühl von Zweifel und Scham[18]. Viele Patientinnen berichten, daß ihre Mütter und Großmütter zu einer strengen Sauberkeitserziehung neigten, die von der Tochter eine hohe Anpassungsleistung an die Wünsche und Ansprüche der Erwachsenen forderte. Durch Überbetonung der Ausscheidungsvorgänge und Manipulationen am Körper der Tochter (Einläufe, Zäpfchen usw.) wurden die Körpergrenzen überschritten und es traten Gefühle von Scham und Bloßstellung auf. Der Schwerpunkt der Körpererziehung lag weniger auf dem lustvollen Erleben und Kennenlernen des Körpers und seiner Vorgänge, als mehr auf seinem Training und seiner Anpassung an die umgebenden ›Normen‹. Beschämung, Schuldgefühle, Perfektionismus, fehlerlos sein müssen und Zwanghaftigkeit sind Charakteristika der später erwachsenen Frauen.

Ein mangelnder oder sogar negativer Bezug zum Körper äußert sich bei weiblich-narzißtischen Frauen darin, daß sie ihren Körper hauptsächlich als Funktionsgehilfen für ihr ›falsches‹ Selbst benutzen. Um schön zu sein, wird er mit übermäßigem Sport, Fitneßprogrammen, Diäten, Hungern oder Erbrechen malträtiert. Wichtig ist nur, daß er schlank oder dünn und fit ist. Auch fordern sie ihn oft bis an seine Leistungsgrenze. Das andere Extrem ist die Vernachlässigung des Körpers, der mit Essen unattraktiv gemacht und zu wenig gepflegt wird. Oft werden ihm auch Schmerzen zugefügt. Die Frau ist wenig in Kontakt damit, was ihr Körper braucht, denn sie hat den natürlichen Bezug zu ihm verloren. Sie diktiert ihm ihre Bedingungen statt umgekehrt.

Bindung und Trennung

Der Mensch ist von Natur aus ein soziales Wesen, das heißt, er ist auf Beziehungen zu anderen angewiesen und sucht sie aktiv. Wie schon die Untersuchungen von *Spitz* zeigten, hat das Fehlen einer konstanten, verläßlichen Bezugsperson und der damit verbundene Mangel an Möglichkeiten, eine Beziehung aufzubauen, leichte bis gravierende Folgen für die seelische Entwicklung. Neben der Ernährung ist das zentrale Bedürfnis des Menschen das nach emotionaler und körperlicher Nähe und Bindung. Das Kind braucht »Geborgenheit, Hautkontakt, Wärme, Anklammerung, Sicherheit«[19]. Frustrationen und Störungen in diesen Berei-

chen führen zu tiefgreifenden Schädigungen des späteren Beziehungsverhaltens und Selbsterlebens.
Eine zu große Distanz in einer Zeit, in der das Kind auf symbiotische Verschmelzung angewiesen ist, erleben die späteren Erwachsenen als Gefühl des ›schwarzen Lochs‹ oder eines Abgrunds[20]. Im Laufe der Therapie, vor allem in emotional intensiven Kontakten, tritt diese Empfindung bei selbstwertschwachen Frauen auf. Sie ist verbunden mit der Angst, in ein bodenloses Nichts zu stürzen, keinen Halt mehr zu haben und im Dunkel zu versinken. Dieses Erleben führt ganz in die Nähe der frühen emotionalen Verlassenheit. Das anklammernde Verhalten der Frauen kann auf diesem Hintergrund als Versuch verstanden werden, die fehlende Sicherheit durch Rückzug in die Symbiose zu ersetzen. Zugleich ist es ein Versuch, endlich die Erfüllung ihrer tiefen Geborgenheitswünsche zu finden, die sie in der mißglückten Mutter-Kind-Symbiose vermißten.
Weil der Mensch immer in Beziehungen lebt, bildet sich sein Selbst auch durch Beziehungserfahrungen heraus[21]. Die Art dieser Beziehungen prägen das spätere Selbstbild. Ein positives Selbst bildet sich durch lustvolle Erfahrungen, ein negatives durch frustrierende. Von Bedeutung sind dabei nicht nur die tatsächlichen Beziehungen des Kindes zur Außenwelt, sondern vor allem seine Erfahrungen, die es damit verknüpft, und das, was sie in ihm auslösten. So kann ein gutgemeintes Umsorgen des Kindes in ihm unangenehme Abhängigkeitsgefühle hinterlassen. Umgekehrt kann die Betonung von Selbständigkeit zu einem zu frühen Zeitpunkt oder in zu starkem Ausmaß das Kind überfordern, was dann von ihm als Verlassenheit erlebt wird. In beiden Fällen versuchten die Eltern ›das Beste‹ zu tun, auf das Kind hingegen wirkte es negativ.
Die Beziehungsstrukturen, die wir in frühester Kindheit verinnerlichen, prägen unser Selbsterleben, aber auch die Art, wie wir unsere späteren Beziehungen gestalten. Beziehungsschwierigkeiten beruhen zum großen Teil auf mangelnden Beziehungserfahrungen in der Kindheit. In Beziehungen entstehen Bindungen zwischen Menschen, die wiederum die Art der Beziehung aus-

machen. Wir kennen alle den Unterschied zwischen ›oberflächlichen‹ und ›tiefen‹ Beziehungen. Darin drückt sich der unterschiedliche Grad der Bindung aus. Je tiefer die Beziehung, um so stärker die gegenseitige Bindung. Eine Bindung zeigt sich darin, daß ich eine Verbindung zu einem Menschen hergestellt habe, ihn erreiche, berühre (sowohl im körperlichen als auch im seelischen Sinne). Wenn ich beim Kaufmann ein Pfund Kartoffeln kaufe, werde ich dadurch keine Bindung zu ihm aufnehmen. Berühren wir uns jedoch durch ein Gespräch, das uns beide betrifft und für uns beide bedeutungsvoll ist, so verändert sich der Kontakt, es entsteht mehr Nähe und wir gehen vorübergehend eine Bindung ein.

Zum Ende ihrer Therapie schreibt eine Patientin, wie sie gelernt hat, Bindungen aufzunehmen:

Etwas ganz Neues ist es, daß ich nicht mehr mit allen siebzig Leuten aus der therapeutischen Gemeinschaft versucht habe, Kontakt aufzunehmen, und damit nur oberflächliche Beziehungen habe, sondern ich habe mich bewußt an wenige Menschen gehalten, die ich mag, und mit ihnen wirkliche Nähe und Beziehung erfahren. Ich habe festgestellt, wie ich Nähe vermeide und wie ich sie mir holen kann. Ich weiß jetzt, daß ich wahre Beziehungen zu wenigen Menschen brauche, weil sie mir eine innere Wärme und Zufriedenheit geben.

Die Fähigkeit, kurzzeitige Bindungen aufzubauen, ist weiter verbreitet, als langfristige, positive Bindungen herzustellen. Das heißt nämlich, sich auf einen anderen Menschen einzulassen und ihm nah zu kommen.

Ich war traurig und enttäuscht von mir, weil ich auf einmal gemerkt habe, daß ich ›die anderen‹ gar nicht annehme und niemand in mein Herz hineinlasse. Ich merke das auch, wenn ich Mühe habe, anderen in die Augen zu sehen und sie einfach als Menschen zu mögen und froh zu sein, daß sie da sind. Ich glaube, das muß ich langsam erst wieder lernen. Und vertrauen können, daß es andere gut mit mir meinen und sie mich auch annehmen. Ich glaube, mir ist ein großer Teil von dem Liebevollen, dem Fürsorglichen verlorengegangen. Ich habe zur Zeit auch ein starkes unangenehmes Gefühl in der Herzgegend und im

Brustkorb. Ich meine, ich faule von innen heraus. So beklommen und doch so eine ungewisse Leere. Und dann denk' ich, daß es Angst ist.

Soweit das Gefühl einer Patientin. Zum Zeitpunkt, als sie das schrieb, kam sie in ihrer Therapie mit ihrer Beziehungs- und Bindungsschwäche in Kontakt. Es fällt in ihrer Darstellung die Analogie zwischen Gefühl und Körperempfindung auf: Sie spricht von mangelnder Annahme anderer (sie läßt niemanden in ›ihr Herz‹) und empfindet gleichzeitig die Herzregion als verfaulend. Der Herzbereich symbolisiert auf der Körperebene den Bereich der Gefühle, vor allem von Liebe, Annahme, Zuwendung, also allen ›Herzgefühlen‹. Das Erleben von Verfaulen in diesem Bereich drückt genau aus, was sie erlebt, nämlich Bindungslosigkeit und mangelnde Empfindungen für andere.

Wenn ein Mensch in seiner frühen Kindheit keine positiven Bindungsqualitäten erfuhr oder später in Beziehungen tief enttäuscht und verletzt wurde, wird er in intimen, also nahen Kontakten immer wieder Schwierigkeiten bekommen und eventuell bindungsunfähig durchs Leben gehen. Zu einer guten Bindung gehört ein positiver Austausch zwischen Menschen. Ich denke dabei etwa an liebevolle Zuwendung, Unterstützung, Körperkontakt und den Austausch von Gedanken und Empfindungen. Wächst ein Kind mit Ablehnung, Gewalt, ohne körperliche Annahme und Akzeptanz auf, wird der gegenseitige Kontakt von Mißtrauen, Angst, Bedrohung, und Lüge geprägt sein. In diesem Fall spricht man von ›negativer Bindung‹, die in ihrer Folge krank machen kann. Dieser Mensch wird später Beziehungen vermeiden, weil sie immer mit unangenehmen Gefühlen verbunden sind.

Ein Beispiel für eine mangelhafte Bindung zwischen Mutter und Kind und die damit verbundene Verschiebung der Sicherheits- und Anklammerungswünsche auf ein sogenanntes Übergangsobjekt[22] schildert Kerstin. Die fehlende Bindung zur Mutter wurde gleichsam durch eine Bindung zu ihrem Schmusekissen ersetzt, von dem sie all das bekam, was ihre Mutter ihr nicht geben konnte. Sie spricht von diesem Kissen, als handle es sich um einen Menschen. Kerstin ist beim Erzählen sehr bewegt und weint stellenweise, wenn sie sich vorstellt, welche Wichtigkeit dieses Kissen für sie besitzt und was ihr sein Verlust bedeuten würde.

Mein Schmusekissen habe ich seit meiner Geburt und es ist das Allerwichtigste, das ich je hatte und noch habe. Wenn das Kissen weg wäre, würde es mich unwahrscheinlich treffen. Alle möglichen Dinge könnten verbrennen, das wäre mir zwar auch nicht egal, aber der Verlust des Kissens wäre das Schlimmste. Es ist mein heiliges Stück, mein Ein und Alles, das ich niemals weggeben würde. Das Kissen konnte ich wirklich lieb haben, konnte es knuddeln, es tat mir nichts, hat mich beschützt, war immer für mich da, hat zugehört, kennt meine Tränen und alles von mir. Wenn mir das irgend jemand mal wegnehmen würde, ich weiß, das würde mich zwar nicht gerade umbringen, aber mir wahnsinnig weh tun. Ich kann es auch nicht haben, wenn es jemand anderes anfaßt, nur mein Bruder (der ihr der wichtigste Mensch ist) darf es anfassen.
Ich nenne es ›Mollerkissen‹. Mollern ist der Ausdruck für ein bestimmtes Gefühl in den Fingerspitzen. Was für andere Leute ein körperlicher Kontakt ist, auch als Kind, das hole ich mir über mein Mollerkissen. Das ist dann eine unwahrscheinliche Beruhigung: andere Leute sind von der Mutter in den Arm genommen, gestreichelt und umhegt worden, und ich hab mein Mollerkissen gehabt. Als Kind, wenn ich Angst hatte, bin ich nicht hinter meiner Mutter hergerannt oder zu jemandem, sondern bin gerannt und hab' mein Mollerkissen geholt. Immer wenn ich Angst hatte, griff ich einfach zum Kissen. Als Bestrafung hat meine Mutter mir das früher oft weggenommen und das hat mir sehr weh getan. Ich mußte bitten und betteln, daß ich es wiederkriege und habe es nicht bekommen. Dann hab ich es mir oft heimlich wiedergeholt. Ich versteh' das nicht, ich hatte nun wirklich schon nichts und dann nahm sie mir auch noch das weg. Vielleicht war es auch ein Stück Eifersucht auf das Kissen. Ich fand's gemein.

Dieses Beispiel zeigt, daß Bindungen nicht nur zu Menschen entstehen, sondern auch zu Gegenständen (zum Beispiel Kuscheltieren, Schmusekissen), Ideen, Landschaften und Orten. Der innerste Wunsch eines Menschen ist, sich zugehörig zu fühlen und ein Ziel, eine Bindung zu haben[23].
Jede Bindung, die eingegangen wird, trägt naturgemäß schon die Loslösung und die Vorbereitung auf die Trennung in sich,

die mit Trauer und Schmerz verbunden ist. Denn erst, wenn die Ablösung geschehen ist, kann eine neue Beziehung eingegangen werden. Wenn nicht getrauert wird, entsteht Bindungslosigkeit. Trennungsangst deutet darauf hin, daß ein Mensch sich nicht wirklich losgelöst hat und immer an einer Beziehung hängt, oft nur aus dem Grund, weil er Angst hat zu gehen. Trennungsangst tritt beim Kind das erste Mal ungefähr in der zweiten Hälfte des ersten Lebensjahres auf, also in einer Zeit, in der es beginnt, sich von der Mutter zu lösen. Gelingt diese Ablösung nicht, weil die Mutter das Kind festhält, so wird es sich nie wirklich von ihr trennen und auch später immer in Abhängigkeitsstrukturen leben.

Aber nur durch Trennung ist die Möglichkeit gegeben, eigenständig zu werden und sich auf neue Bindungen einzulassen. »Erst wenn ich getrauert habe, kann ich mein Herz für neue Beziehungen öffnen.«[24] Trennungsangst weist also immer auf mangelnde Bindungsfähigkeit und nicht gelebte Trauer hin. Beginnt das Kind, sich von der Mutter zu lösen, muß es diesen Trauerprozeß durchleben, um sich ihr anschließend wieder neu und eigenständiger zuwenden zu können. So entsteht Individuation (Eigenständigkeit) und Beziehungsfähigkeit.

Wieder berichtet Kerstin:

Ich hab' mich zwar von meiner Mutter alleingelassen und verlassen gefühlt, aber den ganz normalen Trennungsschmerz und die Ablösung von ihr hab' ich nie gelebt. Ich hatte aber auch keine wirkliche Annäherung, keine Bindung, also konnte ich mich gar nicht trennen. Ich müßte mich überhaupt erstmal anbinden, um mich zu trennen.

In diesem Zitat wird deutlich, daß Bindung und Trennung untrennbar zusammengehören und das eine nicht ohne das andere existiert. Bestand nie eine wirkliche Bindung, erfolgt auch keine Trennung mit dem Ziel einer neuen Bindung.

Ebenso wie Bindung ein grundlegendes Bedürfnis des Menschen ist, so ist es Trennung, Individuation und Eigenständigwerden auch. Das Kind strebt von Natur aus zur Unabhängigkeit, um es selbst zu werden. Die Tatsache, daß sich das Kind, wenn es laufen kann, von der Mutter fortbewegt und nicht zu ihr hin, weist auf einen natürlichen, angeborenen Wunsch hin, sich ab einem bestimmten Punkt in der Entwicklung von ihr zu lösen, um die eigene Individualität auszubilden[25]. Auf jeder neuen Entwicklungsstufe sieht sich das Kind mit dem Bindungs-Trennungs-Konflikt in immer anderen Inhalten konfrontiert, weshalb dieser eine Art Basiskonflikt darstellt[26].

Weibliche Narzißtinnen sind nicht vollständig bindungslos, besitzen aber nur eine eingeschränkte Bindungsfähigkeit. Sie haben aufgrund ihrer frühen Erfahrungen eine ambivalente Einstellung zu nahen Beziehungen. Auf der einen Seite wurden sie als Kinder häufig abgelehnt, auf der anderen übermäßig in den Vordergrund gestellt, weil sie eine besondere Rolle in der Familie einnahmen oder weil sie überbehütet wurden. Die Bindung, die sie erfuhren, war immer mit der narzißtischen Ausbeutung und dem Verbot, sich loszulösen verbunden. Sie entwickelten daher eine Vorstellung von Bindung, die gleichbedeutend ist mit Aufgabe der eigenen Identität, weil sie Eigenständigkeit nicht oder nur in geringem Maße zuließ. Sie sind fähig, sich ein Stück weit auf eine Bindung einzulassen, aber um den Preis der Selbstaufgabe und ohne Wissen darum, was Eigenständigkeit bedeutet.

Wenn kurzfristige Trennungen Verlassenheit bedeuten

Trennungssituationen haben im Zusammenhang mit narzißtischen Persönlichkeitsstrukturen einen zentralen Stellenwert. Sie sind für selbstwertschwache Frauen Grenzerfahrungen, auf die sie mit heftigen Verlassenheitsgefühlen, Panik und Angst reagieren. Häufig kommt es in diesen Situationen auch zur Ausbildung oder Verschärfung ihres Suchtverhaltens. Die starke Reaktion auf Trennungserlebnisse weist darauf hin, daß eine Symbiose mit dem sich entfernenden Menschen besteht. Je stärker diese Verschmelzung ist, um so schmerzlicher und bedrohlicher wird die

Ablösung erlebt. Die Angst vor dem Alleinsein zeigt, wie brüchig das Selbst ist und wie wenig Sicherheit die Frau in sich findet. Fehlt der äußere Halt durch den Partner oder die Familie, dann fühlt sie sich einsam und verlassen wie als kleines Mädchen. Sie hat kein stabiles Selbst, auf das sie zurückgreifen kann und das ihr Sicherheit gibt.

Für Kerstin, die ehemalige Patientin, sind Trennung und das Erleben von Verlassen- und Alleinsein wichtige Erfahrungen in ihrem Leben, die zusammengehören.

Ich denke, daß ich deshalb soviel Angst vor Beziehungen habe, weil ich immer glaube, die anderen lassen mich wieder allein; sie gehen sowieso wieder weg, weil ich nicht wichtig genug bin. Verlassenheit und Verlassenheitsangst sind für mich schwerwiegende Punkte und in den Trinkphasen meiner Mutter begründet. Trank sie nicht, war sie absolut für mich da und verwöhnte mich, wenn sie jedoch getrunken hatte, dann war sie weg. Sie war dann eine andere Person. Ich sehe mich oft noch als kleines Mädchen, das alleine durch die Straßen geht und sich sehr einsam und verlassen fühlt. Alle anderen Kinder mußten am Sonntag daheim sein, in der trauten Familie, und ich hatte nichts. Ich kann mich mit diesem Mädchen nicht identifizieren. Ich sehe es immer nur und hab's abgespalten und denke: das bin/war ich nicht. Obwohl ich weiß, daß ich es war und bin.

Mein Vater hat mich auch oft verlassen. Das erste Mal, als er mich verließ, war ich fünf. Ich rief ihm hinterher, er solle zurückkommen, aber ich hörte nur die Tür klappen und er kam nicht wieder. Damals war mir klar, ich bin ihm nicht wichtig genug, daß er zurückkommt. Beim zweiten Mal war ich zehn, da zog er von daheim aus und war plötzlich einfach weg. Ich dachte, wenn er das tut, kann er mich nicht lieben. Auch heute denke ich noch, ich bin nicht wichtig genug, nicht liebenswert, es würde nicht groß auffallen, wenn ich nicht da wäre, es würde keiner hinter mir herschreien.

Aufgrund früher Verlassenheitserlebnisse befürchtet Kerstin heute immer noch, von anderen verlassen zu werden. In diesem Sinne identifiziert sie sich sehr wohl mit dem verlassenen Mädchen, da sie sich nach wie vor als jemand erlebt, der wie früher alleingelassen und nicht geliebt wird. Auf der anderen Seite spaltet sie die Gefühle, die mit den frühen Trennungen zusammenhängen, ab und spürt den Schmerz und die Verzweiflung des kleinen Mädchens nicht. Solange sie dies nicht tut, wird sie sich nicht von den Folgen der frühen Trennungen befreien können. Im Gegenteil. Sie wird aufgrund ihres Lebensmusters, ein verlassenes Kind zu sein, ständig Trennungssituationen wiederholen und sie zugleich unbewußt als Chance betrachten, die alten schmerzhaften Gefühle endlich zu verarbeiten. Doch das gelingt ihr nicht, denn sie vermeidet den Abschied bei Trennungen: »Wenn ich mich trenne, dann gehe ich einfach weg, vergieße keine Träne, schalte jedes Gefühl aus und die Personen gibt's dann nicht mehr für mich.« Auf diese Weise hält sie ihr altes Muster aufrecht, ungeliebt und verlassen zu sein.

Vor allem in Trennungssituationen leben die alten Verlassenheitsängste und -erfahrungen wieder auf. Der Auszug aus dem Elternhaus ist eine solche Trennungssituation, aber auch das Verlassenwerden vom Freund[27]. Die Verlassenheit führt in die Nähe der alten, kindlichen Wunde der Selbstentfremdung und ist mit so viel Schmerz verbunden, daß die Betroffene befürchtet, ihn nicht aushalten zu können. Auch kurze Trennungen werden als narzißtische Kränkungen erlebt. Wenn niemand da ist, ihre Bedürfnisse zu befriedigen, muß das Essen oder eine andere Droge herhalten, weil die Suchtmittel dazu dienen sollen, narzißtische Kränkungen auszugleichen. Die selbstwertschwache Frau selbst kann sich nicht oder nur schwer trösten und beruhigen. Wenn ihre Identität, ihr Selbsterleben brüchig ist, ist sie auf Tröstung und Zuwendung von außen angewiesen. Das Selbst fühlt sich durch das Verlassenwerden bedroht, so, wie sich das Kind bedroht fühlte, als es von den Eltern verlassen wurde.

Vor allem narzißtisch gestörte Menschen neigen dazu, nach dem Verlust eines Partners/Angehörigen vermehrt zu essen und zu trinken[28]. Das Einverleiben der Nahrung ist ein Ersatz für die Symbiose mit dem Menschen, der nun nicht mehr da ist und dient dem schwachen Selbst als Halt[29]. Der Volksmund spricht von ›Kummerspeck‹, den ein Mensch ansetzt, weil er in einer für ihn traurigen und von Verlassenheit gekennzeichneten Situation zum Trost viel ißt. Essen soll die innere Leere füllen, die Traurigkeit und Verzweiflung und das starke Bedürfnis nach Abhängigkeit und Gehaltenwerden ersatzweise befriedigen. Die Angst, emotional zu verhungern, leer auszugehen und keine Zuwendung mehr zu bekommen, wird in körperlichen Hunger und Eßgier umgewandelt. Das Essen (ob süchtig oder nicht) ist damit Ausdruck der Verlassenheit und der Angst, nicht genügend Zufuhr von außen zu erhalten, um das Selbstwertgefühl aufrechterhalten zu können und nicht in einem Loch, einem Nichts in sich zu versinken.

Zeiten des Alleinseins werden von narzißtischen Personen als Verlassenheit erlebt. Die Frauen sind in dieser Zeit auf sich gestellt, müssen ihre Freizeit selbst gestalten und ihre ›innere Leere‹ ausfüllen. Sie haben dementsprechend große Probleme, diese Zeit angenehm zu verleben. Vor Freizeit, Wochenenden ohne Programm und Abenden, an denen sie allein sind, fürchten sie sich deshalb sehr. Wenn äußere Faktoren wie Zuwendung und Anerkennung wegfallen, dann ist das Selbsterleben in Gefahr zusammenzubrechen. Das heißt, es ist plötzlich nichts da, womit das Leben, der Abend ›angefüllt‹ werden kann. Die innere Leere und Einsamkeit, die auftreten, können durch Aktivität zwar überdeckt, aber nicht grundsätzlich ausgeglichen werden. Mit Essen soll das emotionale ›Loch‹ gefüllt werden, um sich besser und stabiler zu fühlen. Aber diese Stabilität ist nur vorübergehend, weil sie am nächsten Abend wieder über Essen errungen werden muß[30].

Eine Patientin berichtet während ihres Klinikaufenthaltes:

Sonntag: Mehr und mehr spüre ich, daß mir die Wochenenden zu schaffen machen und ich immer dann, wenn Freizeit ist, in ein Loch abstürze. Es ist nicht mangelnde Fähigkeit, mich zu beschäftigen, es ist auch nicht die Unfähigkeit, mir Hilfe zu holen, das habe ich gelernt. Viel eher ist es ein Schmerz, daß nicht irgendeiner aus der therapeutischen Gemeinschaft auf mich zukommt, weil er Lust hat, etwas mit mir zu unternehmen. Wenn ich ehrlich bin, bin ich traurig und eifersüchtig, und dann kommen die alten Verlassenheitsängste hoch.

Das Gefühl von Verlassenheit tritt auch dann auf, wenn in einer Beziehung die symbiotischen Bedürfnisse der Frau nicht erfüllt werden. Denn die Beziehungen von narzißtisch beeinträchtigten Menschen sind auf Verschmelzung angelegt: Wir machen alles zusammen, wollen immer dasselbe, lieben uns gleich stark und so weiter. Es wird eine Einheit angestrebt, die die Eigenheit und Individualität jedes Partners verhindert. Keiner darf mehr so sein, wie er ist, sondern muß so sein, wie es die Beziehung erfordert. Die Eigenständigkeit des Partners wird oft sogar geleugnet. Er sei nur dazu da, für sie bereit zu stehen. Möglicherweise wird der Partner sogar beschimpft und gehaßt, sobald er sein Recht auf Eigenständigkeit verwirklicht. In diesem Moment wird für die Frau deutlich, daß er ein von ihr getrennter, unabhängiger Mensch ist. Das macht ihr große Angst, da sie den idealen anderen verliert, der ihr Halt und Wert gegeben hat. Sie hat nicht gelernt, Unterschiedlichkeit und Getrenntheit zwischen Menschen zu akzeptieren und wertzuschätzen. Statt dessen hängt sie immer noch an dem Wunsch nach der illusionären Symbiose, in der sie nicht selbständig zu werden braucht. Ihr fehlt das Bewußtsein, daß die Voraussetzung für eine gute Beziehung die Eigenständigkeit der Partner ist. Diese Forderung stellt nun der Mann an sie. Ihre Illusion zerbricht, endlich den grenzenlos gebenden Menschen gefunden zu haben. Sie reagiert darauf mit kindlichen Ängsten, Haß und Verletztheit. An diesem Punkt bricht der Kontakt zwischen den Partnern häufig ab, weil sie sich von ihm verlassen fühlt und er mit ihren kindlichen Gefühlen nicht umgehen kann. Und damit kann sie sich wieder bestätigen, nicht genug wert zu sein, weil niemand bei ihr bleibt.

Beantwortet eine Frau Trennungen mit existentiellen Ängsten, als würde es um ihr Leben gehen, oder mit dem Gefühl, sie sei ohne die andere Person auch vorübergehend fast lebensunfähig, so zeigt sich daran, daß sie mit sehr frühen kindlichen Gefühlen reagiert, die aus der Zeit des ersten Lebensjahres stammen. So, wie das kleine Kind die Abwesenheit der Bezugspersonen mit tiefer Verunsicherung und Existenzbedrohung erlebte, so verbindet auch die erwachsene Frau Trennung mit Angst vor Vernichtung. Ein Teil ihrer Psyche ist noch auf dieser Entwicklungsstufe fixiert. Die Frau wird zwar älter und verhält sich immer differenzierter, hat aber seelisch einen Entwicklungsschritt nur unvollständig vollzogen und wird daher immer wieder in Trennungssituationen entsprechend reagieren, als gäbe es gar keine Alternativen. Das ›Kind‹ in ihr kennt tatsächlich keine anderen Möglichkeiten, als nur mit Verunsicherung zu reagieren, weil es keine anderen gelernt hat. Die erwachsene Frau dagegen kann heute neue Wege suchen, die es ihr allmählich gestatten, sich in positivem Sinne erwachsen und situationsangemessen zu verhalten. Eine therapeutische Begleitung ist oftmals hilfreich, häufig ist sie unerläßlich.

Die Panik und existentielle Verunsicherung, die die Patientinnen bei Trennung immer wieder erleben, werden allmählich abnehmen, wenn sie die Erfahrung machen, daß sie diese Situationen ohne Gefahr für Leib und Seele bestehen und der andere wiederkommt[31]. Die Verläßlichkeit des Beziehungspartners, die früher fehlte, bewirkt heute eine allmähliche Stabilisierung und den Aufbau von Vertrauen. Besonders die therapeutische Situation bietet die Chance, diesen Prozeß gezielt und bewußt zu erleben. Zweifel, Ängste und Schwierigkeiten können mit der Therapeutin (und in einer therapeutischen Gemeinschaft auch mit den Mitpatienten) auf der Basis einer stabilen Beziehung bearbeitet werden. Aber auch innerhalb einer tragenden nichttherapeutischen Beziehung kann dieser Lernprozeß stattfinden.

Andrea, eine Frau Mitte dreißig, kam nach dem stationären Aufenthalt in der Klinik zur ambulanten Nachbetreuung zu mir, weil in ihren Beziehungen immer wieder dieselben Probleme auftraten. Sobald sie sich emotional auf einen Mann eingelassen hatte, fühlte sie sich in einem Maße abhängig, daß sie jede Trennung mit großer Angst erlebte. Sogar eine vorübergehende Distanz erlebte sie als große Bedrohung. Es war ihr intellektuell klar, daß sie wie ein kleines Kind reagierte und nicht wie eine erwachsene Frau, dennoch gelang es ihr nicht, Trennungen als vorübergehendes Alleinsein zu betrachten, das ein Ende hat. Sie erlebte sie immer so, als würde ihre Existenz bedroht. Diese Ängste traten in der Therapie vor allem in den Situationen auf, in denen ich in Urlaub ging oder vorübergehend abwesend war.

Sie befürchtete jedes Mal, daß mir etwas zustoßen könnte und ich nicht mehr zurückkehre.
Gehäufte Todesfälle in ihrer Familie seit ihrer frühesten Kindheit hatten in ihr die Vorstellung eingegraben, daß Trennung Tod des anderen und Verlassenwerden bedeutet. So litt sie dann während meiner ersten längeren Abwesenheit sehr und tröstete sich mit einem Kuscheltier, das als Übergangsobjekt diente. Es repräsentierte gleichsam den trost- und wärmespendenden Aspekt von mir. Wann immer sie Sehnsucht nach mir hatte oder Unterstützung brauchte, wandte sie sich diesem Tier zu, das die fehlende Bindung zu mir ersetzte. Im Laufe des nächsten Jahres, entwickelte sie mehr und mehr Flexibilität bei Trennungen, kippte aber leicht wieder in ihre vormaligen Abhängigkeits- und Sehnsuchtsgefühle. Mit der Zeit baute sie ein stabiles inneres Modell von Beziehung auf, das es ihr möglich machte, Trennungen als vorübergehend und nicht endgültig zu akzeptieren. Auch konnte sie nun ohne ein Übergangsobjekt auskommen, da sie gelernt hatte, sich selbst zu trösten und ohne Zuwendung von außen in sich selbst Halt zu finden. Sie hat also in der Therapie über eine gute symbiotische Bindung im Sinne des Erlebens von Schutz und Verläßlichkeit und über die Konfrontation mit realen Frustrationen (Trennungen) ein stabileres Selbst aufgebaut, das sie fähig machte, sich eigenständiger zu verhalten.

Der Kampf zwischen Abhängigkeit und Autonomie

Der zentrale Faktor im Leben selbstwertschwacher Frauen ist der Kampf zwischen Eigenständigkeit und Abhängigkeit. Ihnen ist in ihrer Entwicklung die Integration von beidem nicht gelungen, so daß sie weiterhin Autonomie und Abhängigkeit als zwei voneinander getrennte Seinsweisen erleben.
Das Abhängigkeitsverhalten wird zum größten Teil schon früh geprägt. Wie ich schon beschrieb, beginnt die erste Loslösung von der Mutter ab einem Alter von circa sechs Monaten und

drückt sich in dem Bedürfnis nach Distanzierung aus. Um dies erfolgreich zu verwirklichen, benötigt das Kind die Unterstützung der Mutter und ihre Erlaubnis. Erlebt die Mutter die Autonomie- und Loslösungsbestrebungen des Kindes als bedrohlich, so wird sie diese eher hemmen als fördern. Es besteht dann die Gefahr, daß die symbiotische Beziehung andauert und das Kind von der Mutter abhängig bleibt. Die Motive einer Mutter, das Kind an sich zu binden, sind vielfältig und haben oft etwas mit ihrer eigenen Trennungsangst zu tun. Denn Trennung beinhaltet immer Schmerz und Trauer. Diese Gefühle können vermieden werden, wenn die Trennung nicht vollzogen wird und der Mensch weiterhin in Abhängigkeit lebt. Die Mutter wird das Kind nur soweit eigenständig werden lassen, wie sie selbst fähig ist, es loszulassen.

Die Botschaft an die Kinder, die sich nicht separieren sollen, lautet im übertragenen Sinne: ›Nur wenn du bei mir bleibst, bekommst du, was du brauchst. Wenn du gehst, entziehe ich dir meine Liebe.‹ Dadurch bekommt das Kind Angst und fühlt sich verlassen, wenn es sich distanziert, da ihm die Unterstützung der Mutter entzogen wird. Es gerät in eine sogenannte Verlassenheits- oder Vernichtungskrise, die mit starken Wut- und Leeregefühlen verbunden ist. Das Kind paßt sich daraufhin der mütterlichen Forderung an, bei ihr zu bleiben, muß dafür aber seine Ablösungstendenzen verleugnen. Sie werden in diesem Alter dann abgespalten und als ›böse‹ etikettiert. <u>Das ›gute‹ Kind paßt sich an und trennt sich nicht, das ›böse‹ ist wütend und will eigenständig werden, riskiert aber dadurch, die mütterliche Unterstützung zu verlieren.</u>

Auch wenn die Separierungstendenzen nicht ausgelebt werden können, so bleiben sie doch vorhanden und verschaffen sich im <u>Erwachsenenalter Ausdruck in neurotischen Symptomen oder Eß-Brech-Attacken.</u> Der sogenannte ›böse‹ oder auf Selbständigkeit gerichtete Teil von sich wird im Symptom ausgelebt. »Nur bei meinen Eß-Brech-Anfällen bin ich wirklich ganz bei mir. Da ist dann niemand, der mir reinredet oder was von mir will. Ich bin endlich ich selbst.« Eine andere Variante ist der Trotz, der Distanz

und eigenen Raum schafft, aber mit Unzufriedenheit und Beziehungsverlust bezahlt werden muß.
Wenn Separation, Eigenständigkeit und Abgrenzung nur über Krankheit und Selbstzerstörung möglich sind, können sie nicht befriedigend sein. Sie werden im Gegenteil eher wie ein Scheitern an der gefährlichen Welt erlebt und als Bestätigung, daß Eigenständigkeit schlecht ist. Die innere Stimme der ›guten Mutter‹, die das Kind nicht gehen lasen will, bestärkt dies: ›Ich hab' doch gleich gesagt, bleib bei mir, alleine schaffst du es nicht.‹ Die Bedürfnisse nach Unabhängigkeit und Einssein können auf diese Weise nicht integriert werden. Denn gibt das Kind »dem Wunsch nach Symbiose nach, dann entsteht die Angst vor dem Verschlungenwerden. Beim Nachgeben gegenüber dem Trennungswunsch tritt die Angst vor der Trennung auf (Verlassenheitsdepression)«[32]. Die Beziehung zur Mutter kann man daher als ›stabil-instabil‹ bezeichnen. Das bedeutet, daß die Beziehung zwar über die Zeit erhalten, also stabil bleibt, aber in sich instabil ist, da sie zwischen symbiotischer Nähe und Distanz wechselt.
Es gibt also entweder nur Anpassung oder Autonomie, aber nicht beides zusammen. Im Erleben der Frau widersprechen sie sich aufgrund der frühen Erfahrungen, in denen Liebe und Zuwendung mit dem Aufgeben von Eigenständigkeit und Individualität verbunden war. Und das muß Beziehungen zum Scheitern bringen. Die erwachsene Frau wird in einer intimen Beziehung entweder mit Selbstaufgabe reagieren oder alleine bleiben. Sie hat nicht gelernt, eigenständig innerhalb einer Beziehung zu sein. Da, wo Liebe und Autonomie zwei sich ausschließende Erlebnisweisen darstellen, können sie nur alternativ gelebt werden, verbunden mit den entsprechenden Beziehungsproblemen.
Der Abhängigkeits-Autonomie-Konflikt ist ein zentraler Konflikt in der Entwicklung des Kindes und im Leben des Erwachsenen[33]. Der Wechsel von Bindung und Trennung, Sicheinlassen und erneutem Loslösen, wiederholt sich von der Geburt bis zum Tod auf einer jeweils höheren Ebene. Ausgehend von der anfänglichen symbiotischen Bindung mit der Mutter, in der das Kind in völliger Abhängigkeit von ihr lebt, lernt es allmählich, sich immer mehr

zu lösen, um sich ihr dann auf einer neuen Entwicklungsstufe wieder anzunähern und zugleich Bindungen zu einem Dritten einzugehen. Später folgt die Trennung von der Familie und die Hinwendung zu Gleichaltrigen und anderen Familien. Danach muß sich der Jugendliche von der Familie lösen und sich später auf einen eigenen Partner einlassen. Auch im Erwachsenenleben geht es immer wieder um Einlassen und Trennen, zum Beispiel bei der Geburt der Kinder und ihrer Ablösung.

Der Individuationsprozeß von Mädchen unterscheidet sich in unserer Gesellschaft in vielem von dem der Jungen. In der Literatur wird immer wieder auf die Erziehung zur Anpassung und Abhängigkeit als Vorbereitung auf die Frauenrolle hingewiesen[34]. Sie steht vor Autonomie und Selbstbestimmtheit. In diesem Zusammenhang spielt auch die Aggression eine wichtige Rolle, die bei kleinen Mädchen früher und vehementer unterbunden wird. Aggressive Abgrenzung und Durchfechten eigener unabhängiger Standpunkte können dadurch nicht gelernt werden. Wenn Aggressivität (hier nicht nur als Ärger verstanden, sondern als vorwärtsgerichtete allgemeine Energie) nicht erwünscht ist, dann bleibt als Lösung nur die Anpassung, um auf diese Weise die Befriedigung eigener Bedürfnisse zu erlangen. »Bindung und Anhänglichkeit werden überwertig und verschütten die Fähigkeit zur Abgrenzung und Trennung.«[35] Der Überrest von Aggressivität wendet sich in die passive Form des Trotzes, in Verweigerung und Krankheitssymptome.

Schneider-Henn spricht im Zusammenhang mit der Aggressionshemmung von der »braven Tochter, die keine Probleme macht, angepaßt und lieb ist«[36]. Diese Mädchen wehren sich nicht und setzen sich nicht gegenüber der Mutter durch, entweder »weil ihr Wille gebrochen ist« oder um ihre Mutter nicht zu enttäuschen, die sich mit scheinbar selbstloser Liebe und Zuwendung um die Tochter sorgt. Sie, die Mutter, ist in den seltensten Fällen ein Modell für die Tochter in bezug auf Abgrenzung und konstruktive Aggressivität. Sie demonstriert eher das Bild einer angepaßten und von der Meinung anderer abhängigen Frau, die besser weiß, was andere bedürfen, als was sie selbst braucht.

Die ›narzißtische Hochform‹

Im Alter von circa achtzehn Monaten erweitert sich der Lebensraum des Kindes: Es kann allein laufen, sich von der Mutter fortbewegen und auf sie zugehen, es kann den Raum erkunden und die Welt entdecken. Durch seine größere Sprachfähigkeit kann es sich spezifischer verständlich machen. Das Kind lebt in dieser Zeit in einem sogenannten ›narzißtischen Hochgefühl‹, das ihm eine scheinbare Allmächtigkeit verleiht.
Der natürliche Wunsch des Kindes nach Loslösung und Eigenständigkeit und die Fähigkeit, sich autonom zu verhalten, ist mit einem Hochgefühl über die eigene Größe und mit Allmachtsphantasien verbunden. Das sieht man deutlich an dem Strahlen des Kindes, wenn es beginnt, sich allein fortzubewegen. Auf dieser Stufe der Entwicklung, dem Höhepunkt des ›kindlichen Narzißmus‹, führen Störungen zu späteren narzißtischen Persönlichkeitsbildern, was auch die erwachsene Form der ›Pseudo-Unabhängigkeit‹ erklären würde: ›Ich brauche niemanden, ich bin mir selbst genug‹, so denkt ein Kind in dieser Phase. Im Vordergrund steht zum jetzigen Zeitpunkt die Grandiosität, das Gefühl von Allmacht und euphorischer Freude und das Beschäftigtsein mit sich selbst. Das Kind empfindet sich als Mittelpunkt der Welt und fordert unbegrenzte Aufmerksamkeit.
Gleichzeitig erfährt es aber auch schmerzlich seine Kleinheit, da es allein nicht so allmächtig ist wie mit der Mutter oder dem Vater zusammen. Es kann zwar schon vieles allein, aber es kann nicht alles. Das Kind erfährt zwei Seiten an sich: seine Größe (Grandiosität) und seine Begrenztheit (Minderwertigkeit). Wenn es nicht gelingt, beide Gefühle, das der Größe und das der Minderwertigkeit, durch die Unterstützung der Eltern und die Auseinandersetzung mit der Wirklichkeit zu vereinen und auf ein realitätsangemessenes Niveau zu bringen, entstehen daraus narzißtische Persönlichkeiten, die sich entweder grandios fühlen oder minderwertig. Und zwar beides im Extrem: entweder allmächtig, gottgleich oder vollkommen minderwertig.
Wie kann es dazu kommen, daß das Kind nicht lernt, beide Seiten

von sich zu vereinen? Wie bereits erwähnt, entsteht ein Gefühl von Minderwertigkeit zum einen als Folge der frühen Verletztheit, der Ablehnung und der mangelnden Eigenständigkeitsentwicklung. Wird der Wunsch nach Unabhängigkeit beim Kind nicht bestätigt und unterstützt, führt das zu einem Minderwertigkeitsgefühl, weil dem Kind der Erfolg und Stolz, den es durch seine Selbständigkeit erhalten würde, vorenthalten bleibt. Mit der Bindung an die Mutter und dem Verschmolzenbleiben mit ihr, muß das Kind diesen Mangel ausgleichen und aus dieser Symbiose Sicherheit und Macht ziehen.

Zum zweiten wird die Integration von Größenselbst und Minderwertigkeitsgefühl erschwert, wenn die Eltern versäumen, einen natürlichen Ausgleich zwischen Können und Nichtkönnen des Kindes zu schaffen. Gehen sie in Machtkämpfen mit dem Kind, die in dieser Zeit häufig auftreten, immer als Sieger hervor, bekommt es das Gefühl, daß nur die starken Eltern etwas erreichen, es selber aber nichts. Dadurch wird es in seiner Potenz ungerechtfertigt geschmälert und fühlt sich weniger wert. Die Eltern werden dagegen als übergroß erlebt und vom Kind idealisiert. Sie sind zwar im Verhältnis zum Kind mächtiger, werden aber in ihrer Größe reduziert, je eigenständiger das Kind handeln kann. Vermitteln ihm die Eltern ein Gefühl für seine Stärken und Schwächen, indem sie es unterstützen, Dinge zu tun, die es kann, und ihm helfen, wenn es überfordert ist, dann wird das Kind eine realitätsangemessene Einschätzung von sich entwickeln. Es kann auf diese Weise seine Unabhängigkeit immer weiter ausdehnen, sich aber zugleich hilfesuchend an die Eltern wenden. Auf diese Weise werden auch die Eltern wirklichkeitsnäher eingeschätzt. Gestehen sie ihm gegenüber noch dazu ihre Grenzen und Schwächen ein und erlebt das Kind, daß auch sie Bedürfnisse und Gefühle haben, kann es lernen, sie so zu sehen, wie sie sind: nicht übermächtig, aber potent und mit eigenen Stärken und Schwächen. So ist das Kind nicht gezwungen, sie zu idealisieren und sein Leben lang nach solchen überwertigen Menschen zu suchen, in deren Nähe es sich aufgewertet fühlt.

Trotz seiner vermehrten Eigenständigkeit hat das Kind in diesem

Lebensabschnitt noch häufig den Wunsch, sich bei den Eltern anzulehnen. Belächeln sie diesen Wunsch als Babyverhalten, dann wird dem Kind die nötige Unterstützung verweigert, was zu Minderwertigkeitsgefühlen beitragen kann. Erfährt das Kind andererseits zu wenig Frustration, wird sein grandioses Selbstbild nicht begrenzt und nicht auf sein normales Maß beschränkt[37]. Dies geschieht, wenn Kindern keine Grenzen gesetzt oder deren Leistungen überwertig gelobt werden, gleichgültig, was sie tun. Ständige Verwöhnung führt dazu, daß das Kind immer die sofortige Befriedigung aller seiner Wünsche fordert. Gelingt es nicht, die Grandiosität und Minderwertigkeit an der Realität zu begrenzen, wird das Selbst nachhaltig geschädigt, denn es kann sich kein angemessenes Selbsterleben herausbilden[38]. Statt dessen wird es immer zwischen Grandiosität und Minderwertigkeit schwanken. Dieser Mensch wird in seinem Leben danach streben, grandios zu sein, und nur in Abhängigkeit davon seinen Selbstwert finden, oder er wird immer auf der Suche nach dem idealisierten anderen sein, ohne den er sich wertlos fühlt. »In beiden Fällen wird das Selbst außerhalb seiner selbst gesucht – in Leistung oder in anderen« oder in beidem[39].
Der narzißtische Erwachsene muß lernen, eine Verbindung zwischen Autonomie und Unterstützung zu schaffen. Das heißt, daß er sich Hilfe holen kann, ohne gleich seine Eigenständigkeit einzubüßen. Das geschieht, wenn seine Selbständigkeit und sein Können anerkannt und unterstützt werden, gleichzeitig aber auch Raum für Hilfestellungen bleibt. Viele Frauen, mit denen ich arbeitete, haben dieses einheitliche Erleben nicht. Sie fühlen sich entweder stark, unabhängig und haben alles im Griff, oder sie fühlen sich unfähig, klein und hilflos.

Manchmal denke ich, ich kann alles, hab' schon so viel erlebt und gelitten, hab' schon so viel Therapie gemacht und wenn ich Hilfe brauche, dann fühle ich mich total schwach und kann mich kaum damit zumuten. Wenn ich mich schwach zeige, dann hat der andere ein Plus, weil er weiß, wie schwach ich wirklich bin. Dann kann er sich über mich erheben, meine Schwäche ausnutzen und in die Wunde stechen. Ich habe Angst, zerstört zu werden, wenn ich mich schwach zeige. Dann bedauert der andere mich, und das will ich überhaupt nicht. Meine Mutter hat das immer gemacht, schrecklich. Ich will um keinen Preis bedauert werden, lieber sollen die anderen auf mich neidisch sein, wie gut ich mein Leben meistere. Neid ist mir lieber als Mitleid.

Bin ich ein Mädchen oder ein Junge?

Selbstwertschwache Frauen besitzen in der Regel eine nur mangelhaft entwickelte weibliche Identität. Sie wachsen häufig mit der Erwartung der Eltern auf, daß sie ›eigentlich‹ ein Junge sein sollten. Diese Botschaft hat auf die Entwicklung der Frau einen erheblichen Einfluß. Zum einen sieht sich das Kind mit der Enttäuschung der Eltern konfrontiert, weil es deren Erwartungen und Wünsche nicht erfüllt. Zum anderen wird die Entwicklung der weiblichen Geschlechtsidentität erschwert, da es zu einer Überbetonung der ›männlichen Werte‹ kommt. Das Mädchen wird mehr als Junge betrachtet und seine weiblichen Anteile werden weniger betont. Viele Betroffene berichten, daß sie später selber lieber ein Junge sein wollten und mehr mit Buben spielten und rumtobten. Da sie aber Mädchen waren, mußten sie den weiblichen Teil ›wegstecken‹ und verleugnen. In der weiteren Entwicklung wird es dann entscheidend sein, ob das Mädchen wirklich ein Mädchen sein und sich ungestört zur Frau entwickeln darf oder ob es durch die frühe ›Prägung‹ den weiblichen Teil von sich abspalten und negieren muß. Dies war bei Marlene der Fall, die als viertes Kind nach drei Brüdern zur Welt kam.

Ich fand mich normal attraktiv, aber zu wenig fraulich, weil ich wie ein vierter Junge erzogen wurde. Ich mußte die Sachen meiner Brüder auftragen, durfte keine langen Haare und keine Kleider tragen...

Bei den Mädchen, bei denen sich ihre weibliche Entwicklung nicht in einem gesunden Maß entfalten kann, wird das Frauwerden Probleme bringen. Häufig sind diese mit Eßstörungen verbunden, denn in der Pubertät, in der sich dieser Schritt vollzieht, brechen Magersucht und Bulimie am häufigsten aus. In diesen

Eßerkrankungen zeigt sich, daß eine ungestörte Entwicklung nicht stattfinden konnte und die Frau keinen wirklichen Zugang zu ihrer Weiblichkeit gefunden hat. Magersucht, Bulimie und Eßsucht sind Ausdrucksformen gestörter weiblicher Identität. Sie zielen darauf ab, den Körper zu verändern, entweder zur Knabenhaftigkeit hin oder ihn so dick zu machen, daß ›(M)man(n)‹ nicht mehr viel von ihm wahrnimmt.

Bei Beate war die Situation anders, sie führte aber zu einer ähnlichen Verunsicherung ihrer weiblichen Identität:

Ihre Eltern waren sehr jung, als das erste Kind, ein Junge, zur Welt kam, der auch der Grund für die Eheschließung war. Sie war das erwünschte Mädchen, entsprach aber nicht der Vorstellung, die die Eltern hatten. Sie wünschten sich ein zartes, zierliches Mädchen, das dem typischen mädchenhaften Klischee entsprach. Leider war sie genau das Gegenteil. Sie war groß, stark, lebhaft, nach außen orientiert, mehr wie ein Junge. Sie fühlte sich dadurch nie richtig anerkannt, auch deshalb nicht, weil sie über ihre Schwierigkeiten, die sie hatte, nie offen sprechen konnte. In dieser Familie war so gut wie kein Platz für Probleme. Der Vater stürzte sich in die Arbeit, die Mutter in den Haushalt. Beate lernte schon früh, sich nichts anmerken zu lassen und ihre Schwächen zu verstecken. Sie war wie die anderen Familienmitglieder nach außen hin immer guter Dinge.

Und trotzdem fiel sie auf, denn sie war nicht so schlank wie die anderen. Und Schlankheit war in dieser Familie ein hoher Wert. Sie hatte auch nicht so gute Leistungen wie ihre Geschwister und sie war gar nicht so, wie ein Mädchen sein sollte. Schon früh wurde viel Wert auf ihr Aussehen und ihre Figur gelegt. Aß sie Schokolade, wurde sie darauf hingewiesen, daß sie das nicht tun solle, weil es dick mache. Fastete Beate, wurde sie gefragt, warum sie das tue, sie habe doch eine gute Figur. Was ihren Körper betraf, war sie schon in der Pubertät tief verunsichert.

Ihre heutige Haltung sich selbst gegenüber ist geprägt von Angst vor dem Frausein, die sie durch ein burschikoses Verhalten überdeckt. Sie vermeidet Beziehungen zu Männern und hat panische Angst, ihre Sexualität zu spüren, geschweige denn zu leben. Insgesamt hat sie wenig Zugang zu ihrem Gefühlsleben, das sie mit aller Macht abwehrt. Ihr Körpergefühl ist diffus, sie erlebt sich als massig bzw. spürt sich häufig gar nicht. Das Thema Frausein macht ihr viel Angst. Sie nimmt es zwar hin, eine Frau zu sein, weil sie das nicht ändern kann, aber einen positiven

Zugang hat sie nicht dazu. Mit ihrer Kleidung unterstreicht sie ihre Unweiblichkeit: Sie trägt nur Hosen und dazu am liebsten weite Pullover, die die gesamte Figur einhüllen. Keiner soll weibliche Rundungen bei ihr sehen.

Eine andere Variante im Umgang mit einer mangelnden weiblichen Identität ist der Drang, besonders attraktiv und weiblich anziehend sein zu wollen. Diese Frauen leben dann ein sogenanntes ›Zerrbild der Weiblichkeit‹ in Form einer überstarken Identifizierung mit der weiblichen Rolle[40]. Sie überbetonen ihr Äußeres und versuchen durch Schminke, Garderobe und eine schlanke Figur anziehend zu wirken.

Bei der Ausbildung der Geschlechtsidentität spielt auch die Sexualität und der Umgang damit in der Familie eine Rolle. In den meisten Familien wird dieses Thema tabuisiert und mit großer Scham behandelt. Es herrscht eine ängstlich-verklemmte Atmosphäre, in der sich keiner recht traut, über den Körper, seine Veränderungen, die Menstruation und Sexualität zu sprechen. Die meisten meiner Patientinnen wurden weder über den Beginn der Regelblutung noch über Sexualität aufgeklärt. Es gibt aber auch Familien, in denen dem Bedürfnis nach natürlicher Abgrenzung nicht Rechnung getragen wird. In ihnen herrscht eine ›Pseudo-Offenheit‹, die den Intimraum jedes einzelnen Familienmitgliedes nicht respektiert. Zum Beispiel wird die Badezimmertür offen gelassen und jeder kann ins Bad, auch wenn schon ein anderer drin ist. Das kann einem heranwachsenden Mädchen ebensoviel Angst machen wie eine verklemmte Atmosphäre. In beiden Fällen fehlt die Unterstützung und der Schutz, um eine mit Scham besetzte Entwicklung abschließen zu können.

Erschreckend hoch ist auch die Rate der Inzesthandlungen und des sexuellen Mißbrauchs von Mädchen. Diese traumatischen Erlebnisse führen meist zu Störungen der sexuellen Entwicklung. Die Frauen sind in ihrer weiblichen Identität beeinträchtigt, was in der Regel auch mit einer Ablehnung des eigenen Körpers, weiblicher Rundungen und Lust einhergeht[41].

Die Mutter als weibliches Vorbild?

Auf dem Hintergrund einer gestörten Geschlechtsentwicklung stehen selbstwertschwachen Frauen später im Erwachsenenalter vor der Frage, was Frausein für sie bedeutet. Wie verhält sich eine Frau, was ist weibliche Stärke, was macht ›eine Frau‹ aus? Das eigene Geschlecht ist meist durch die Beziehung zur Mutter negativ geprägt, indem die weibliche Rolle, so wie sie die Mutter ausfüllt, abgelehnt wird.

Das weibliche Modell, das Lisas Mutter ihr bot, war für sie äußerst unattraktiv, so daß sie die ihr vorgelebten Werte ablehnte. Ihre Mutter war stark religiös und versuchte es allen und jedem recht zu machen. Der Vater überließ ihr weitgehend die Erziehung der Kinder, mit der sie jedoch oft überfordert war. Denn sie konnte sich nicht durchsetzen, auch ihren Kindern gegenüber nicht. Daher übernahm der Vater häufig abends die Bestrafung der Kinder. Da Lisa die Älteste war, mußte sie für ihre jüngeren Schwestern die Verantwortung übernehmen. Und das in verstärktem Maße, da ihre Mutter sich schwach, hilfsbedürftig und konfliktunfähig zeigte. So mußte Lisa früh Mutterfunktionen erfüllen, die sie jedoch sehr einschränkten. Heute glaubt sie, daß diese Erfahrung dazu beitrug, daß sie keine Muttergefühle habe und keine eigenen Kinder wolle. Sie verbindet damit hauptsächlich Arbeit und Verpflichtungen, wenig für sich tun zu können, wenig zu sagen zu haben, selber zu kurz zu kommen, immer für den Mann und andere da zu sein, zu dienen und keine eigenen Bedürfnisse haben zu dürfen.

Lisas Beschreibung erinnert an eine Karikatur der traditionellen Frauenrolle, die ihr aber in dieser Form vorgelebt wurde. Lange Zeit lehnte sie das Frausein generell ab, um nicht so zu werden wie ihre Mutter. Sie mußte erst allmählich lernen, ein für sie stimmiges und positives Frauenbild zu entwickeln, mit dem sie gut leben konnte. Es gibt nämlich mehr als nur die zwei Alternativen, entweder so zu werden wie die Mutter oder die weibliche Rolle vollständig abzulehnen. Die Lösung liegt vielmehr darin,

eine eigene weibliche Identität zu entwickeln, die sich an alternativen Modellen orientiert.
Wie die Ablehnung der Figur und des Gewichts von der Ablehnung der weiblichen Rolle abhängt und in direktem Zusammenhang mit der eigenen Mutter steht, wird an einer Therapiesitzung mit folgender Patientin deutlich.

Cordula, eine zweiunddreißigjährige Patientin, die ihr Gewicht immer stark kontrollierte, litt sehr unter ihrer Gewichtszunahme in den Wochen ihres stationären Aufenthaltes. Sie hatte insgesamt vier Kilo zugenommen, da sie seit Wochen normal aß. Sie war bei weitem nicht zu dick, denn sie hatte eine gute Figur und ein ihrer Größe angemessenes Gewicht. Dennoch war die Zunahme ihre größte Sorge und brachte sie zeitweilig in Panik.

Die Gewichtszunahme war jedoch nicht das Hauptproblem, wie sich während der Gruppenarbeit herausstellte, sondern die Beziehung zu ihrer Mutter. Diese war dick und die Patientin wollte auf keinen Fall so werden wie sie. Sie hatte von ihr das Bild einer unsicheren Frau, die mit der Erziehung ihrer Tochter überfordert war. Es habe viel Streit und Geschimpfe von ihr gegeben und oft hätte sie wahllos auf Cordula eingeschlagen. »Dich kann man gar nicht mögen«, war ein häufiger Ausspruch von ihr. In der Zeit der Pubertät habe die Patientin aus Angst vor den Reaktionen der Mutter sehr viel gelogen.

Durch die Gewichtszunahme kam Cordula in Kontakt mit ihrer unverarbeiteten Mutterbeziehung und der Angst, selbst dick zu werden und dadurch ihrer Mutter zu gleichen. Im Laufe der therapeutischen Arbeit spürte sie, wieviel Negatives sie von ihrer Mutter ›übernommen‹ hatte und wie stark sie noch mit ihr verhaftet war. Cordula lebte nicht ihr eigenes Leben, sondern stellvertretend das ihrer Mutter.

Cordula wurde in der Sitzung sehr zornig und begann, sich ihrer Mutter gegenüber abzugrenzen. Es kam der ganze unterdrückte Ärger auf sie zutage und das bis dahin nie ausgesprochene Nein. Sie begriff, was wirklich zu ihr, Cordula, gehörte und was die Teile ihrer Mutter waren. Eine Frau zu werden und weibliche Formen zu bekommen, bedeutete nicht automatisch so zu werden wie sie, nämlich dick, überfordert und ablehnend.

Indem Cordula das erste Mal nicht nur trotzig reagierte, sondern ihr Nein und ihre Wut ausdrückte, machte sie einen wichtigen Schritt in Richtung Eigenständigkeit. Nach der Sitzung fühlte sie sich nicht nur seelisch, sondern auch körperlich leichter. Das Problem, sich zu dick zu fühlen, war mit dieser einen Sitzung nicht aufgelöst, da es auch noch mit anderen Themen zusammenhing. Die Arbeit war jedoch ein wichtiger Schritt für Cordula, sich eigenständiger und abgegrenzter zu erleben.

Wie eine Mutter mit ihrem Körper umgeht, ist ein Modell für die Tochter. Viele Mütter von selbstwertschwachen Frauen sind entweder eßsüchtig oder ständig in Sorge um ihre Figur und ihr Aussehen. Ihren Körper können sie meist nicht so annehmen, wie er ist, und sie sind bemüht, ihn durch Diäten, Abführmittel oder Appetithemmer zu verändern. So ist die Tochter schon früh mit ›Gewichtsproblemen‹ und der Bedeutung, die sie im Leben einer Frau spielen, konfrontiert. ›Wer schön sein will, muß leiden‹, ist ein alter Spruch, der darauf hinweist, daß Schönheit auch trotz eines hohen Preises erstrebenswert bleibt. Im Zusammenhang mit einer narzißtischen Persönlichkeit von Mutter und Tochter sind Schönheit, äußere Attraktivität und Gefallen hohe Werte und die Ausrichtung auf Äußerlichkeiten als Versuch zu verstehen, das Selbstwertgefühl zu stärken.

Essen hat aber nicht nur eine vermeidende Bedeutung im Sinne von Diäthalten und Nicht-dick-werden-Wollen, sondern auch eine fürsorgliche. Eine ›gute Mutter‹ sorgt für ausreichende Ernährung und erhält zudem eine narzißtische Gratifikation, indem sie ihres Essens wegen geliebt und gelobt wird. Berichte von Patientinnen bestätigen die ständige Versorgung durch die Mutter mit Essen, gegen die sie sich kaum zu wehren wissen. Sie bekommen ›Freßpakete‹ geschickt und werden ›wahnsinnig verwöhnt‹, wenn sie die Mutter besuchen. ›Liebe geht durch den Magen‹, besonders, wo sie sonst keinen Ausdruck findet.

»Ich fand das alles zum Kotzen«, sagte eine Betroffene, die von frühester Kindheit an die Erinnerung hat, ständig von ihrer Mutter etwas in den Mund gestopft bekommen zu haben. Sie konnte dieses Überfüttertwerden nicht aushalten und so fing sie an zu erbrechen[42]. Andere Frauen reagieren auf die Überfürsorge mit Verweigerung des Kontakts oder überstarker Abgrenzung. Diese werden ebensowenig direkt geäußert, da das Beziehungsmuster zwischen den Töchtern und den Müttern dies verhindert. Vielmehr wendet sich der untergründige Ärger in trotziges

Verhalten. Betrachtet man einmal die Situation, in der sich die Mutter befindet, so ist diese sowohl durch eigene unbefriedigte Wünsche und Vorstellungen als auch durch unhinterfragte gesellschaftliche Konventionen geprägt. In vielen Fällen entscheidet sich die Mutter aufgrund der Schwangerschaft gegen ihren Beruf und stellt ihre ursprüngliche Lebensplanung zugunsten von Familie und Kindererziehung zurück. Sie erlebt diese Entscheidung sehr ambivalent und hat oft den Verdacht, etwas versäumt zu haben. Häufig sucht sie dann in ihrer Mutterrolle eine Kompensation für unbefriedigt gebliebene Wünsche und übt Macht innerhalb des Familiensystems aus[43]. Sie kontrolliert die Familienmitglieder durch totale Versorgung und Hilfe bei allen Entscheidungen. Da die Mütter ganz in ihrer Rolle aufgehen, ist jede Unabhängigkeitsbestrebung der Tochter für sie mit Angst und Verlust der Einflußnahme und Macht verbunden. Durch die Ablösung der Tochter wird sie sich ihrer eigenen Wert- und Funktionslosigkeit bewußt, die sie mit der Aufopferung an das Muttersein ausgeglichen hat. Dieselbe Einmischung und Überfürsorge können jedoch auch Mütter zeigen, die beruflich tätig sind und darin auch eine Erfüllung finden. Sie sind nicht dagegen gefeit, ihrer Tochter Vorschriften für ihr Leben zu machen oder Entscheidungen für sie zu treffen. Denn diese Prozesse laufen teilweise unbewußt ab, und die Mütter spüren erst spät, wie stark sie sich an ihre Töchter gebunden haben[44]. Die Mutter, die keine belohnende Arbeit außer Haus hat, wird in noch höherem Maße ihre Kompetenz in der guten Erziehung ihrer Kinder und einer perfekten Haushaltsführung suchen[45]. Konsequenterweise werden damit Essen, Sauberkeit und Nettsein die Bereiche, auf die die Mutter Einfluß hat und die zu Auseinandersetzungen mit der Tochter führen.
Die Mutter sieht sich einer patriarchal orientierten Werthierarchie gegenüber, die schon für ihre eigene Entwicklung richtungsweisend war. Diese gründet in einer Gesellschaftsstruktur, die von einer strengen und sinnesfeindlichen Einstellung durch das Christentum geprägt ist[46]. Der Frau werden ganz bestimmte Rollen zugeschrieben, von denen sie sich erst heute allmählich

zu befreien versucht. Darin werden Anpassung und Altruismus vor Spontaneität und Autonomie gesetzt, Eigenliebe als sündhaft und egoistisch betitelt und der Natur des Menschen soweit mißtraut, daß der Erziehung die Aufgabe zukommt, sie ›zurechtzubiegen‹.

Somit ist es nicht verwunderlich, wenn die Mutter wenig empathische Fähigkeiten ausgebildet hat, die es ihr ermöglichen, der Entwicklung der Kinder wohlwollend beizustehen, ohne ihrer individuellen Persönlichkeit entgegenzuwirken. Oft hindern diese übernommenen Vorstellungen die Mutter daran, sich so auf ihr Kind einzulassen, wie sie gerne würde. Eine freiheitliche und individuelle Erziehung der Kinder ist aber nicht leicht möglich, wenn das die Mutter umgebende familiäre und gesellschaftliche System dirigierenden Einfluß nimmt und ihr Normen vorschreibt. Die Mutter sieht sich gezwungen, diese zu übernehmen und Abschied von den eigenen, abweichenden Erziehungsvorstellungen zu nehmen. Ein anschauliches Beispiel ist die Fütterungssituation. Es ist erst zwei bis drei Jahrzehnte her, daß die Einstellung der Pädagogik sich gegenüber dem Schreienlassen der Säuglinge verändert hat. ›Unsere‹ Mutter, von der wir sprechen, hätte ihr Baby vielleicht viel eher auf den Arm nehmen und es füttern wollen, weil sie im Grunde selbst unter dem Schreien litt. Sie hat jedoch gelernt, daß das Kind nach einem bestimmten Zeitplan gefüttert werden muß. Im guten Glauben, es sei für das Kind richtig, ließ sie es schreien.

In den meisten Fällen sind die subjektiven Richtlinien des Handelns der Mutter ebenso unbewußt wie die gesellschaftlich geprägten und unterliegen daher selten einer Reflexion oder Veränderung. Veränderungen, wenn sie eintreten, streben meist das Gegenteil dessen an, was die Mutter ihrerseits als Kind erlebte. ›So, wie meine Mutter das gemacht hat, so möchte ich es auf gar keinen Fall tun‹ oder ›<u>So, wie meine Mutter war, will ich nie werden.</u>‹ Diese oder ähnliche Aussagen zeigen das Bemühen, die Fehler der Mutter nicht zu wiederholen und dem eigenen Kind bessere Entwicklungsbedingungen zu schaffen. <u>Doch in der Regel scheitern diese Versuche bzw.</u> bezwecken nicht das, was sie

intendierten. Im Gegenteil, durch so geartete Einstellungen werden gerade die alten Muster häufig stabilisiert und bewirken das, wovor man das eigene Kind bewahren wollte.
Das erklärt sich aus der Tatsache, daß in der Beziehung zwischen Mutter und Kind eine unbewußte Wiederholung der eigenen frühen Beziehung zur Mutter stattfindet. In ihrem Säugling begegnet sie dann ihrem eigenen »nie gelebten, abgespaltenen Teil ihres Selbst, dessen Durchbruch ins Bewußtsein sie fürchtet«[47]. Eltern, denen selbst früher nicht genug Akzeptanz ihrer Person, Gefühle und Empfindungen entgegengebracht wurde, bleiben selber narzißtisch bedürftig, und »sie suchen ihr ganzes Leben, was ihnen ihre Eltern zur rechten Zeit nicht geben konnten: ein Wesen, das ganz auf sie eingeht, sie ganz versteht und ernstnimmt, das sie bewundert und ihnen folgt«[48]. Solchermaßen emotional verunsichert, suchen sie in ihrem Kind nun diese Person, was bedeutet, daß das Kind sich nach einem ganz bestimmten Muster entwickeln muß, damit es so wird, wie die Eltern es für ihr eigenes narzißtisches Gleichgewicht brauchen.
Was nun die gesellschaftlichen Prägungen der Frauenrolle betrifft, so unterliegen sie kulturell-gesellschaftlichen Veränderungen. Neben die traditionelle Rolle, zu der die Tochter durch ihre Mutter erzogen wird, tritt die ›neue Rolle‹ der Frau. Durch die Entwicklungen in den sechziger Jahren und die Frauenbewegung wurden den Frauen neue Bereiche der Eigenständigkeit und individuellen Lebensgestaltung eröffnet. Aber diese kamen nun zusätzlich zu ihren bisherigen Aufgaben dazu, quasi »im Sinne einer Erweiterung des herkömmlichen Frauenbildes«[49]. »Nicht mehr die traditionell weibliche Rolle ist gefragt, sondern die ›berufstätige Allround-Jobberin‹, die alles strahlend bewältigt.«[50]
Dem selben Widerspruch, wie er auf der gesellschaftlichen Ebene erlebt wird, sieht sich die heranwachsende Frau auch in ihrer Familie gegenüber. Sie hat auf der einen Seite die Aufgabe, eine gute Mutter und Hausfrau zu werden und die Rolle der abhängigen Frau zu erfüllen. Auf der anderen Seite wird sie mit den Erwartungen der Eltern konfrontiert, die männlichen Werte von

Leistung und Perfektionismus zu erfüllen. Sie soll (und will) also nicht nur eine gute Ehefrau, Mutter und Hausfrau werden, sondern zugleich beruflich erfolgreich und ausgefüllt sein. Nach dem Motto: »Und wenn schon kein Mann: wie wär's dann mit einer Idealfrau?«[51]

Boskind-Lohdal/Sirlin sprechen von einer ›sozialen Neurose‹ als Ergebnis der weiblichen Sozialisation. Diese äußert sich im Gefühl des Versagens vor dem Überanspruch an das ›ideale Bild‹ der Frau. Ihre Symptome wie etwa die Bulimie seien als eine extreme Reaktion auf eine extreme Situation zu verstehen.

Meine Beobachtung ist, daß diese Situation auf Kosten der Weiblichkeit geht. Alles Weiche und Weibliche verleugnen selbstwertschwache Frauen an sich, sie streben einen im Grunde unweiblichen, dünnen Körper an, haben keinen Zugang zu ihrer Hingabefähigkeit und Liebe und betonen statt dessen den männlich-leistungsbezogenen Aspekt von sich, als würde Weiblichkeit gleichsam Schwäche bedeuten, die sie auf jeden Fall abwehren müssen. Das Wissen darum, welche Stärke im Frausein liegt, ist ihnen nicht zugänglich. Diesen Zugang finden sie erst dann, wenn sie ihre weichen Seiten ebenso annehmen wie ihre körperlichen Rundungen und in Kontakt mit ihrer seelischen Tiefe kommen. Ihre beruflichen Erfolge werden dadurch ebensowenig geschmälert wie ihre Potenz. Sogar das Gegenteil ist der Fall. Ihre Persönlichkeit wird um einen wichtigen Teil bereichert, der Voraussetzung dafür ist, befriedigende emotionale Beziehungen einzugehen. Wenn sie in einer Zweierbeziehung nicht mehr versucht, die bessere von zwei Männern sein zu wollen, kann sie Frau und gleichwertige Partnerin eines Mannes werden.

Familienmuster:
Mir geht es nur gut, wenn es dir gut geht

Erziehung und Entwicklung finden immer zwischen Menschen, also in Beziehungen statt. Wenn in den ersten Lebensmonaten vor allem die Mutter große Bedeutung hat, so darf man nicht übersehen, daß sie ebenso wie der Säugling ein Teil einer sie umgebenden Gruppe, also der Familie ist. Jede Gruppe braucht zu ihrem Funktionieren bestimmte Vereinbarungen und Vorschriften, die das Zusammenleben regeln. In Familien, in denen ein oder mehrere Familienmitglieder psychische Störungen oder Symptome aufweisen, liegen sogenannte ›dysfunktionale‹ (fehl- oder schlecht funktionierende) Regeln vor, die sich negativ auf den einzelnen auswirken. Die Regeln beeinflussen sowohl das Verhalten der Familienmitglieder untereinander als auch das Verhalten nach außen. Sie beruhen auf unausgesprochenen Vereinbarungen, die meistens unbewußt sind und daher unhinterfragt wirken können.

So gibt es Familien, die nur unter sich leben, kaum tiefere Kontakte zu Freunden pflegen und niemanden bei sich ›hineinschauen‹ lassen. Man wird von diesen Familien also lediglich den äußeren Schein wahrnehmen, aber sie nie wirklich kennenlernen. Der Eindruck, den die Familie auf andere macht, ist ihnen wichtiger als wirkliche Beziehungen. Häufig haben diese Familien, die sich nach außen hin stark oder überstark abgrenzen, geringe interne Grenzen sowohl zwischen den Eltern und den Kindern als auch zwischen den einzelnen Personen.

Diese Familien sind in der Regel symbiotisch bzw. auf Fusion ausgerichtet. Deutlich wird diese Fusionsneigung an der Regel: ›Mir geht es nur gut, wenn es dir gut geht.‹ In diesem Sinne muß es jedem gezwungenermaßen gut gehen, um nicht schuld am Leid der anderen zu haben. Der einzelne ist nicht vorrangig für seine eigenen Gefühle verantwortlich, sondern für die des anderen und umgekehrt. Daraus entsteht ein Mangel an Eigenwahrnehmung für körperliche und emotionale Zustände, wie wir ihn häufig bei narzißtischen Personen finden. Die Mutter entwickelt eine Hypersensibilität für andere und weiß daher besser, was die Tochter braucht und fühlt, und diese wiederum lernt sehr früh zu erspüren, was die Wünsche der Mutter sind. Kommen der Tochter zusätzlich noch mütterlich-versorgende Funktionen für die eigene Mutter zu, kann sich daraus die Haltung entwickeln, es immer allen recht machen zu wollen und für deren Wohlergehen verantwortlich zu sein. Vom Partner erwartet oder verlangt die Frau dann später dasselbe Einfühlungsvermögen für ihre Bedürfnisse.

Zur Fusion gehört auch die Einstellung: ›Keiner will keinem weh tun, indem alle gleich behandelt werden.‹ Die Mutter bekräftigt, sie mache keine Unterschiede zwischen den Kindern, und alle behaupten, es gäbe keinen Neid. Dieses Festhalten an dem Gleichheitsprinzip resultiert häufig aus einem Gefühl der Mutter, früher in ihrer eigenen Familie nicht genug bekommen zu haben. Sie will diesen Fehler, der an ihr begangen wurde, bei ihren Kindern nicht wiederholen und versucht nun, alle gerecht zu behandeln. Es besteht jedoch ein unausgesprochenes Verbot, bestehende Benachteiligungen oder Bevorzugungen anzusprechen. Und dieses Tabu wirkt oft schädigender als die real existierenden Unterschiede, die natürlich bestehen, denn auch beim besten Willen können nie alle gleich behandelt werden.

Ich wollte nur einmal von meiner Mutter hören, daß sie uns Kinder unterschiedlich behandelte und liebte. Dann wäre ich zufrieden gewesen. Aber je mehr ich dies hören wollte, um so mehr versteifte sie sich darauf, keine Unterschiede zwischen uns gemacht zu haben.

Die Nichtrespektierung der Grenzen des anderen ist ein weiteres Merkmal der Fusion. Sie äußert sich in Übergriffen auf die Tochter, deren Intimsphäre oder persönliche Grenze dadurch verletzt wird. *Schneider-Henn* nennt es ein ›eindringendes Familienklima‹, in dem es kaum Geheimnisse gibt. ›Man‹ weiß alles voneinander, nicht einmal das Tagebuch bleibt davor verschont. Mutter und Tochter sind nicht durch eine Generationsgrenze getrennt, sondern sie sind ›die besten Freundinnen‹. Sowohl innerseelische als auch körperliche Bereiche sind ungeschützt.

Der hohe Grad an gegenseitiger Einmischung ist auch eine Folge der Angst vor Trennung[52]. Diese resultiert zumeist aus einem Mangel an emotionalen und unterstützenden Beziehungen außerhalb der Familie. Die Eltern leben nur in und für die Familie und haben kaum tiefe Kontakte zu anderen Menschen. So konzentrieren sich die Familienmitglieder hauptsächlich aufeinander, was natürlich auch die Ablösung der Tochter stark beeinträchtigt. Obwohl die Beziehungen der Familienmitglieder auf der einen Seite eng verwoben sind, besteht auf der anderen Seite eine <u>schmerzliche Distanz, weil sie sich gegenseitig nur mit ihrer Maske des Glücklichseins und des Erfolges zeigen</u>. Es besteht das Verbot, über Probleme zu sprechen; vorhandene Konflikte werden geleugnet und bleiben ungelöst.

Meine Familie ist echt symbiotisch: Mutter ›stirbt‹ schier ohne den Vater, dieser ohne die Mutter, beide ohne die Kinder. Und ich selbst habe auch immer geglaubt, ich kann nicht glücklich werden, wenn es meine Familie nicht auch ist. Ich half immer meiner Mutter und Schwester, wollte sie ›retten‹, litt, wenn sie litten, und ein innerer Schmerz fraß mich fast auf, wenn meine Mutter mal wieder kurz vor einem Nervenzusammenbruch stand. Ich habe nie gelernt, ohne Abhängigkeit zu leben, aber ich möchte das jetzt lernen. Ich weiß, daß ich dazu Abschied nehmen muß von meiner Retter-Rolle. Ich muß die Tür hinter meiner verzweifelten Mutter und hinter meiner vom Leben verbitterten Schwester zumachen können und es mir trotzdem gutgehen lassen. Bei diesem Gedanken fühle ich mich zwar wie eine Mörderin, aber scheinbar habe ich keine andere Wahl.

Beim Lesen spürt man etwas von dem Sog, der die Betroffene in dieser Familie festhält, und den Qualen, die es ihr bereitet, sich abzulösen. Sie setzt sogar Ablösung mit ›Mörderin sein‹ gleich, was für viele selbstwertschwache Frauen zutrifft. Entweder befürchten sie, selbst umzukommen, wenn sie eigenständig werden, oder sie haben Angst, daß ein anderer stirbt, wenn sie sich von ihm trennen. Wenn es Leben nur in der Einheit, in der Symbiose, gibt, wird Loslösung wie Sterben erlebt. Auch wenn die Frauen intellektuell wissen, daß sie niemanden töten können, nur weil sie sich von ihm entfernen, erleben sie es gefühlsmäßig doch so, als sei es Realität. Solange sie sich nicht von diesem Gefühl frei machen, wird sie die Angst immer daran hindern, autonom zu werden und ihr eigenes Leben zu leben.

Die Delegation von Leistung, Prestige und Erfolg

Unter Delegation versteht man die Zuschreibung bestimmter Rollen an die Kinder[53]. In den Familien weiblich- narzißtischer Frauen handelt es sich hauptsächlich um Leistungs- und Prestigewerte, die die Tochter übernimmt. Die Wünsche der Eltern an sie entsprechen häufig ihren eigenen Idealen, die sie selbst nicht erreichten und die nun die Tochter verkörpern soll, um so die unbefriedigten Ambitionen der Eltern zu erfüllen. Sie wird zu Perfektionismus angehalten, was ihre Leistungen, ihr Benehmen und ihr Äußeres betrifft. Es ist wichtiger, schlank, attraktiv und perfekt zu sein, als genußvoll zu leben. Ziele zu erreichen ist erstrebenswerter als ›absichtloses Tun‹, das ›nur‹ Spaß macht. Verstehen und Einsicht rangieren vor den Gefühlen. Freude wird meist, wenn überhaupt, durch eine Aktivität oder besondere Leistung erreicht.

Schon früh in ihrer Entwicklung sieht sich die Tochter mit Forderungen nach Leistung und Erfolg konfrontiert. Dienen ihre Verdienste dazu, die Eltern aufzuwerten, so liegt die Situation der narzißtischen Ausbeutung vor. Die narzißtische Ausbeutung oder auch Besetzung des Kindes durch die Eltern bedeutet einen Verlust an mütterlicher Zuwendung und eine Betonung der männlich fordernden Haltung. Statt einfühlsamer Hinwendung als weiblicher Qualität, erfährt das Kind den Druck, Anforderungen und Erwartungen zu erfüllen, was mehr einer männlichen Haltung entspricht. Ich rede hier nicht von männlichem und weiblichem Verhalten, sondern von Mustern. ›Das Weibliche‹ und ›das Männliche‹ sind Grundtypen des menschlichen Daseins und daher beiden Geschlechtern zugänglich. Es soll damit keine Wertung ausgesprochen werden, daß das eine besser als das andere ist. Wichtig ist nur die Ausgewogenheit beider Qualitäten und die Möglichkeit, beide entwickeln zu können. Das Weibliche steht dabei für eine sorgende, nährende, wachstumsfördernde Haltung, aber auch für Emotionalität, Intuition und Einfühlung. Das Männliche bezieht sich mehr auf Intellekt, Geist, Wissen, Beurteilung, Klarheit und Leistungsprinzipien.

Von seiten des Kindes besteht eine hohe Bereitschaft und Fähigkeit, die unbewußten Erwartungen der Eltern zu erfüllen und die von ihnen gewünschte Rolle zu übernehmen. Zudem besitzen narzißtisch besetzte Kinder oft eine besondere Eigenschaft oder Begabung, die sie von anderen unterscheidet und hervorhebt. Dadurch wird ihnen die Rolle des Genies in der Familie zugeschrieben, die dazu dienen kann, den Ehrgeiz der Eltern zu befriedigen. Gleichzeitig rufen sie wegen ihrer besonderen Begabungen auch Neid und Bewunderung bei anderen hervor, oft auch bei den eigenen Eltern. Auf der einen Seite rivalisieren diese mit ihrem Kind, sind möglicherweise auch mißgünstig, auf der anderen Seite unterstützen sie es, seine Leistungsfähigkeit auszubauen, und erwerben so durch die Identifikation mit den Erfolgen des Kindes ein Gefühl von Stolz. Das Problem liegt nicht darin, daß die Eltern auf ihr Kind stolz sind, sondern daß sie ihren fehlenden Stolz auf sich selbst durch die Leistungen des Kindes ausfüllen. Das Diktat der Leistung und des Perfektionsstrebens ist für viele Frauen heute charakteristisch und äußert sich vor allem im Erwachsenenleben als Karrierebewußtsein und Erfolgsorientiertheit.

Oft denke ich, daß ich nur etwas wert bin, wenn ich etwas leiste, und kann mich dann doch über diese Leistungen nicht freuen, weil es nicht ehrlich aus mir kommt, sondern meine Überlebenskrücke ist. Immer strenge ich mich an, die Beste zu sein, besonders attraktiv auszusehen, alles schnell zu begreifen, witzig und schlagfertig zu sein, intelligent und erfolgreich, anerkannt und beliebt, charmant und kontaktfähig. Alles Sachen, die in meiner Familie ganz hoch im Kurs standen. Wer das konnte, der war jemand. Bei mir waren es zusätzlich die Schulleistungen, die zählten. Irgendwie hab' ich in der Familie die Rolle der ›Begabten‹ bekommen, warum weiß ich nicht. Aber ich glaube, ich mußte für meine Eltern, besonders für meine Mutter, eine ›höhere Bildung‹ verwirklichen, die sie sich immer erträumte, aber nicht erreichte. Oft meine ich, etwas Besonderes leisten zu müssen, und bin mir nicht sicher, ob ich es wirklich für mich tue oder für jemand anderen.

Die Betonung der männlich fordernden Aspekte in der Erziehung des Mädchens hängt stark von der Beziehung und der Rollenverteilung unter den Eltern ab. In der Literatur wird übereinstimmend die Abwesenheit des Vaters als Hauptmerkmal bei der Ausbildung narzißtischer Persönlichkeiten hervorgehoben. In den meisten Krankengeschichten ist ebenfalls vom tatsächlichen oder emotionalen Verlust des Vaters die Rede. Das bedeutet, daß er entweder durch Trennung oder Tod physisch nicht vorhanden oder körperlich zwar anwesend war, aber eine distanzierte Beziehung zu dem betreffenden Kind besaß. Die Abwesenheit des Vaters verstärkt die narzißtische Problematik in zweierlei Hinsicht[54]. Zum einen fühlt sich die Mutter vom Partner verlassen und zu wenig unterstützt, da durch seine ›Randexistenz‹ die Verantwortung für die Kinder und die emotionale Versorgung der Familie ihr zufällt[55]. Trauer und Zorn über ihre eigene Verlassenheit verstärken die narzißtische Besetzung des Kindes. Zum anderen muß die Mutter neben ihrer Mutterrolle auch noch die Vaterrolle übernehmen und ›männlich-patriarchale‹ Werte vertreten. Dadurch wird die mütterliche Haltung fordernder und weniger empathisch. Und das um so stärker, je weniger der Vater anwesend ist und die männliche Position mit vertritt. Der Mangel an mütterlicher Empathie ist jedoch, wie wir bereits sahen, ein Kristallisationspunkt, um den sich die Entstehung der narzißtischen Störung bildet[56].

Eng verbunden mit der <u>Leistungsorientierung einer weiblich-narzißtischen Frau</u> ist ihre <u>konkurrierende Haltung Männern gegenüber.</u> Beziehungen, auch private, beruhen zum großen Teil auf <u>Konkurrenz zum Manne</u>, dem die Frau beweisen möchte, daß <u>sie gleich gut oder sogar besser ist als er.</u> Daraus resultiert ein <u>ständiger Kampf um die erste Position.</u> Die selbstwertschwache Frau kann es kaum ertragen, wenn der Mann ebenso fähig oder fähiger ist als sie, weil sie sich dann automatisch unterlegen und minderwertig fühlt. Um ihm zu beweisen, wie toll sie ist, glaubt sie, ihn überflügeln zu müssen, und kann es kaum ertragen, ihn als gleichwertigen Partner zu akzeptieren. Diese Einstellung ist meist unbewußt und wirkt in Beziehungen untergründig. Eine offene Rivalität zwischen den Partnern könnte unter Umständen sogar fruchtbar sein, eine unausgesprochene Rivalität hinter einer Fassade der Anpassung dagegen vergiftet den Kontakt. Eine Veränderung erfordert, Abschied von der Vorherrschaft des ›inneren Mannes‹ zu nehmen, der verhindert, eine gefühlvolle Beziehung einzugehen, da er nur den Leistungsaspekt und die Konkurrenz betont und zu Machtkämpfen antreibt.

Das Gebot der Lustfeindlichkeit und Tugendhaftigkeit

Bei der eben beschriebenen Ausrichtung auf »positive Prestige-Erfolge« soll die Tochter das Ideal der Eltern erfüllen[57]. Es kann aber auch der Fall eintreten, daß sie den einschränkenden, verbietenden und moralisierenden Über-Ich-Teil der Eltern leben soll. Das heißt, die Tochter steht in ihrem weiteren Leben unter dem Diktat des ›Nicht-Dürfens‹. Sie soll besonders tugendhaft werden und alle Triebregungen unterdrücken. Weder Sexualität noch Aggression, Lust oder Genuß sind erlaubt. Das Gebot der Tugendhaftigkeit dient den Eltern zur Abwehr bzw. Beruhigung eigener Gewissensängste[58]. Löst die Tochter in ihnen Schuldgefühle oder Ängste aus (beispielsweise wenn das Kind unehelich ist und die Mutter sich deswegen selbst verurteilt oder wenn das spontane, lustvolle Verhalten des Kindes in der Mutter Angst vor ihrer eigenen Lust und Sexualität hervorruft), so sollen diese beschwichtigt werden, indem die Tochter besonders tugendhaft ist. Jede ›Untugend‹, sei es nun Aggression, Spontaneität, Wildheit usw., würde sie an ihre eigenen ›Untugenden‹ erinnern, die ihr verboten sind und Schuldgefühle auslösen.

Dieser verbietende Aspekt ist ein wichtiger Teil der Entwicklungs- und Kindheitsgeschichte weiblicher Narzißtinnen. Aus der Kenntnis vieler Familiengeschichten weiß ich, daß beide Aspekte elterlicher narzißtischer Projektion wirksam sind: zum einen die Betonung von Leistung und Perfektionismus, zum anderen die Erziehung zur Lustfeindlichkeit und zum Gefühlsmangel.
Daraus resultiert auch die ambivalente Beziehung der weiblichnarzißtischen Frau zur Sexualität und Lust. Sie ist eine Folge der elterlichen Verbote oder deren Empörung über natürliche sexuelle Regungen des Kindes, wie autoerotische Betätigungen, das Entdecken des eigenen Körpers, Einnässen und Einkoten, Neugier und Lust. »Später werden all diese Erlebnisse mit den entsetzten Augen der Mutter verknüpft bleiben...«[59]. Die Erwachsene wird diese Handlungen und das Sprechen über sie mit derselben Angst und Scham erleben wie als Kind. Sie wird sie daher als schlecht (schmutzig, schambesetzt) abspalten und versuchen, ein guter (reiner) Mensch zu werden. In ihrem Bewußtsein ist die Psyche (der Geist) gut und der Körper schlecht. »Der Leib als Träger der Triebe wird verachtet und als sündig verdammt.«[60]
Diese Vorstellung von der ›schmutzigen Sexualität‹ haben, trotz sexueller Offenheit, heute noch viele Menschen, vor allem jene mit einem strengen Über-Ich, was für Frauen mit einer weiblichnarzißtischen Struktur charakteristisch ist. Diese Frauen sind Gefangene ihrer autoritären Vorstellungen, die sie an einem erfüllten Leben hindern. Wie kann man es besser ausdrücken als mit diesem volkstümlichen ›Sinnspruch‹: ›Alles, was Spaß macht, ist unanständig, verboten oder macht dick.‹
»Faste ich«, sagte eine Studentin, »so bin ich frei von sexuellen Gefühlen... Entweder faste ich und bin rein – aber unvollständig und angstvoll – oder ich bin fett, dumpf, gefüllt mit Schmutz und voll Scham.«[61]
Wenn aber Sexualität, Lust und Verführung als schmutzig und schlecht gelten und tabuisiert werden, muß auch die eigene Lust etwas Schlechtes und Schmutziges sein. Es verwundert nicht, daß die wenigsten Frauen später eine ausgefüllte und befriedigende

Sexualität erleben können, wenn sie mit Verboten und Scham belegt ist.

Cordula schreibt über ihre Familie:

Lust allgemein und Sexualität überhaupt waren bei uns zu Hause total tabu. Ich bekam nur die geheimnisvolle Botschaft mit auf den Weg, daß ich anständig zu sein hätte. Anständig sein war sehr diffus, eine breite Palette von sich wohlerzogen verhalten bis sich nicht mit Männern in irgendeiner Form einlassen (es sei denn, nach der Hochzeit). Lust ist überhaupt ein Kapitel, das mich ratlos und hilflos macht. Je mehr ich darüber nachdenke und sie zu greifen versuche, desto weiter ist sie von mir weg. Ich stelle es in Frage, ob ich jemals wirklich Lust auf einen Mann hatte oder ob ich's mir nur vorgemacht habe, weil ich eine ›normale Frau‹ sein wollte. Ich frage mich, ob ich überhaupt liebes- und bindungsfähig bin.

An dieser Stelle unterbricht sie ihren Bericht, um etwas zu essen. Danach schreibt sie weiter:

Es ist eigenartig, wie schwer es mir fällt, mich mit dem Thema Lust auseinanderzusetzen und das niederzuschreiben: Die ganze Zeit saß ich da und habe über andere persönliche Dinge ohne Unterbrechung geschrieben, aber jetzt ›mußte‹ ich aufstehen und etwas essen.
Meine Mutter hat mich nie aufgeklärt, nie mit mir über Sexualität gesprochen, aber ich habe anscheinend früh gelernt, daß Lust verboten und schlecht ist.

Der Zusammenhang zwischen Lust, ihrem Verbot und Essen kommt in diesem Beispiel deutlich zum Ausdruck. Die Patientin schreibt über viele Themen, auch emotionale, aber als es um Lust ging, ›mußte‹ sie essen. Lust ist für sie nach wie vor ein sehr ambivalentes Thema, das sowohl mit Verlangen danach als auch mit Ablehnung verbunden ist. Das Essen dient als Ablenkung von und Ruhigstellung der ambivalenten Spannung.

Wenn Vater, Mutter und Tochter eine ›Ehe zu dritt‹ führen

Bei dem Phänomen der ›Ehe zu dritt‹ handelt es sich weder um Bigamie noch vorrangig um Inzest, sondern zuerst einmal um ein sogenanntes ›Bündnisproblem‹ innerhalb der Familie[62]. Die Tochter steht dabei nicht einem geeinten Elternpaar mit eigenen Grenzen gegenüber, sondern ist selbst Teil dieses Paares. Der Vater hat also nicht nur seine Ehefrau zur Partnerin, sondern auch die Tochter. Ebenso ist die Mutter zugleich mit dem Vater und der Tochter verheiratet. Solcherlei Beziehungen sind ungut, weil sie die nötigen Grenzen innerhalb der Familie verwischen. Die Tochter wird in Angelegenheiten der Eltern hineingezogen, die sie im Grunde gar nichts angehen und sie in der Regel überfordern. Denn ›Dreiecksverhältnisse‹ sind meist ein Zeichen dafür, daß die Zweierbeziehung der Eltern gestört ist und die Einbeziehung der Tochter den Konflikt zwischen ihnen entschärfen und die Beziehung stabilisieren soll[63]. Die Tochter lenkt mit ihren eigenen Problemen (zum Beispiel einer Eßstörung) von den Schwierigkeiten der Eltern ab. Diese können sich nun gegenseitig vorwerfen, schlechte Eltern zu sein, oder sich mit ihrer Tochter streiten. Sie müssen sich aber nicht mehr mit ihrem eigentlichen Beziehungsproblem auseinandersetzen.

Die Tochter kann aber auch als Bündnispartner gegen den anderen Elternteil ›verwendet‹ werden, was in der Regel zu Eifersucht unter den Eheleuten führt. Denn jeder will die Tochter ›haben‹, um durch sie die Mängel des Partners auszugleichen. ›Schlägt‹ sich die Tochter jedoch offen auf die Seite eines Elternteils, wird sie abgewiesen. »Greift sie einen Elternteil an, läßt der andere sie sofort fallen, indem er dem Partner zu Hilfe eilt.«[64] Wendet sie sich dem Vater zu, muß sie mit der Mutter um die bevorzugte Stellung bei ihm rivalisieren und weckt ihre Eifersucht. Auch bekommt sie – ebenso wie der Vater – aufgrund der sexuell gefärbten Beziehung Angst. Auf der anderen Seite fühlt sie sich in einem Loyalitätskonflikt gegenüber ihrer Mutter, von der sie glaubt, daß sie vom Vater unterdrückt wird. Ihre Rolle sieht sie nun darin, der Mutter zu helfen und sich gegen den Vater abzugrenzen[65]. Gleichgültig, auf welche Seite die Tochter sich schlägt, sie begegnet immer einer Form der Ablehnung, weil sie sich in einer zwiespältigen Position zwischen den Eltern befindet und deren Widersprüchlichkeit am ›eigenen Leibe‹ erfährt. Da *Selvini Palazzoli* diese Situation für Magersüchtige beschrieben hat, kann der Ausdruck ›am eigenen Leibe‹ wörtlich genommen werden.

Die Beziehung der Tochter zu ihrem Vater und ihrer Mutter ist meist ambivalent. Sie fühlt sich auf der einen Seite hingezogen, auf der anderen abgestoßen. Die Bindung zur Mutter ist häufig intensiver als die zum Vater (auch weil er öfter abwesend ist), aber ebenso von widerstreitenden Gefühlen beherrscht. Auf der einen Seite ist die Tochter aufgrund desselben Geschlechts eng mit der Mutter verbunden, auf der anderen Seite lehnt sie sie ab, weil sie vereinnahmend und mächtig ist. Einerseits muß die Tochter zum Teil Mutterfunktionen für ihre eigene Mutter übernehmen, deren Bedürfnisse befriedigen und die innere Leere füllen. Andererseits entläßt die Tochter aber auch die Mutter nicht aus ihrer unterstützenden und behütenden Funktion. Die Mutter ist oft der einzige Rückhalt für die Tochter. Mutter und Tochter sind in einer gegenseitigen Verstrickung gebunden, die keinem erlaubt, sich loszulösen. Jede braucht jede, wehrt sie aber auch gleichzeitig ab. Die gegenseitigen Erwartungen ketten sie aneinander. Im Grunde traut keine der anderen zu, daß sie ohne sie leben könne. Die Mutter denkt immer noch, die Tochter brauche ihre Hilfe und Unterstützung und wäre ohne diese nicht imstande, wichtige Entscheidungen für sich zu treffen. Die Tochter ihrerseits glaubt, unabkömmlich für das Wohlbefinden und das Glück der Mutter zu sein.

Die Ängste, die jede um die andere hat, sind im Grunde Ängste um sich selbst: die Angst sich loszulösen, eigenständig und selbstverantwortlich zu werden und das Leben nicht allein meistern zu können. Jede muß darin vertrauen, daß die andere ihr Leben in die eigenen Hände nehmen und unabhängig existieren

kann. Aber nicht nur das. Sie muß auch sich selbst dieses Vertrauen zusprechen. Sicher ist es manchmal leichter, die Verantwortung abzuschieben, aber der Preis ist in der Regel zu hoch: Unselbständigkeit, Abhängigkeit, Sucht, Ängste, Depressionen und psychosomatische Krankheiten[66].
Eine Frau schreibt über ihr Verhältnis zu ihrer Mutter:

> Sie läßt mich nicht ›los‹, sie mäkelt immer an mir 'rum, glaubt, sie hätte die Verantwortung für mich, will mir immer noch sagen, was gut für mich ist, sie akzeptiert mich nicht in meiner ›Andersartigkeit‹, sie will mich ändern, sie sieht mich nicht als erwachsen an. Ich hasse sie manchmal dafür, daß sie mich so liebt, ich hasse es, wenn sie sich Sorgen um mich macht. Und ich glaube, da ist noch ganz viel alte Wut in mir. Ich werde manchmal richtig eklig und fies zu ihr, und Wut steigt in mir hoch, ich schreie sie dann an, sie soll mich doch in Ruhe lassen. Wenn sie weint, wegen ihrem verkorksten Leben, und sich Sorgen um meine Schwester, deren Kinder und um mich macht und deswegen fast krank wird, dann möchte ich sie schütteln, weil sie so negativ ist, alles außen festmacht und nicht loslassen kann.
> Ich liebe und brauche meine Mutter aber auch und nütze sie zum Teil aus: Sie wäscht meine Wäsche und ist oft der ›Müllabladeplatz‹ für die ganze Familie. Ja, und ich werde sogar böse, wenn sie sich mal abgrenzt (›Mach deinen Dreck selber weg‹). Aber meist spielt sie die Dienstmagd der Familie, gibt sich als ›Märtyrerin‹ und ›Opfer‹ – und das hasse ich.

Die Beziehung zum Vater ist ebenfalls von Gegensätzen und Widersprüchen geprägt. Zum einen ist er der begehrte ›andere‹, der anders ist als die Mutter. Er verkörpert die Bereiche von Aktivität, Erkundung, Fortbewegung und bekommt vor allem in der Zeit der Ablösung und des Eigenständigwerdens des kleinen Kindes eine große Wichtigkeit. Untersuchungen belegen, daß Kinder, denen der Vater fehlt, sich schwerer von der Mutter loslösen und länger abhängig bleiben[67]. Ist aber ein Dritter da, zu dem eine vertrauensvolle Beziehung besteht, kann das Kind viel besser mit Frustration und Ärger gegenüber der Mutter umgehen. Es hat quasi eine gute ›Ersatzbeziehung‹ zur Verfügung, die dem Kind trotz negativer Erlebnisse (Ärger gegen die ›böse‹ Mutter) zeigt, daß die ›Welt in Ordnung ist‹. Das ist eine wichtige Voraussetzung dafür, daß Spaltungen in ›böse‹ und ›gute‹ Menschen entbehrlich werden[68]. Das Kind lernt auf diese Weise, daß andere Menschen sowohl gut als auch böse sind. Fehlt der Vater, lernen die Kinder nicht, gut mit einer Dreierbeziehung umzugehen, sondern empfinden später jeden Dritten als Eindringling und Verrat an der Beziehung. ›Unser‹ Vater, von dem wir hier sprechen, ist in der Familie wenig anwesend. Er fehlt der Tochter also, um sich von der Mutter zu lösen. Die Abwesenheit des Vaters erlebt die Tochter als Zurückweisung. Denn es sind selten ›nur‹ die beruflichen Gründe, die ihn von der Familie fern halten. Er ist in der Regel auch emotional distanziert. Wenn die emotionale Distanz in der frühen Kindheit der Tochter noch nicht bestand, dann setzt sie bei vielen spätestens mit der Pubertät ein, wenn der Vater sich von der Tochter abwendet. Das bedeutet für sie einen Schock: Zuerst war sie sein Prinzeßchen, jetzt will er nichts mehr mit ihr zu tun haben. Seine Reaktion bezieht die Tochter natürlich auf sich, obwohl sie oft im Zusammenhang mit der Geschlechtsreife der Tochter steht, die dem Vater Angst macht. Kann er nicht damit umgehen, wendet er sich lieber ganz ab.

Die Beziehung zwischen der heranreifenden Tochter und dem Vater ist von der gegenseitigen ›ödipalen‹ Situation geprägt. Ohne jetzt näher auf den Ödipuskomplex einzugehen, ist es nicht von der Hand zu weisen, daß beide Seiten, Vater wie Tochter, sich mit der gegengeschlechtlichen Anziehung auseinandersetzen müssen, die den Grundkonflikt ausmacht[69]. Kann diese schwierige Konstellation zwischen ihnen nicht positiv gelöst werden, bleibt die Tochter häufig ein Leben lang an den Vater (oder ein Vaterbild) gebunden. Die Lösung der ödipalen Situation wird unter anderem dann unmöglich, wenn sich der Vater abwendet und der Tochter kein Gegenüber zur Auseinandersetzung mehr bietet. Sie bleibt dann illusionär verklärt an ihn gebunden, aber tief gekränkt, verletzt und wütend. Diese Wut wird jedoch nie ausgedrückt, weil sie den letzten Rest Beziehung zum Vater zerstören könnte. Auf dieser Basis wird die weitere Beziehung zwischen Vater und Tochter mehr durch Vorstellungen voneinander als durch reale Auseinandersetzungen geprägt sein. Dadurch lernt die Tochter nicht, eine reale Beziehung aufzubauen, sondern ist mehr mit einem ›Phantasiewesen‹ in Kontakt. Unterstützt durch seine häufige Abwesenheit, entsteht möglicherweise ein Bild vom Vater, das ihn schöner, erfolgreicher und machtvoller erscheinen läßt.

Spürt die Tochter den Rückzug des Vaters, dann bemüht sie sich um so mehr um seine Gunst und versucht ihm vor allem über Erfolge und äußerliche Attraktivität zu gefallen. *Boskind-White* meint, daß dieses Beziehungsmuster zum Vater die Grundlage für das lebenslange Suchen der Frau nach Bestätigung durch einen Mann ist. Auch mangelndes Selbstbewußtsein und das Gefühl von Unzulänglichkeit rühren zum großen Teil aus der Zurückweisung durch den Vater her. Das Erlebte kann dann als Modell für spätere Männerbeziehungen dienen, in der die Frau nicht das bekommt, was sie sich wünscht (also unbefriedigt bleibt), oft in Konkurrenz zu einer anderen Frau steht und stets bemüht ist, durch Attraktivität oder Besonderssein die Zuwendung eines Mannes zu erringen.

Ist der Vater sehr stark an den sich entwickelnden weiblichen Reizen der Tochter interessiert, entsteht für sie eine zweischneidige Situation. Sie fühlt sich einerseits dadurch geschmeichelt, andererseits aber auch überfordert. Auch bekommt sie Angst, sich zwischen Mutter und Vater zu stellen, und das um so mehr, je attraktiver sie wird und je deutlicher dies der Vater der Tochter bestätigt.

Das kokette, manipulative und verführerische Verhalten von narzißtischen Menschen bedeutet ja auch, daß sie auf dieselbe Weise als Kinder behandelt wurden. So, wie sie heute mit anderen umgehen, so ging man früher mit ihnen um. Wer verführt, ist in der Regel verführt worden. Später werden auf diese Weise verführte Frauen das verführerische Verhalten im Umgang mit Männern fortsetzen und Kontakte dadurch sexualisieren.

Wahrt der Vater in der Beziehung zur Tochter nicht die Generationsgrenzen, entsteht ein ›perverses Dreiecksverhältnis‹[70], in dem die Tochter in die Position der Ehefrau gehoben wird.

Darüber hinaus muß sie in diesem Fall die Aufgabe übernehmen, die Grenzen zu ziehen, womit ein Mädchen ganz sicher überfordert ist. Die Grenzziehung ist zudem nicht ihre Aufgabe, sondern liegt in der Verantwortung des Erwachsenen.

Den Gipfel eines perversen Dreiecksbündnisses bildet der Inzest zwischen Vater und Tochter. Er ist, wie es auf den ersten Blick scheinen mag, kein Zweierbündnis zwischen Vater und Tochter, sondern eine Dreiecksbeziehung, an der die Mutter sogar wesentlich beteiligt ist. Zum Beispiel dadurch, daß sie von dem sexuellen Mißbrauch weiß, aber nichts dagegen unternimmt, sondern noch zusätzlich zu dessen Verleugnung beiträgt. Wendet die Tochter sich in ihrer Not einmal an die Mutter, was selten vorkommt, kann sie fast nie mit ihrer Unterstützung rechnen. Das hat viele Gründe, auf die ich an dieser Stelle nicht ausführlich eingehen kann. Nur soviel: Die Mutter hat auf der einen Seite Angst, den Vater zu verraten, weil unter seiner Bestrafung auch die Familie leiden würde (Verlust des Geldverdieners, Verurteilung durch die Nachbarn usw.). Zum anderen entlastet es die Mutter, wenn der Vater mit der Tochter schläft, weil sie ihm dann sexuell nicht mehr zur Verfügung stehen muß. Auch ist der Inzest eine Art Ventil für Familien, die nicht anders mit ihren Problemen umzugehen wissen. Es gibt also für die Beteiligten viele scheinbar ›vernünftige‹ Gründe, eines der schwersten Verbrechen, die man an Kindern und Jugendlichen begehen kann, unaufgedeckt zu lassen. Welche massiven Folgen der sexuelle Mißbrauch für das Mädchen und die spätere Frau hat, beschreibe ich im übernächsten Kapitel.

Dreiecksbündnisse, wie ich sie hier zwischen Vater, Mutter und Tochter beschrieb, auch Triaden genannt, haben für narzißtische Frauen eine große Bedeutung. Sie bilden mit großer Wahrscheinlichkeit ein grundlegendes Beziehungsmuster, das die Frauen später im Erwachsenenleben wiederholen. Sie sind häufig in Dreierbeziehungen verstrickt, wenn sie eine Beziehung zu einem verheirateten Mann eingehen oder sich mit einem Mann liieren, der bereits eine Freundin hat. Wie in der Familie kämpfen sie um die Gunst des Mannes, verlieren aber häufig den Kampf ›gegen die andere‹, wie früher gegen die Mutter. Sie leben immer mit einem ›unsichtbaren Dritten‹[71], der allerdings massiven Einfluß auf ihr Leben ausübt.

In der Therapie wird meist deutlich, in welch starker Weise die Frau sich noch an ihren Vater gebunden fühlt und emotional von ihm abhängig ist. Das kann oft ein Grund dafür sein, daß sie sich nicht auf eine feste Beziehung zu einem Mann einläßt[72]. Im Partner wiederum sucht sie den ›verlorenen, idealen Vater‹ und seine grenzenlose Liebe.

Der Heilige-Hure-Konflikt und das Märchen ›Marienkind‹

Die sexuellen Schwierigkeiten vieler meiner Patientinnen lassen sich als ›Heilige-Hure-Konflikt‹ beschreiben. Sie erleben innerlich einen Widerspruch zwischen moralischem Anspruch und sexueller Lust, der unvereinbar ist. Diese Einstellung resultiert aus einer einschränkenden, häufig stark religiös geprägten Erziehung, in der Lust und Sexualität etwas böses und schmutziges ist, das abgewehrt werden muß. Durch das Verbot ihrer sexuellen Empfindungen und Regungen, die zu einem erfüllten Leben dazugehören, leidet die Frau unter starken Schuldgefühlen, sobald sie ihren sexuellen Interessen folgt bzw. sie zuläßt. Da sie ihrem moralischen Anspruch nicht gerecht wird, verurteilt sie sich selbst als Hure, wie sie in vielen Fällen schon früher von der Mutter oder dem Vater beschimpft wurde.

Das Unüberwindliche des Konflikts sind die Extreme, zwischen denen die Frau hin- und hergerissen wird: entweder Heilige zu sein, also ohne Sexualität, Erotik und Lust, oder Hure. Wobei der Begriff ›Hure‹ von seiner eigentlichen Bedeutung entledigt ist und nur noch für das Vorhandensein und Ausleben von sexueller Lust steht. Dies allein reicht aus, um eine Hure zu sein. Frauen mit solchen überhöhten, einschränkenden Moralvorstellungen sind sogenannte ›Marienkinder‹, deren Schicksal das gleichlautende Märchen beschreibt.

Vor einem großen Walde lebte ein Holzhacker mit seiner Frau, der hatte nur ein einziges Kind, das war ein Mädchen von drei Jahren. Sie waren aber so arm, daß sie nicht mehr das tägliche Brot hatten und nicht wußten, was sie ihm sollten zu essen geben. Eines Morgens ging der Holzhacker voller Sorge hinaus in den Wald an seine Arbeit, und wie er da Holz hackte, stand auf einmal eine schöne große Frau vor ihm, die hatte eine Krone von leuchtenden Sternen auf dem Haupt und sprach zu ihm: »Ich bin die Jungfrau Maria, die Mutter des Christkindleins: du bist arm und dürftig, bring mir dein Kind, ich will es mit mir nehmen, seine Mutter sein und für es sorgen.« Der Holzhacker gehorchte, holte sein Kind und übergab es der Jungfrau Maria, die nahm es mit sich hinauf in den Himmel. Da ging es ihm wohl, es aß Zuckerbrot und trank süße Milch, und seine Kleider waren von Gold, und die Englein spielten mit ihm.

Als es nun vierzehn Jahre alt geworden war, rief es einmal die Jungfrau Maria zu sich und sprach: »Liebes Kind, ich habe eine große Reise vor, da nimm die Schlüssel zu den dreizehn Türen des Himmelreichs in Verwahrung: zwölf davon darfst du aufschließen und die Herrlichkeiten darin betrachten, aber die dreizehnte, wozu dieser kleine Schlüssel gehört, die ist dir verboten: hüte dich, daß du sie nicht aufschließest, sonst wirst du unglücklich.« Das Mädchen versprach, gehorsam zu sein, und als nun die Jungfrau Maria weg war, fing es an und besah die Wohnungen des Himmelreichs: jeden Tag schloß sie eine auf, bis die zwölfe herum waren. In jeder aber saß ein Apostel und war von großem Glanz umgeben, und es freut sich über all die Pracht und Herrlichkeit, und die Englein, die es immer begleiteten, freuten sich mit ihm. Nun war die verbotene Tür allein noch übrig, da empfand es eine große Lust zu wissen, was dahinter verborgen wäre, und sprach zu den Englein: »Ganz aufmachen will ich sie nicht und will auch nicht hineingehen, aber ich will sie aufschließen, damit wir ein wenig durch den Ritz sehen.« »Ach nein«, sagten die Englein, »das wäre Sünde: die Jungfrau Maria hat's verboten, und es könnte leicht dein Unglück werden.« Da schwieg es still, aber die Begierde in seinem Herzen schwieg nicht still, sondern nagte und pickte ordentlich daran und ließ ihm keine Ruhe. Und als die Englein einmal alle hinausgegangen waren, dachte es: ›Nun bin ich ganz allein und könnte hineingucken, es weiß es ja niemand, wenn ich's tue. Es suchte den Schlüssel heraus, und als es ihn in der Hand hielt, steckte es ihn auch ins Schloß, und als es ihn hineingesteckt hatte, drehte es auch um. Da sprang die Tür auf, und es sah da die Dreieinigkeit im Feuer und Glanz sitzen. Es blieb ein Weilchen stehen und betrachtete alles mit Erstaunen, dann rührte es ein wenig mit dem

Finger an dem Glanz, da ward der Finger ganz golden. Alsbald empfand es eine gewaltige Angst, schlug die Tür heftig zu und lief fort. Die Angst wollte auch nicht wieder weichen, es mochte anfangen, was es wollte, und das Herz klopfte in einem fort und wollte nicht ruhig werden: auch das Gold blieb an dem Finger und ging nicht ab, es mochte waschen und reiben, soviel es wollte.

Gar nicht lange, so kam die Jungfrau Maria von ihrer Reise zurück. Sie rief das Mädchen zu sich und forderte ihm die Himmelschlüssel wieder ab. Als es den Bund hinreichte, blickte ihm die Jungfrau in die Augen und sprach: »Hast du auch nicht die dreizehnte Tür geöffnet?« »Nein«, antwortete es. Da legte sie ihre Hand auf sein Herz, fühlte, wie es klopfte und klopfte, und merkte wohl, daß es ihr Gebot übertreten und die Türe aufgeschlossen hatte. Da sprach sie noch einmal: »Hast du es gewiß nicht getan?« »Nein«, sagte das Mädchen zum zweitenmal. Da erblickte sie den Finger, der von der Berührung des himmlischen Feuers golden geworden war, sah wohl, daß es gesündigt hatte, und sprach zum drittenmal: »Hast du es nicht getan?« »Nein«, sagte das Mädchen zum drittenmal. Da sprach die Jungfrau Maria: »Du hast mir nicht gehorcht und hast noch dazu gelogen, du bist nicht mehr würdig, im Himmel zu sein.«

Da versank das Mädchen in einen tiefen Schlaf, und als es erwachte, lag es unten auf der Erde, mitten in einer Wildnis. Es wollte rufen, aber es konnte keinen Laut hervorbringen. Es sprang auf und wollte fortlaufen, aber wo es sich hinwendete, immer ward es von dichten Dornhecken zurückgehalten, die es nicht durchbrechen konnte. In der Einöde, in welche es eingeschlossen war, stand ein alter hohler Baum, das mußte seine Wohnung sein. Da kroch es hinein, wenn die Nacht kam, und schlief darin, und wenn es stürmte und regnete, fand es darin Schutz: aber es war ein jämmerliches Leben, und wenn es daran dachte, wie es im Himmel so schön gewesen war und die Engel mit ihm gespielt hatten, so weinte es bitterlich. Wurzeln und Waldbeeren waren seine einzige Nahrung, die suchte es sich, soweit es kommen konnte. Im Herbst sammelte es die herabfallenden Nüsse und Blätter und trug sie in die Höhle, die Nüsse waren im Winter seine Speise, und wenn Schnee und Eis kam, so kroch es wie ein armes Tierchen in die Blätter, daß es nicht fror. Nicht lange, da zerrissen seine Kleider und fiel ein Stück nach dem andern vom Leib herab. Sobald die Sonne wieder warm schien, ging es heraus und setzte sich vor den Baum und seine langen Haare bedeckten es von allen Seiten wie ein Mantel. So saß es ein Jahr nach dem andern und fühlte den Jammer und das Elend der Welt.

Einmal, als die Bäume wieder in frischem Grün standen, jagte der König des Landes in dem Wald und verfolgte ein Reh, und weil es in das Gebüsch geflohen war, das den Waldplatz einschloß, stieg er vom Pferd, riß das Gestrüppe auseinander und hieb sich mit dem Schwert einen Weg. Als er endlich hindurchgedrungen war, sah er unter dem Baum ein wunderschönes Mädchen sitzen, das saß da und war von seinem goldenen Haar bis zu den Fußzehen bedeckt. Er stand still und betrachtete es mit Erstaunen, dann redete er es an und sprach: »Wer bist du? Warum sitzest du hier in der Einöde?« Es gab aber keine Antwort, denn es konnte seinen Mund nicht auftun. Der König sprach weiter: »Willst du mit mir auf mein Schloß gehen?« Da nickte es nur ein wenig mit dem Kopf. Der König nahm es auf seinen Arm und trug es auf das Pferd und ritt mit ihm heim, und als es auf das königliche Schloß kam, ließ er ihm schöne Kleider anziehen und gab ihm alles im Überfluß. Und ob es gleich nicht sprechen konnte, so war es doch schön und holdselig, daß er es von Herzen liebgewann, und es dauerte nicht lange, da vermählte er sich mit ihm.

Als etwa ein Jahr verflossen war, brachte die Königin einen Sohn zur Welt. Darauf in der Nacht, wo sie allein in ihrem Bette lag, erschien ihr die Jungfrau Maria und sprach: »Willst du die Wahrheit sagen und gestehen, daß du die verbotene Tür aufgeschlossen hast, so will ich deinen Mund öffnen und dir die Sprache wiedergeben: verharrst du aber in der Sünde, und leugnest hartnäckig, so nehm ich dein neugeborenes Kind mit mir.« Da war der Königin verliehen, zu antworten, sie blieb aber verstockt und sprach: »Nein, ich habe die verbotene Tür nicht aufgemacht«, und die Jungfrau Maria nahm das neugeborene Kind ihr aus den Armen und verschwand damit. Am andern Morgen, als das Kind nicht zu finden war, ging ein Gemurmel unter den Leuten, die Königin wäre eine Menschenfresserin und hätte ihr eigenes Kind umgebracht. Sie hörte alles und konnte nichts dagegen sagen, der König aber wollte es nicht glauben, weil er sie so lieb hatte.

Nach einem Jahr gebar die Königin wieder einen Sohn. In der Nacht trat auch wieder die Jungfrau Maria zu ihr herein und sprach: »Willst du gestehen, daß du die verbotene Tür geöffnet hast, so will ich dir dein Kind wiedergeben und deine Zunge lösen: verharrst du aber in der Sünde und leugnest, so nehme ich auch dieses Neugeborene mit mir.« Da sprach die Königin wiederum: »Nein, ich habe die verbotene Tür nicht geöffnet«, und die Jungfrau nahm ihr das Kind aus den Armen weg und mit sich in den Himmel. Am Morgen, als das Kind abermals verschwunden war, sagten die Leute ganz laut, die Königin hätte es verschlungen, und des Königs Räte verlangten, daß sie sollte gerichtet werden. Der König aber hatte sie so lieb, daß er es nicht glauben wollte, und befahl seinen Räten, bei Leibes- und Lebensstrafe nichts mehr darüber zu sprechen.

Im nächsten Jahr gebar die Königin ein schönes Töchterlein, da erschien ihr zum drittenmal nachts die Jungfrau Maria und sprach: »Folge mir.« Sie nahm sie bei der Hand und führte sie in den Himmel und zeigte ihr da ihre beiden ältesten Kinder, die lachten sie an und spielten mit der Weltkugel. Als sich die Königin darüber freute, sprach die Jungfrau Maria: »Ist dein Herz noch nicht erweicht? Wenn du eingestehst, daß du die verbotene Tür geöffnet hast, so will ich dir deine beiden Söhnlein zurückgeben.« Aber die Königin antwortete zum drittenmal: »Nein, ich habe die verbotene Tür nicht geöffnet.« Da ließ sie die Jungfrau wieder zur Erde herabsinken und nahm ihr auch das dritte Kind.

Am andern Morgen, als es ruchbar wurde, riefen alle Leute laut: »Die Königin ist eine Menschenfresserin, sie muß verurteilt werden«, und der König konnte seine Räte nicht mehr zurückweisen. Es ward ein Gericht über sie gehalten, und weil sie nicht antworten und sich nicht verteidigen konnte, ward sie verurteilt, auf dem Scheiterhaufen zu sterben. Das Holz wurde zusammengetragen, und als sie an dem Pfahl festgebunden war und das Feuer ringsherum zu brennen anfing, da schmolz das harte Herz ihres Stolzes, und ihr Herz ward von Reue bewegt, und sie dachte: ›Könnte ich nur noch vor meinem Tode gestehen, daß ich die Tür geöffnet habe‹, da kam ihr die Stimme, daß sie laut ausrief: »Ja, Maria, ich habe es getan.« Und alsbald fing der Himmel an zu regnen und löschte die Feuerflammen, und über ihr brach ein Licht hervor, und die Jungfrau Maria kam herab und hatte die beiden Söhnlein zu ihren Seiten und das neugeborene Töchterlein auf dem Arm. Sie sprach freundlich zu ihr: »Wer seine Sünde bereut und eingesteht, dem ist sie vergeben«, und reichte ihr die drei Kinder, löste ihr die Zunge und gab ihr Glück für das ganze Leben.

Ich wählte dieses Märchen an dieser Stelle aus, weil ich die Erfahrung gemacht habe, daß sich Patientinnen häufig mit ihrem eigenen Heilige-Hure-Konflikt darin wiederfinden. Es trifft meiner Ansicht nach für sehr viele Frauen mit einer weiblich-narzißtischen Struktur zu, da die Kindheitsgeschichte und die Persönlichkeit große Parallelen aufweisen.[73]

Das Märchen ›Marienkind‹ symbolisiert die Entwicklungsgeschichte einer Frau, die unter Selbstwert- und Beziehungsproblemen leidet. Dabei ist der vordergründig erscheinende religiöse Inhalt nicht das Wesentliche, da andere Autoren dasselbe Märchen mit weltlichen Symbolen erzählen und damit den eigentlichen Sinn genauso ausdrücken können. Es geht in diesem Märchen hauptsächlich um die Darstellung der Individuation zur Frau und den Kampf gegen überhöhte Moralvorstellungen.

Die Kindheit von Marienkind ist von großer ›Armut‹ der Eltern geprägt, was sowohl auf materielle als auch emotionale Armut hinweist. Dadurch wird dem Kind schon von Anbeginn vermittelt, daß es eigentlich zu viel für die Eltern ist und diese es leichter hätten, wenn es nicht da wäre. Sei-Nicht- Botschaften und Appelle an seine Bedürfnislosigkeit prägen sein Selbstwertgefühl nachhaltig. Das Marienkind macht den Eindruck eines lieben, angepaßten Kindes, denn sogar als es von den Eltern weggeholt wird, hören wir keinen Protest oder Einwand des Kindes. Das ist auch nicht verwunderlich, denn ein Kind, das spürt, eine Belastung für seine Umgebung zu sein, wird schnell lernen, sich anzupassen, seinen Eltern keinen unnötigen Ärger zu bereiten und durch besonderen Gehorsam, Entgegenkommen und Freundlichkeit versuchen, Zuwendung zu bekommen. Unter dieser Fassade ist es aber ängstlich und verletzlich, denn es spürt die Ablehnung und leidet unter dem emotionalen Mangel.

Im Alter von drei Jahren tritt nun ein Wechsel für Marienkind ein, denn es wird von seinem Vater an die Muttergottes übergeben. Später im Märchen erfahren wir nichts mehr über ihn, was bedeutet, daß er in ihrem Leben keine weitere Rolle spielt. Die absolute Macht und Einflußnahme liegt nun bei der Mutter, die in Gestalt der Muttergottes überhöht und verklärt wird. Die Überidealisierung der Mutter und die damit zusammenhängende starke Bindung des Kindes an sie, resultiert zum Teil aus der Angst des Marienkindes, von ihr wieder verstoßen zu werden, wie es früher schon geschah und dann gar nichts mehr zu bekommen.

Im Alter von drei Jahren ist in der Regel die Entwicklung zur Eigenständigkeit und Individualität abgeschlossen, mit dem Resultat, daß das Kind sich als eigenes Wesen mit einem eigenen Selbst erlebt. Im Märchen gerät Marienkind in diesem Alter in die starke Abhängigkeit und Unterordnung einer idealisierten

Mutter, was deutlich macht, daß es keine Eigenständigkeit und Individualität ausgebildet hat. Im Gegenteil, es bleibt mit der Mutter verhaftet, die ihr ihrerseits den ›Himmel auf Erden‹ beschert, wenn es nur ›ihr Kind‹ bleibt und sich ihren Vorstellungen anpaßt. Hier begegnen wir wieder dem Phänomen der narzißtischen Ausbeutung: ›Ich liebe dich und gebe dir alles, was du brauchst, wenn du so bist, wie ich dich brauche.‹ Zuckerbrot, süße Milch und goldene Kleider zeigen die verwöhnende Haltung, in der Marienkind nun aufwächst. Häufig dient Verwöhnung ja der Beruhigung der mütterlichen Schuldgefühle, dem Kind zu wenig Liebe und wahre Annahme gegeben zu haben. Die Folge ist eine gegenseitige Verstrickung zwischen Mutter und Tochter, vor allem dort, wo der Vater als Korrektiv nicht mehr vorhanden ist. Auch bekommt Marienkind etwas von dem Glanz der Mutter ab, wenn es sich in ihre Nähe und Abhängigkeit begibt (narzißtische Erweiterung durch die Mutter). Sie ist ein Ausgleich für das Gefühl, nichts wert zu sein und keine Berechtigung zu haben, auf der Welt zu sein.

Im Bild der Jungfrau Maria kommt die sexualfeindliche Einstellung der Mutter zum Ausdruck. Sie lebt wie eine Jungfrau neben ihrem nicht anwesenden Mann her und unterdrückt jeden Wunsch nach Intimität und partnerschaftlicher Sexualität. Die fehlende Liebe des Ehemannes versucht sie durch die der Tochter zu ersetzen, wobei ihr naturgemäß ein Großteil dessen verlorengeht, was Frausein ausmacht. Aber oft ist das gerade das Ziel. Besonders dann, wenn sie Schwierigkeiten mit ihrer weiblichen Rolle hat. Die Flucht in die Beziehung zur Tochter entlastet sie. Gleichzeitig hindert sie die Tochter daran, deren eigene Weiblichkeit und Sexualität zu entdecken. Denn was sie sich selbst verbietet, kann sie ihrer Tochter auch nicht erlauben.

Diese Tatsache wird durch die ›große Reise‹ symbolisiert, die sie antritt. Sie überläßt die Tochter sich selbst im Alter von vierzehn Jahren, wenn gewöhnlich die Pubertät einsetzt. Jetzt, wo sie die Mutter als Unterstützung und Ratgeberin brauchen würde, ist sie allein. Es bedeutet für die Tochter aber auch mehr Freiheit und Eigenständigkeit, in der sie sich ganz auf sich selbst konzentrieren kann. Die Pubertät ist ja auch eine Zeit des Rückzugs in sich selbst, um sich einem neuen, entscheidenden Entwicklungsschritt zu stellen, dem der Frauwerdung. Doch so groß, wie die Freiheit in der Abwesenheit der Muttergottes schien, ist sie nicht, denn die Mutter bleibt durch das Verbot, die dreizehnte Tür zu öffnen, gegenwärtig. Das heißt, die Tochter darf sich bis zu einem gewissen Punkt mit den aufbrechenden Fragen der Geschlechtlichkeit befassen, muß aber an einer von der Mutter bestimmten Stelle aufhören. Es ist ihr nicht erlaubt, Sexualität in ihr wirkliches Leben zu integrieren, sei es durch eine reale Beziehung oder Selbstbefriedigung. Es soll der Madonnenideologie nacheifern und die Sehnsucht nach Liebe unterdrücken. Eine ehemalige Patientin von mir sollte in der Vorstellung ihrer Mutter eine Heilige werden. Die Mystifizierung der Sexualität und der Sexualpartner (in Form der Apostel) scheint die einzig erlaubte Form des Erlebens zu sein. Verboten ist jeder direkte Kontakt, der über die verklärte Sicht hinausgeht. Die ›Engelein‹ als Symbol der kindlichen Einstellungen und Werte untermauern das Gebäude, denn auch sie warnen vor ›dem letzten Schritt‹.

Und trotzdem tut Marienkind ihn, da sie ihn zwangsläufig tun muß. Denn sie hat den ›Schlüssel‹ zu dieser ›Tür‹ und kann nicht anders, als ihn zu benutzen. Der ›goldene Finger‹, den sie zurückbehält, ist das Zeichen für die unauslöschliche Erfahrung, die sie gemacht hat. Er ist auf der einen Seite ein Mal, das ihre Unkeuschheit nach außen für jeden sichtbar macht, in diesem Sinne also ein Makel. Seine goldene Farbe läßt auf der anderen Seite das Schöne und Wertvolle der Erfahrung vermuten. Insofern macht er den inneren Zwiespalt zwischen Sich-hingezogen-Fühlen und Abwehr körperlich sichtbar.

Nachdem Marienkind die verbotene Tür geöffnet hat, lassen das schlechte Gewissen und die Schuldgefühle nicht lange auf sich warten. Im Laufe der weiteren Geschichte wird klar, daß die Übertretung selbst nicht so schlimm ist, wie die Lüge, die sie ungeschehen machen soll. Je stärker das Gewissen in Gestalt der Muttergottes hämmert, um so tiefer verstrickt sich das

Mädchen in ihre Lüge, um vor sich und der Welt bestehen zu können. Mich erinnert diese Situation sehr an eindringende Mütter, die mit jeder List versuchen, der Tochter ihr Geheimnis abzuringen, und sei es noch so kindlich und harmlos. Der einzige Schutz dagegen ist die Lüge, die die Mutter aber noch hellhöriger und mißtrauischer macht, weshalb sie das Kind immer mehr unter Druck setzt. Ein Teufelskreis. Paradoxerweise tritt durch die Lüge dann genau das ein, was Marienkind am meisten fürchtet und unter allen Umständen verhindern will: das Verstoßenwerden.

Durch die familiäre, religiöse und sicherlich auch zum Teil noch bestehende gesellschaftliche Lust- und Sexualfeindlichkeit und ein einschränkendes Erziehungsklima wird die Tochter gezwungen, das zu verleugnen, was Spaß macht, und das an sich abzuwerten, was weiblich und schön ist. Auch im Märchen ist die Vernachlässigung ihres Äußeren und ihres Körpers angedeutet (die Kleider zerrissen und fielen vom Leib), wie es auch in der Realität geschieht. Der Körper als ›Sitz‹ der sexuellen Gefühle wird abgewertet oder malträtiert und stellvertretend für das sündige Verhalten bestraft. Die Übertretung der moralischen Gebote führt das Marienkind in eine tiefe Verzweiflung. Einsamkeit, passiv-depressive Stimmung und Sprachlosigkeit. Sie lebt wie eine Verdammte, weit weg von anderen Menschen, unfähig gegen ihr Schicksal zu kämpfen und sich mitzuteilen, um sich so von ihrer Schuld zu befreien.

Viele Verhaltensweisen und Merkmale, die das Marienkind zeigt, treffen auch für Frauen zu, die als Kinder mißbraucht wurden: die Abwertung und Bestrafung des Körpers, der Rückzug in die Isolation, mit dem Gefühl, schlecht und bösartig zu sein, der Aufbau eines scheinbar unüberwindlichen Grabens zur Außenwelt, die hohe moralische Verurteilung (Inzest- und Mißbrauchsopfer fühlen sich schuldig für die Tat) und die Sprachlosigkeit in Form des Verbots, über den Mißbrauch zu reden. Desweiteren die spätere Beziehungsstörung in der Ehe und die Unfähigkeit, die Sexualität zu genießen, sondern sie nur als leidige Pflicht anzusehen.

Marienkinder leiden unter einem sogenannten ›Madonnenkomplex‹, das heißt, das strenge Urteil der Muttergottes verstellt jede eigene Gedanken- und Gefühlsäußerung und untersagt den Weg zu sich ebenso wie zu den anderen. Die ›Dornenhecke‹ (das ›falsche‹ Selbst) als Gedankengestrüpp aus eigenen Abwertungen, Ängsten, Lügen und Mißtrauen wirkt wie ein Gefängnis, aus dem sich die Frau die Befreiung von außen erhofft. Doch auch wenn der König sich in mühevoller Arbeit den Weg zu ihr erkämpft hat und sie auch noch aus lauter Liebe heiratet, so ist das nicht das ersehnte Happy End. Denn zum einen scheint der Mann wenig einfühlsam und eher brutal zupackend (der Verdacht auf eine erneute Vergewaltigung drängt sich auf) und zum zweiten bleibt Marienkind weiterhin vom eigentlichen Leben abgeschnitten. Sie ist zwar versorgt wie in den Kindertagen, bleibt aber stumm. Sie wird sich von einem Mann, der sich nicht die Mühe macht, sie wirklich kennenzulernen (er gibt sich zum Beispiel ohne Nachfragen mit ihrer Stummheit ab), nicht in ihrem Wesen erkannt fühlen. Ihm wird sie ihre alte Rolle der angepaßten und nach außen hin zufriedenen Ehefrau vorspielen, aber sie werden sich nie wirklich nahe kommen. Andere Personen sehen eher, daß die Frau in Not ist, als er es tut, bzw. es dauert sehr lange, bis er reagiert. Sie sucht derweilen Ersatz in ihren Kindern, von denen sie das Verständnis und die Liebe erhofft, die sie vom Ehemann nicht bekommt.

Damit lebt aber ihr eigenes Kinderschicksal erneut auf, da sie ihre Kinder so behandelt, wie sie selbst behandelt wurde: sie unterwirft sie demselben Madonnendiktat auf Kosten ihrer Individualität und Lebendigkeit. Unterdrückte Sexualität stört auch nachhaltig den Kontakt zu den eigenen Kindern, etwa beim Stillen oder beim Austausch von Zärtlichkeiten. Der emotionale Mangel, den ihre Kinder erfahren, wird wie in ihrer Kindheit durch besondere Fürsorge und Sorgfalt ausgeglichen. Was sie nicht merkt ist, daß sie anfängt, ihre Kinder zu verschlingen und dem Leben zu entreißen. Sie werden von ihr narzißtisch ausgebeutet und dürfen nur so sein, wie die Mutter sie haben möchte. Das Drama nimmt erst ein Ende als die Schuldgefühle so massiv werden (der Prozeß, der ihr gemacht wird), daß das Leid für die Frau schlimmer ist, als wahrhaftig zu werden. Dieser ›Tiefpunkt‹ bringt die Wandlung, indem die Lüge aufgedeckt wird und sie vor ihrem eigenen rigiden Über-Ich kapituliert. Es ist das, was ich ›narzißtische Abrüstung‹ nenne: nicht mehr der Unmenschlichkeit des ›falschen‹ Selbst zu folgen, sondern menschlich, das heißt fehlerhaft zu werden. Dazu muß der innere Stolz überwunden und der Weg durch das Fegefeuer angetreten werden. Die Tränen sind Zeichen des Schmerzes auf diesem Weg und die Rückgabe der Kinder aus den Händen der Madonna ist der Lohn. Symbolisch stehen die Kinder der Königin für ihr inneres Kind, ihre wahren Gefühle und Bedürfnisse, ihre Lebendigkeit und Spontaneität. Sie waren bisher dem strengen Diktat der Moral und des Über-Ich allein unterstellt, nun dürfen sie wieder leben und ein Teil der Person werden. Darin besteht im Grunde die Heilung einer narzißtischen Persönlichkeit. Daß sie zugunsten der freien Gefühle und Bedürfnisse von überhöhten Perfektions- und Moralvorstellungen abrüstet, die alles Lebendige in ihr abtöten.

Der Bericht einer ehemaligen Patientin über ihre Beziehung zu Männern, zu ihrer Mutter und zur Sexualität, geprägt durch negative Erlebnisse, erinnert an eine Marienkindgeschichte. In ihr wird besonders der Widerspruch in der Einstellung der Mutter deutlich, die ›Heiligkeit‹ predigt, aber im Suff selber ihre Sexualität auslebt.

Meine Beziehung zu Männern ist ein heikles Thema. Ich kann ja eigentlich gar nicht mitreden, denn ich hatte nie eine richtige Beziehung. Die längste dauerte drei Monate, dann ging ich ins Ausland und war froh, daß die Beziehung zu Ende war. Die Beziehung war nur auf Sex fixiert, da war nichts Gemeinsames, kein Gefühl, nichts. Ich habe mich von ihm einwickeln lassen, das war alles.
Im Grunde habe ich ein ganz verkorkstes Verhältnis zu Männern und Sex. Männerhaß, Angst vor Männern und Sexualität, das hängt alles irgendwie zusammen. Ich sehe Sexualität als Schande an, ›so was tut man eben nicht‹, war der Spruch meiner Mutter. Sie ist sowieso der Hauptpunkt in meinem Leben. Sie ist Alkoholikerin, Quartaltrinkerin und fing an, als ich zwei war. Sie ist außerdem freßsüchtig, kotz-ma-

gersüchtig, tablettenabhängig und nach meinem Gefühl schizophren. Sie hat mir in Sachen Sex und Männer sehr viel vermiest. Wenn sie betrunken war, hatte sie immer andere Typen da. Meistens waren alle betrunken und ich hörte, wenn sie zusammen schliefen und sah es teilweise und fand es widerlich.

Meine Mutter hat mich Hure beschimpft, als ich meine volle Oberweite und eine mehr frauliche Figur bekam. Ich durfte auch keine Jungs angucken. Ich hatte mich früher mit Jungs auf dem Spielplatz getroffen und wir haben nur gespielt. Wenn sie mich da sah, beschimpfte sie mich wieder: ›Hure, was treibst du dich mit Jungs rum.‹ Das hat sie mir immer eingebleut. Ich hab' daran geglaubt. Auf der anderen Seite, wenn sie nicht getrunken hatte, sagte sie, das ist doch ein netter Junge, warum ich noch keinen Feund hätte. Wie kann ein Kind unterscheiden, was nun richtig ist? Daß ich eine Hure bin oder nicht? Das Ende war, daß ich mal für eine Woche einen Freund hatte, so mit vierzehn und ich machte dann Schluß mit vielen Ausreden, aber der eigentliche Grund war meine Mutter. Ich hab' lieber einen Jungen, den ich nett fand, sausen lassen, als den Streß mit meiner Mutter zu haben. Mit dreizehn haben mich drei Jungens aus meiner Klasse überwältigt, im Gang, und sich über mich hergemacht. Vergewaltigt haben sie mich nicht, aber ich hatte wahnsinnige Angst. Ich hätte schreien können, aber meine Mutter hat es mir ausgetrieben. Schreien gab es nicht. Also habe ich meinen Mund gehalten. Auch hinterher habe ich niemandem davon erzählt. Ich denke heute, ich hätte es tun sollen, aber meiner Mutter konnte ich es nicht erzählen, sie hätte mich dann wieder als Hure bezeichnet. Ich habe mir das erspart und einfach damit gelebt. Seit diesem Erlebnis habe ich mich mehr zurückgehalten, wenn Jungen in der Nähe waren, weil ich gerne auch ein bißchen kokett und keß bin.

Sexueller Mißbrauch

Über sexuellen Mißbrauch an Kindern, Jugendlichen und Frauen wird immer mehr geschrieben und gesprochen[74]. Das halte ich für außerordentlich wichtig, denn nur über diesen Weg ist eine Aufdeckung und Verarbeitung der Thematik mit dem Ziel seiner Eindämmung und Verhinderung möglich. Zur Mißbrauchs- und Inzestdynamik gehört nämlich immer die Verleugnung und das

Verbot, die Tat anzusprechen. Das Mißbrauchsopfer folgt der Drohung, ja nichts zu erzählen, aber auch das Umfeld negiert und ignoriert Tatsachen oder Vermutungen. Mütter, Geschwister, Verwandte, Nachbarn, Ärzte, Psychologen, Sozialfürsorger usw. unterliegen dieser Dynamik des Schweigens und Verleugnens. Das Thema ist mit einem solchen Tabu umgeben, daß es auf alle, die damit zu tun haben, übergeht. Die Folge ist, daß das Opfer keinen Raum hat, über die Tat zu reden, sich zu entlasten und den Täter zu benennen. Diese Tatsache wiederum kann viele Täter in Sicherheit wiegen und ihr Verhalten unterstützen. Je mehr jedoch über dieses Thema gesprochen und in Erfahrung gebracht wird, um so mehr unterlaufen wir diese Verleugnungsdynamik und tragen zur Veränderung bei.

In meiner klinikinternen Befragung erhielt ich ein unerwartetes Ergebnis: Nur sechs Patientinnen wurden sexuell nicht mißbraucht. Neunzehn Patientinnen erlebten einen sexuellen Mißbrauch. Es handelte sich zwar bei allen Frauen um Eßgestörte, der Großteil von ihnen hatte aber eine weiblich-narzißtische Struktur.

Die Bandbreite der sexuellen Übergriffe reichte von einem unterschwelligen sexuellen Klima und verbalen Anspielungen bis zu körperlichen Berührungen, Küssen und Koitus. Das Alter der Frauen zum Zeitpunkt des Mißbrauchs lag zwischen zwei und sechsundzwanzig Jahren. Mir sind jedoch im Laufe der Zeit auch sexuelle Handlungen an Säuglingen bekannt geworden. Die häufigsten Personen, die den Mißbrauch begingen waren die Väter, Stiefväter, Onkel und Großväter. Außerhalb der Familie waren es Bekannte, der Freund vom Vater und nur ganz selten ein fremder Mann.

Eine so hohe Quote von Mißbrauchsopfern hat mich aufhorchen lassen. Meine Stichprobe ist zwar klein[75], aber dennoch aussagekräftig, denn sie zeigt eine eindeutige Tendenz: Wir müssen als Mitmenschen und Therapeuten mit einer weit höheren Zahl mißbrauchter Frauen, vor allem junger Mädchen, rechnen, als gemeinhin angenommen wird. Viele seelische Störungen, Eßstörungen und Borderlinestörungen hängen mit sexuellem Mißbrauch zusammen. Ich stellte darüber hinaus fest, daß der Anteil an sexuell mißbrauchten Frauen in der Gruppe mit tiefen Persönlichkeitsstörungen höher ist als bei neurotischen Erkrankungen. Diese Angaben bestätigen die Vermutung, daß bei der Ausbildung früher und tiefer Störungen (Borderlinestörungen) der sexuelle Mißbrauch eine wichtige, wenn nicht sogar eine zentrale Rolle spielt. Auch bei weiblich-narzißtischen Störungen findet man gehäufte Mißbrauchserfahrungen in der Kindheit. Der sexuelle Mißbrauch bewirkt eine starke Traumatisierung der Psyche und wirkt sich auf das spätere Beziehungsverhalten aus. Als Folge kann es auch zu einer anhaltenden Störung mit Angst-, Panik- und Bedrohungsgefühlen, Mißtrauen, Unsicherheit und Beziehungsstörungen kommen. Dabei werden die gesamte Persönlichkeit und die sexuelle Identität der Frau verletzt. Die seelische Schädigung ist um so schwerer, je früher der Mißbrauch geschieht und je länger der Zeitraum ist, in dem er stattfindet.

Neben der körperlich-sexuellen Ausbeutung bedeutet ›sexueller Mißbrauch‹ immer auch eine emotionale Ausbeutung des Kindes, da es dem Täter nicht nur primär um die Befriedigung sexueller Bedürfnisse geht, sondern ebenso um emotionale, wie Liebe, Sicherheit, Schutz und Zuwendung, die über sexuelle Handlungen mit dem Kind befriedigt werden sollen[76]. Das Vertrauen des Kindes in die Eltern, von denen es eigentlich die Erfüllung seiner Bedürfnisse erwarten könnte und beschützt werden müßte, wird zutiefst verletzt. Meist sind die Eltern selber Inzest- oder Mißbrauchsopfer, die keine gefühlsmäßige Unterstützung und Liebe von ihren Eltern erfuhren und heute unfähig sind, sie dem Kind zu geben. Sie wiederholen quasi ihr eigenes Kindheitsschicksal mit ihrem Kind.

Der Inzest und sexuelle Mißbrauch haben neben den oben erwähnten seelischen Störungen auch massive Folgen für die sexuelle Entwicklung. Allgemein kann man sagen, daß frühe Mißbrauchsopfer später sexuelle Probleme haben. Sie reichen von Promiskuität über Prostitution, sexuelle Phantasien, Lust- und Orgasmusstörungen bis zur Angst vor eigener Mutterschaft und einem gestörten Verhältnis zum eigenen Körper.

Marlene, eine mißbrauchte Frau, schreibt:

Etwa im Alter von elf Jahren wurde ich von dem damaligen Freund meiner Mutter sexuell mißbraucht. Er war nur auf Bewährung frei, und meine Mutter wußte das. Sie ahnte bald etwas und preßte es aus mir raus. Ich bekam das strikte Verbot, meinem Vater etwas davon zu sagen (wie ich mir später zusammenreimen konnte, weil sie wußte, daß mein Vater ihn anzeigen würde und sie somit ihren Liebhaber verlieren würde). So blieb in mir das Gefühl, etwas Böses getan zu haben. Vom Mißbrauch selber blieb das Gefühl, daß was mit meinen Gefühlen nicht stimme, denn er fragte einmal ganz enttäuscht, ob es mir nicht gefiele, wenn er mich anfasse. Es gefiel mir nicht, aber ich dachte, ich wäre nicht normal. Meine Mutter lieferte mich später noch oft Begegnungen allein mit diesem Mann aus und reagierte genervt, wenn ich mal durchblicken ließ, daß es mir nicht so wohl dabei wäre...
Heute habe ich schon das Bedürfnis nach Sexualität, aber auch viel Angst, benutzt zu werden und gefühlsmäßig zu kurz zu kommen. Diese Angst kommt durch meine Mißbrauchserfahrungen: der Mann bedient sich und die Frau hat das schön zu finden. Aber schon als Kind hatte ich das Bild, daß die Männer über die Frauen herfallen, nur ihr Vergnügen wollen und zu allem auch noch ein Recht darauf haben. Auch meine Mutter hatte an Sexualität keine Freude und ließ es nur über sich ergehen. Ich bekam nie mit, daß es Frauen gibt, denen das Spaß macht.
Das kenne ich auch aus meinen Beziehungen, das Gefühl, die Männer wollen eh nur das eine, es geht ihnen nicht um mich, sondern um das, was sie von mir haben können. Sexualität hat viel mit Macht und wenig mit Miteinandererleben zu tun. Ich habe Hemmungen, über Sexualität zu reden, wegen der von meiner Mutter eingepflanzten Peinlichkeit. Diesen Bereich klammert man lieber aus.

In der therapeutischen Arbeit mit mißbrauchten Frauen hat das Thema Sexualität einen entscheidenden Stellenwert. Trotzdem oder vielleicht deshalb, versuchen sie es so lange wie möglich auszublenden und zu umgehen. Es bedarf häufig vieler Anstöße durch die TherapeutInnen, dieses Thema in den Vordergrund zu rücken. Unterstützend erweisen sich dabei spezielle Frauengruppen, in denen die Frauen im Schutz von Gleichgeschlechtlichen beginnen, über dieses Thema zu sprechen. In diesen Gruppen fühlen sie sich verstanden, weil sie mit anderen zusammen sind, die ähnliche oder gleiche Erfahrungen gemacht haben, und sie können trotz Scham, Schuld- und Minderwertigkeitsgefühlen das Geschehene aus dem Dunkel der Erinnerungen holen. Im Laufe der Zeit kommen sie in Kontakt mit den Gefühlen, die mit dem sexuellen Mißbrauch zusammenhängen, und können Wut und Haß gegen den Täter und die Mutter, die sie im Stich ließ, ausdrücken und ihre Verzweiflung durch Kraft und Auflehnung ersetzen. Wenn die bisher verbotenen Gefühle ausgedrückt werden, kann sich allmählich ihre Beziehung zu Männern und zu ihrer eigenen Sexualität wandeln.

Ein weiterer wichtiger Schritt ist, sich zu verzeihen, weil die Frau heute noch, wie als Mädchen, glaubt, schuld zu sein. Wenn sie in Kontakt mit ihrem bedürftigen und liebenden inneren Kind kommt, kann sie spüren, daß sie ein Recht hat und auch damals hatte, sich Liebe zu holen, und daß ihre Wünsche natürlich und berechtigt sind und waren. Die liebevolle und meist sehr schmerzliche Annahme dieser Teile von sich ist Voraussetzung, ihre Sexualität zu bejahen und den Weg zu Männern wiederzufinden.

In der Therapie geht es auch um die ›Rückgewinnung‹ des Körpers und der natürlichen Lust. Die sexuellen Gefühle sind durch die Mißbrauchssituation von den Gefühlen der Geborgenheit, der Liebe und dem Körpererleben abgespalten und abgetrennt worden. Viele Frauen berichten, daß sie sich während des Mißbrauchs quasi erlebnisunfähig machten und ›tot gestellt‹ haben, nur noch ›im Kopf‹ lebten und den Rest des Körpers abtrennten, um nichts fühlen zu müssen, bis die Situation vorüber war. Nur so konnten sie überleben und den Mißbrauch überstehen. Heute verhindert diese alte Überlebensstrategie lustvolle und liebevolle Gefühle und eine gesunde Sexualität. Vor allem die Verbindung von Liebe und Sexualität macht große Angst, weil sie die Mißbrauchssituation wieder aufleben läßt. Sexualität kann angstfrei nur in Beziehungen erlebt werden, die keine emotionale Bindung beinhalten, wie es für häufig wechselnde Beziehungen oder die Prostitution zutrifft[77].

Die Einstellung zur Sexualität als schmutzig und schlecht, überträgt sich auch auf den Körper der Frau als Sitz der sexuellen

Gefühle. Die Unterdrückung dieser Empfindungen schlägt sich in starken Körperverspannungen nieder, deren Auflösung zu einem neuen Körpergefühl führt. Das Ziel ist, den Körper wieder zugehörig zu erleben und ihn ebenso positiv anzunehmen wie die damit zusammenhängenden erotischen und sexuellen Gefühle. Diese werden lebendig, sobald sie beginnt, ihren Körper bewußt wahrzunehmen und zu entdecken.

Die starken Blockierungen des sexuellen Erlebens, der tiefe Haß auf den oder die Täter und der verstellte Zugang zu ihrem Bedürfnis nach Liebe verhindern befriedigende Partnerschaften oder machen sie unmöglich. Die Angst vieler Frauen, ihre eigenen Kinder vor einem möglichen Mißbrauch nicht schützen zu können oder sie sogar selbst zu mißbrauchen, ist so groß, daß sie Mutterschaft für sich ablehnen[78]. Auch Abmagern und Übergewicht können als Schutzreaktion auf den frühen Mißbrauch auftreten, um sich unattraktiv und asexuell zu machen. Nur dann fühlen die Frauen sich sicher, nicht wieder Gegenstand sexueller Begierde zu werden. Auch das Erbrechen steht häufig in einem direkten Zusammenhang mit dem Mißbrauch.[79]

Die Bedeutung von Geschwistern

Im familientherapeutischen Denken, in dem nicht eine Einzelperson ›therapiebedürftig‹ ist, sondern die ganze Familie Gegenstand der Beratung und Veränderung ist, ist die Rolle und Bedeutung von Geschwistern unumstritten. Um so mehr erstaunt es mich, daß es relativ wenig Literatur und Untersuchungen über den Einfluß von Geschwistern auf die Persönlichkeitsentwicklung gibt. In den Berichten von Betroffenen taucht dieses Thema jedoch immer wieder auf. Es ist dabei von Brüdern oder Schwestern die Rede, die ihnen entweder das Leben schwer gemacht haben oder die häufig als ›Bundesgenossen‹ erlebt wurden und von denen sie Zuwendung, Unterstützung und Schutz bekamen.

Ich kann hier keine systematische Darstellung der Rolle der Geschwister wiedergeben, da mir genauere Daten und Untersuchungsmaterial fehlen. Ich möchte lediglich darauf hinweisen, daß nicht nur die Eltern von zentralem Einfluß auf das Kind und den späteren Erwachsenen sind, sondern auch die Geschwister. Die Position innerhalb der Geschwisterreihe spielt dabei ebenso eine Rolle wie die Anzahl der Geschwister, deren Geschlecht und der Altersabstand. So identifizieren sich die Erstgeborenen in stärkerem Maße mit ihren Eltern als es die Jüngeren tun und übernehmen versorgende Funktionen für die kleinen Geschwister, egal ob der Erstgeborene ein Junge oder ein Mädchen ist. Sie übernehmen Verantwortung für die kleinen Geschwister, beschützen sie und leiten sie an[80]. Dabei bekommen sie in vielen Fällen eine ausgleichende Funktion für die Geschwister, wenn sie Defizite der elterlichen Erziehung ausfüllen.

Vor allem in Familien, in denen Streit, Unfrieden oder sogar Gewalt herrschen, ist die unterstützende Beziehung unter den Geschwistern wesentlich. Welche Wichtigkeit dabei ein Bruder bekommen und welche Folgen eine Trennung von ihm haben kann, beschreibt Kerstin:

Wenn meinem Bruder was passieren würde, würde es mir wahnsinnig weh tun, es wäre für mich vernichtend, weil mein Bruder ein Teil von mir ist. Er ist immer für mich dagewesen und ich habe seinen Schutz immer gebraucht. Er hat mich schon beschützt, als er drei Jahre alt war und ich gerade geboren wurde. Ich kann mir das gar nicht vorstellen. Er ist immer dazwischen gegangen, wenn meine Mutter auf mich losging. Er hat mir den eigentlichen Schutz geboten und war sehr wichtig, weil er immer für mich da war und so zu meinem zweiten Ich wurde. Deshalb fühlte ich mich damals auch von ihm so verlassen. Ich war knapp dreizehn Jahre alt und da zog mein Bruder für ein halbes Jahr zu meinem Vater, der woanders lebte. Ich wußte das nicht und traf ihn morgens auf der Treppe. Er sagte mir tschüs, nahm mich in den Arm und kam nicht wieder. Abends rief er an und sagte, daß er jetzt bei meinem Vater lebt. Es war so ungerecht, daß er mir nicht vorher sagte, daß er weggeht und daß er mich nicht mitnahm. Das tat sehr weh. Das Schlimmste war, daß er mich allein bei meiner Mutter ließ, vor der ich doch am meisten Angst hatte. Gerade von meinem

Bruder und meinem Vater brauchte ich Schutz. Obwohl sie wußten, wie brutal sie sein konnte, taten sie nichts und ließen mich einfach mit ihr allein.

Da Kerstins Beziehung zu ihrer Mutter durch deren Alkoholabhängigkeit von Wegstoßen im Suff und Überfürsorge in ›trockenen‹ Zeiten (also wenn die Mutter nicht trank) geprägt war, bot ihr Bruder gleichsam einen stabilen Halt für sie. Auch ihr Vater war durch die Trennung von der Familie, als Kerstin zehn Jahre alt war, kein zuverlässiger Partner mehr. So hat sie im Laufe der Zeit eine Art Identität durch ihren Bruder erworben, den sie heute ihr zweites Ich nennt. Es liegt jedoch mit ihm eine symbiotische Verstrickung vor, die sich in Kerstins Vernichtungsangst äußert, wenn sie sich vorstellt, es könnte ihm etwas zustoßen. Das heißt, sie entlehnt sich bei ihm ein Stück Identität. Nur über eine emotionale Loslösung von ihm könnte Kerstin eine autonome Persönlichkeit aufbauen.

Eine negative Assoziation zu Geschwistern tat sich für eine andere Patientin auf. Brigitte, Anfang dreißig, kam hauptsächlich wegen Beziehungsschwierigkeiten in die Klinik und hatte zu Beginn der Therapie sehr große Mühe, sich auf die therapeutische Gemeinschaft einzulassen:

Wie habe ich das anfangs in der Klinik gehaßt: die große Gemeinschaft, die vielen gemeinsamen Gruppen, das Zusammensein mit vielen Menschen, sogar meine Fluchtburg, mein Zimmer, hatte ein Loch in der Wand zum Nachbarraum (Zwischentür). ›Dieses ganze Rudel macht mich wahnsinnig! Ich geh' unter! Ich will hier raus!‹

Das Bild vom Rudel hatte ein Vorbild in meiner Erinnerung: Wenn ich mich in die Vergangenheit hineinfühle, sehe ich ein Rudel Schlittenhunde (meine Geschwister und mich). Tagsüber werden sie zusammen in ein Geschirr gespannt und ziehen einen Schlitten in Hetze durch Schnee- und Eiswüsten, einen Schlitten, auf dem ein Mann steht und die Peitsche schwingt (mein Vater). Am Abend werden sie losgemacht, kriegen ein paar Fleischbrocken, um die sie sich beißen und balgen. Sie haben nichts miteinander zu tun, jeder lebt und leidet für sich.

Meine heftige Abwehrreaktion gegen die große Gemeinschaft ist darin begründet, daß ich zwar das Funktionieren in einem Rudel gelernt hatte (vor allem die Anpassung), dabei aber keine Beziehung untereinander möglich war. Mein erster Impuls in der Klinik war daher: ›Ich trete nicht mit euch in Beziehung... und wenn ich dabei drauf gehe.‹

Durch Brigittes Auseinandersetzung mit den Menschen in der Gemeinschaft, wurde aus dem anonymen Rudel eine Gruppe unterschiedlichster Personen. Sie begann, Kontakte zu den einzelnen aufzunehmen und erlebte so die Gemeinschaft immer weniger bedrohlich. In einem Wochenbericht, circa zwei Wochen später, schrieb sie:

> Ich fühle mich wie ein Schwamm, der aufsaugt, was in verschwenderischer Fülle hier zusammenfließt: Nähe, Zuwendung, Austausch, Teilhaben und -nehmen und die Erlaubnis, da zu sein. Ich spüre mehr und mehr, wie gut mir das Leben-Teilen tut. In den einzelnen Begegnungen spüre ich inzwischen deutlicher, mit wem ich mehr, mit wem ich weniger Verbindung möchte.

Die anfängliche Angst und Bedrohung durch die Gemeinschaft war die Folge einer Reinszenierung ihrer Kindheitssituation, die unverarbeitet und daher beängstigend in ihr weiterwirkte. In ihrem bisherigen Leben ist sie einer Konfrontation mit diesem Teil ihres Lebens immer ausgewichen, indem sie sich nicht auf Beziehungen einließ. Sie war dann zwar allein, mußte sich aber nicht den alten Erinnerungen stellen. In der Klinik konnte sie weder sich noch ihrer Vergangenheit davonlaufen und das ermöglichte ihr, den Schmerz über die entsetzliche Einsamkeit in ihrer Kindheit wahrzunehmen und zuzulassen. Die Nähe und Zuwendung, die sie durch die anderen erlebte, unterstützten sie bei der Durcharbeitung ihrer Gefühle und vermittelten ihr gleichzeitig das Vertrauen, sich immer mehr auf andere einzulassen. Sie erfuhr dadurch, daß Beziehungen zu Menschen ganz anders sein können, als sie es als Kind daheim gelernt hatte: nährend, unterstützend und warm, nicht wie Schnee- und Eiseskälte.

Eine solche korrigierende Erfahrung, wie sie Brigitte mit Hilfe der Gemeinschaft machte, ist notwendig, um sich von alten gelernten Mustern zu lösen, die oft die Ursache aktueller Schwierigkeiten sind. In ihrem Fall war es die Angst vor anderen Menschen, die sie aufgrund ihrer Kindheitserlebnisse aufgebaut hatte und die sie heute hinderte, erfüllte Beziehungen aufzubauen. Es stand immer die – oft sogar unbewußte – Angst dahinter, heute würde sich dasselbe wiederholen wie damals.

Eine kleine Familiengeschichte

In Cordulas Familie finden sich viele der bisher beschriebenen Charakteristika ›narzißtischer Familien‹ wieder. Sie schreibt:

Von meiner frühen Kindheit weiß ich fast gar nichts mehr, auch, weil meine Mutter sich kaum erinnern kann. Sie fühlt sich durch mein Nachfragen nur angegriffen. Ich habe immer das Gefühl gehabt, für sie zu viel zu sein. Deshalb hat sich auch hauptsächlich mein Bruder um mich gekümmert.
Bei uns zu Hause war Essen immer sehr wichtig. Meine Mutter hat gut und vor allem viel gekocht. Ihre ganze positive Zuwendung bestand darin. Nur wenn ich krank war (das war ich aber selten), hat sie sich mal Zeit genommen und sich kurz zu mir ans Bett gesetzt. Kurz nur, weil sie immer viel arbeiten mußte (oder glaubte zu müssen). Auch Anerkennung bekam ich von ihr eigentlich nur, wenn ich kochte, backte, Brote belegte usw. Das tat ich auch sehr gern. Und sie war eigentlich immer mit dem zufrieden, was ich machte, meistens schmeckte ihr das besser als das, was sie selbst machte. Als ich klein war, hab' ich manchmal auch Anerkennung dafür bekommen, daß ich so brav war, besonders wenn mein Bruder gerade Schwierigkeiten machte. Meine Mutter sagt heute, daß ich als Kind ›pflegeleicht‹ war. Gute Noten in der Schule waren keine Anerkennung wert, die waren selbstverständlich, und oft, obwohl ich in der Grundschule nur Einser und Zweier hatte, nicht gut genug. Meine Mutter war sehr dagegen, daß ich aufs Gymnasium ging, sie wollte, daß ich nach der Schule eine Lehre mache, zum Beispiel Friseuse oder Arzthelferin – schöne saubere Berufe im weißen Kittel, heirate und Kinder kriege.
Schwierig zu werden begann es, als ich aufs Gymnasium ging. Zum einen waren meine Noten nicht mehr so gut, dafür wurde ich von meiner Mutter beschimpft und geschlagen. Mein Vater hielt sich, so weit es ging, aus allem raus, er wollte nur seine Ruhe haben und keinen Streit; er wurde nur böse, wenn meine Mutter und ich lautstark stritten. Und das war sehr oft der Fall, weil meine Mutter viel schimpfte.
Ich erinnere mich an die ersten vier Jahre im Gymnasium hauptsächlich

an Angst: Angst vor Arbeiten, vor den Noten, vor meiner Mutter, daran, daß ich anfing zu lügen (um Strafen zu entgehen) und daß ich nichts oder möglichst wenig erzählte. Eine wichtige Botschaft meiner Mutter war auch, daß ich niemandem erzählen durfte, daß ich schlechte Noten (Dreier und Vierer) schrieb, weil mich dann alle auslachen. So habe ich mich noch nicht mal meiner besten Freundin gegenüber getraut, über meine Probleme zu reden. Außer meinem Bruder hatte ich keinen, dem ich vertraut habe, und der ging in der Zeit gerade aus dem Haus. Ich erinnere mich daran, daß ich mich da zum ersten Mal total allein gelassen fühlte. Ich war so verlassen, denn da war keiner mehr, der zu mir hielt. In der Zeit fing ich an zu glauben, daß mich keiner mag, auch weil meine Mutter meist schimpfte, und das brachte ich dann in Verbindung damit, daß ich zu dick war. Meine Mutter kochte einerseits für mich, andererseits sagte sie mir, ich solle nicht so viel essen.

Ich fraß alles in mich rein, weil ich ja nicht die Möglichkeit hatte, mich jemandem anzuvertrauen, log wie gedruckt, weinte viel in der Schule und als mich da mal (mit etwa dreizehn Jahren) ein Junge trösten wollte, indem er mir über die Backe strich, dachte ich nur, der will mich verarschen. In der Zeit las ich sehr viel, vor allem Abenteuerbücher; das war meine Welt, in die ich abtauchte, wo ich mich wohlfühlte. Lesen war allerdings auch verboten, denn das ist ja nicht Arbeit, also tat ich's heimlich. Ich lernte daraus, daß das, was Spaß macht, verboten ist und daß ich das heimlich tun muß. Wenn ich mich zum Beispiel laut über etwas freute, habe ich zu hören gekriegt: ›Paß auf, daß es dir nicht zu gut geht.‹

Ich war immer viel zu brav, habe meiner Mutter im Haushalt geholfen, bin in die Kirche gegangen... ich war nur heimlich ich. Alles in allem war ich sehr verschlossen, verdrängte sämtliche Probleme. Schwächen und Ängste gab ich nicht nur nicht zu, ich spürte sie selbst nicht mehr. Dann, als ich sechzehn war, kam eines Tages meine beste Freundin, die ich fast jeden Tag gesehen hatte, zu mir und sagte nur, daß sie jetzt keine Zeit mehr für mich habe, weil sie einen Freund habe. Ich sah sie dann nie wieder. Genausowenig Trost, wie ich seinerzeit bekam, als ich unglücklich war, daß mein Bruder wegging, bekam ich jetzt. Es hieß: ›Das ist halt so‹ und ›Such dir auch einen Freund‹. Abgesehen davon, daß der letztere Anspruch von meiner Mutter nicht zu ihrer Standardaussage paßte, die da lautete: ›Mit dir hält's sowieso keiner aus‹, hatte ich viel zu viel Angst davor. Ich habe die Angst nicht gespürt, sondern nur ein Desinteresse. Außerdem fühlte ich mich viel zu häßlich, als daß ein Junge, der mich interessierte, sich für mich hätte interessieren können.

Ich war überhaupt nicht mehr fähig, etwas von mir preiszugeben. Wenn meine Mutter gefragt hat, wohin ich ginge, sagte ich nur ›ich komm schon wieder‹. Ich bin schon als Kind viel allein im Wald rumgestreunt und habe da ungestört meinen Tagträumen nachgehangen. Diese Träume beinhalteten immer wieder Szenen, bei denen sich zeigte, wie toll ich bin. Dazu neige ich heute immer noch. Ich helfe den Leuten, die mir wichtig sind, in schwierigen Situationen und bin dann auch für die wichtig. Ich konnte und kann mir nicht vorstellen, daß mich jemand, Mann oder Frau (aber hauptsächlich Mann), mag, weil ich ich bin.

Das Schönheitsideal

Der Einfluß der Familie und der Beziehungen untereinander ist von zentraler Wichtigkeit bei der Ausbildung narzißtischer Persönlichkeiten. Aber weder das individuelle Verhalten noch die Inhalte, die dem Kind durch die Familie vermittelt werden, sind unabhängig von der umgebenden Kultur und Gesellschaft. Männliche und weibliche Rollenbilder sind hauptsächlich gesellschaftlich geprägt. Wie sich Männer und Frauen verhalten, hängt ganz wesentlich davon ab, in welcher Weise mit Emanzipationstendenzen, Fragen von Gleichberechtigung und Gleichstellung der Geschlechter und den realen Möglichkeiten ihrer Verwirklichung umgegangen wird. In unterschiedlichen Kulturen sind die Modelle verschieden und prägen so das Verhalten und die Einstellungen der einzelnen.

Ich möchte an dieser Stelle ein besonderes Beispiel herausgreifen, das mit weiblichem Narzißmus in einem engem Zusammenhang steht: das Schönheitsideal bzw. die Schönheitsnorm. Das Diktat der Mode führt bei vielen Frauen zur Annahme, sich ihm vollständig anpassen zu müssen, auch auf Kosten der Gesundheit und vor allem des Wohlbefindens.

Die Einstellung, die wir zum weiblichen Körper und dessen Aussehen in uns tragen, bestimmen die Frauen meist nicht selbst, sondern sie ist durch gesellschaftliche Normen vorgegeben. Das Schlankheitsideal, das in unserer heutigen Zeit zum Maßstab erhoben wird, unterscheidet sich stark von dem, was in früheren Zeiten als erstrebenswert und attraktiv galt. *Garner* hat auf einem Kongreß gezeigt, wie sich das Schönheitsideal im Laufe der Jahrzehnte veränderte. Er verglich zu diesem Zweck Fotos von Schönheitswettbewerben aus verschiedenen Zeiten miteinander und fand von Jahr zu Jahr eine auffällige Gewichtsabnahme der Teilnehmerinnen. Schönheitskonkurrentinnen, die 1926 als attraktiv angesehen wurden, würden heute als mollig gelten und hätten keine Chance, auch nur zum Wettbewerb zugelassen zu werden. Um damals die Schönste zu sein, mußte (oder durfte?) die Frau mehr Rundungen besitzen, heute dagegen muß sie eine ›Barbi-Puppen-Figur‹ haben.

Diese Verschiebung zur Schlankheit wird auch bei ›Durchschnittsfrauen‹ gefunden. Die Damenoberbekleidungsindustrie registrierte zwischen 1973 und 1983 eine Veränderung der weiblichen Figur: die Frauen werden immer größer (um durchschnittlich vier Zentimeter) und an Busen und Hüften schmaler (um circa dreieinhalb Zentimeter). Da die Größe noch nicht willentlich beeinflußbar ist, ist dieser Faktor vermutlich mehr dem beschleunigten Körperwachstum in unserem Zeitalter zuzuschreiben. Die Abnahme des Körperumfangs dagegen ist vermutlich auch eine Folge der Ernährung und spezieller diätetischer Maßnahmen. Der Trend zum Abnehmen verwundert nicht, wenn die ›schönsten Frauen der Welt‹ ein schlankes Maß vorgeben.

In der heutigen Zeit hat die Diätwelle fast alle Frauen erfaßt, Eßgestörte in noch größerem Maße. Diese kennen die meisten Diäten und haben schon etliche ausprobiert. Frauen- und Modezeitschriften werben mit Slogans für neue Diäten, für die Möglichkeit, sich schlank zu essen, ohne zu hungern, und für Körpertrainings, die jede Frau noch attraktiver werden lassen. Die Modelle in diesen Zeitschriften sind so dünn, daß sie von Magersüchtigen als ihresgleichen betrachtet werden. Zum einen sollen ›kleiderständerähnliche‹ Frauen weniger von den Modellen ablenken, die sie vorführen, weshalb sie bevorzugt als Mannequins engagiert werden, zum anderen der Frau aber auch versprechen, daß sie ebenso aussehen kann, wenn sie nur die richtige Garderobe trägt und die im Heft angepriesene Diät durchhält.

Einem Vergleich mit den makellos aussehenden, in der Regel untergewichtigen Fotomodellen in den Zeitschriften, können die meisten Frau nicht standhalten. Dennoch werden sie zum angestrebten Vorbild erkoren. Busen ist dabei noch erlaubt, Bauch und Po sind verpönt. Oft führt der Weg zu einer ›Modell- Figur‹ über strenge Diäten, übermäßigen Sport oder bulimisches und magersüchtiges Eßverhalten. Normalgewichtige und regelmäßig essende Frauen besitzen dagegen meist Figuren, die weibliche Rundungen zeigen.

Dank der Hinweise vieler Ärzte und Psychologen auf die negativen Folgen von Diäten und der Aufklärung über Eßstörungen auch durch Artikel in den Frauenzeitschriften scheinen diese den Diäten gegenüber kritischer eingestellt zu sein. Aber bei näherer Betrachtung wird deutlich, daß das Geschäft mit Schlankheitskuren immer noch lukrativ ist. In der Realität sieht es dann so aus, daß zum Beispiel eine Zeitschrift vier Folgen über »gefährliche Diäten« bringt, in einer der nächsten Ausgaben jedoch schon wieder die neuesten Rezepte zum Schlankwerden anpreist[81].

Auch die Werbung unterstützt das Streben nach Dünnsein systematisch. Der Slogan »Damit der Durst nicht dick macht« wirbt für ein kalorienarmes Getränk. Hierdurch wird ein Zusammenhang hergestellt, der real gar nicht existiert: als könne ein körperliches Bedürfnis, wie der Durst, an sich schon dick machen. Das ist Unsinn, denn nur das Getränk kann dick machen, aber nicht der Durst. In dem Werbetext wird eine Form des Denkens ausgedrückt, die besonders für Eßgestörte typisch ist. Nämlich die Koppelung von Dickwerden mit körperlichen Zuständen und Bedürfnissen, die ihrerseits aber nichts mit Gewichtszunahme zu tun haben. Viele Frauen glauben, daß Sattsein dick macht und daß Hungergefühle schlank machen. Hunger und Sattsein sind natürliche physiologische Prozesse, die einen Mangel oder eine Befriedigung anzeigen, aber keine Aussagen über die Verarbeitung der Nahrung machen. Die Werbung unterstützt damit eßsüchtiges Denken, ohne daß es uns in der Mehrzahl der Fälle bewußt wird.

Ein weiteres Beispiel betrifft ein großes Versandhaus, das Mode für Frauen »mit etwas mehr Figur« anbietet. Wer damit gemeint ist, kann nur erraten werden. Vermutlich Frauen mit größeren Kleidergrößen, also dickere. Da mit dem Wort ›dick‹ schlecht Werbung gemacht werden kann, wird es umschrieben mit »etwas mehr Figur«, was rhetorisch unsinnig ist. Es gibt nicht mehr oder weniger Figur, eine Figur besitzt jeder. Damit diese aber attraktiv und ansehnlich bleibt, wird man von der Werbung mit folgender Frage konfrontiert: »Haben Sie sich entschieden, niemals dick zu werden?« Die Frage suggeriert Schuld, wenn ich dick bin, denn dann habe ich mich einfach dafür entschieden. Sie macht aber auch den Frauen ein schlechtes Gewissen, die sich zu dick fühlen. Und dies tun in der Tat viele, auch wenn sie schlank sind. An dieser Stelle setzt dann der Terror ein, indem ein schlanker Körper zu noch mehr Gewichtsabnahme gezwungen wird.

Dick und dünn sind in der Vorstellung der Menschen nicht nur zwei verschiedene Formen des Körperumfangs (wobei gravierende Unterschiede in der Beurteilung dessen bestehen, was dick und was dünn ist), sondern werden auch mit bestimmten Werten assoziiert. Schlanksein steht für attraktiv, erfolgreich, beliebt, sportlich, dynamisch und gesund; Dicksein dagegen für Außenseitertum, Einsamkeit, aber auch Willens- und Maßlosigkeit. Die sogenannten guten Eigenschaften, die den Dicken zugeschrieben werden, wie gutmütig, fröhlich, gemütlich und mütterlich, passen wenig in eine leistungsorientierte Welt und verfestigen damit mehr das Randdasein der Dicken. Sie scheinen die ›Sündenböcke‹ einer Gesellschaft zu sein, auf die alle negativen Eigenschaften projiziert werden können, mit denen man sich dann selbst nicht mehr auseinandersetzen muß[82].

Vor allem Maßlosigkeit gilt als unerwünschte Eigenschaft, obwohl gerade wir in einer maßlosen Gesellschaft leben. Die Eßkrankheiten sind ein Ausdruck davon, wenn man berücksichtigt, daß in Ländern der dritten Welt, in denen Nahrungsknappheit herrscht, Bulimie oder Anorexie nicht auftreten. Eßerkrankungen und Fixierung auf ein Schlankheitsdenken sind immer mit Überfluß verbunden, also ein direkter Ausdruck einer nicht nur individuell, sondern auch gesellschaftlich fehlgeleiteten Entwicklung. Es ist daher notwendig, daß sich jede Frau die Zusammenhänge deutlich macht, um nicht in der passiven Opferposition verbleiben zu müssen. Das Ziel ist, daß sie ihr eigenes Körpermaß findet, mit dem sie zufrieden ist und das zu ihr paßt. Ich möchte aber vor einer Dickseins-Ideologie warnen, die eine häufige Gegenreaktion auf den Schlankheitskult ist. Denn ich halte die Idealisierung des Übergewichts für ebenso unsinnig wie die Überbetonung des Schlankseins, da in beiden Fällen die Koppelung von Selbstwert und Körperumfang vorliegt. Die Idealisierung des Dickseins wirkt psychologisch als Aufwertung der dicken Frau: ›Dick ist schön, ich bin dick, also bin ich schön.‹ Dasselbe gilt natürlich umgekehrt auch für das Schlanksein. Auf diese Weise ist aber das Selbstwertgefühl wieder abhängig von einem äußeren Attribut, hier der Figur, und dadurch verletzbar und instabil.

Wie aus Entwicklungsstudien bekannt ist, neigen Frauen mehr dazu, ihr Selbstwertgefühl von außen, durch die Bestätigung der anderen, aufrechtzuerhalten, als dies bei Männern der Fall ist. Wie andere sie beurteilen, hat großen Einfluß auf ihre Selbsteinschätzung. Das bedeutet, daß Frauen sich in stärkerem Maße auf die Meinung anderer beziehen und sich über ihre äußere Wirkung definieren. Sie sind dadurch mehr außen, am anderen orientiert als an sich. *Lawrence* spricht in diesen Zusammenhang von Frauen als dem »angestarrten Geschlecht«[83]. Frauen sind den Blicken der Öffentlichkeit mehr ausgesetzt als Männer. Die Frau steht, wo immer sie hinkommt, im Blickpunkt und wird sowohl von Männern als auch von anderen Frauen auf ihr Äußeres hin eingeschätzt. Dadurch sieht sie sich stärker gezwungen, den gesellschaftlichen Anforderungen an Attraktivität und Schönheit nachzukommen, um ein ›gutes Bild‹ abzugeben und sich dadurch angenommen und akzeptiert zu fühlen.

III.
Ein Leben in Extremen

Im Spannungsfeld zwischen Minderwertigkeitsgefühl und Grandiosität

Am Ende ihres stationären Aufenthalts in unserer Klinik schrieb Cordula, die schon in früheren Kapiteln zitiert wurde, folgenden Abschlußbericht als Fazit ihrer Therapie:

In den letzten zwölf Wochen habe ich einiges gelernt. Ich habe erfahren, daß ich wieder lebendiger bin und habe gelernt, mit den positiven und negativen Seiten, die sich in mir auftun, umzugehen. Ich muß mich weniger verstecken. Ich habe widergespiegelt bekommen, daß Heimlichkeit ein Teil meines Wesens ist. Dazu gehören zum Beispiel meine unterschwelligen Forderungen an andere. Nur langsam lerne ich, meine Wünsche zuzulassen, zu spüren, was ich will, und es zu äußern, auch wenn es mir unberechtigt erscheint.
Ich habe – auch ganz langsam – gelernt, mit einem Nein umzugehen, ohne mich total in Frage gestellt zu fühlen. In den zwölf Wochen sind mir meine Beziehungsschwierigkeiten am deutlichsten geworden. Mir ist das Ausmaß an Problemen, das ich mit ›naher Nähe‹, also mit Bindung habe, neu. Ich fühle mich unfähig, eine Bindung einzugehen. Ich muß aufpassen, nicht in das alte Denken zurückzufallen, indem ich glaube, daß es mit mir sowieso niemand aushält, weil ich nicht liebenswert bin.
Der andere wesentliche Punkt, auf den ich während der Therapie immer wieder gestoßen bin, ist meine Schwierigkeit, mich selbst anzunehmen, mit allem, was zu mir gehört. Zu mir gehört auch jener Teil, der sich an ein gedachtes Ideal annähern will. Ich will mir Hilfe holen und weiß, daß es möglich ist, merke aber auch, wie schwer es mir fällt.
Kurz gesagt habe ich in der Therapie einen großen Schritt dahingehend gemacht, daß ich nun weiß, daß ich Entscheidungen fällen kann, daß ich sie fällen muß und zu den Entscheidungen stehen muß. Und aus dem ›Muß‹ wird ein ›Will‹.

Diesen Bericht stelle ich quasi als Leitbild an den Anfang dieses dritten Teils des Buches. Denn er dokumentiert die Hoffnung, die darin besteht, daß es einen Weg aus dem inneren Gefängnis gibt. Der Weg ist zwar lang, die Einsichten erfolgen langsam und die Veränderung braucht Zeit, aber die Mühe lohnt sich.

»Der Weg ist wichtiger als das Ziel.« Gemäß diesem alten chinesischen Weisheitsspruch von Laotse liegt das Ziel nicht allein darin, endlich den erwünschten Zustand, die Heilung, zu erlangen. Der Sinn liegt schon vor dem Erreichen des Ziels im Beschreiten des Weges dorthin.

In einer Welt, in der Entfernungen in immer kürzerer Zeit überwunden werden können, das Streben dahin geht, noch schneller und besser als andere zu sein, und Reisen bedeutet, von Erlebnis zu Erlebnis zu hetzen, und keiner mehr Zeit zu haben scheint, ist es unter Umständen schwierig, diesem Satz im Alltag Bedeutsamkeit zu schenken. Wenn wir es jedoch tun, werden wir merken, daß sich in dem Getriebensein die narzißtische Haltung der Grandiosität ausdrückt.

Anhand des folgenden Modells möchte ich das narzißtische System beschreiben. Ich nenne es das ›narzißtische Spaltungsmodell‹. Es besteht aus insgesamt drei Elementen: 1. der Minderwertigkeit/Depression, 2. der Grandiosität, die zusammen das ›falsche Selbst‹ bilden, und 3. dem ›wahren Selbst‹[1]

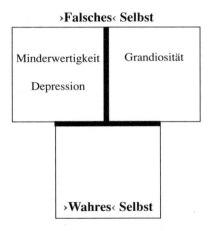

Die Minderwertigkeit und Grandiosität bedeuten keine wirkliche Minderwertigkeit oder Grandiosität der Frau, sondern ihr Erleben von Minderwertigkeits- bzw. Grandiositätsgefühlen. Sie fühlt sich klein, unbedeutend, schlecht oder besonders und toll, sie ist aber als Mensch weder minderwertig noch besser als andere. Der Einfachheit und der begrifflichen Konvention halber schreibe ich nur von Minderwertigkeit und Grandiosität bzw. benutze die Bezeichnungen Minderwertigkeits- und Größensegment, was dasselbe bedeutet. Auch der Begriff Depression bezeichnet nicht das gängige Krankheitsbild, sondern steht synonym für eine depressive Verstimmung.

Alle drei Elemente, die Minderwertigkeit, die Grandiosität und das ›wahre‹ Selbst sind durch Barrieren (schwarzer horizontaler und vertikaler Balken) voneinander getrennt. In der Fachsprache heißen sie horizontale und vertikale Spaltung.

Der Begriff ›Spaltung‹ ist ein psychoanalytischer Fachausdruck und beschreibt einen psychischen Abwehrmechanismus. Abwehrmechanismen sind Bewältigungs- und Schutzmechanismen für die Psyche und sollen verhindern, daß unangenehme Gefühle wie Angst, seelischer Schmerz und Schuldgefühle ins Bewußtsein dringen[2]. Durch die Abwehr wird zwar zunächst eine gewisse Entlastung erreicht, der Konflikt, der diese Gefühle auslöste, wird jedoch nicht gelöst, sondern wirkt unbewußt weiter und kann deshalb nicht verarbeitet werden[3].

Mit der Spaltung sollen konträre, also sich widersprechende Inhalte, auseinandergehalten werden, um Angst und Bedrohung abzuwehren. Das zeigt sich später im Verhalten dadurch, daß immer nur eine Seite des Konflikts in den Vordergrund tritt, während die andere Seite verleugnet wird.

Nehmen wir das Beispiel von Minderwertigkeit und Grandiosität: Im Gefühl der Grandiosität existieren für die Betroffene nur ihre Größenvorstellungen, ohne Erinnerung an die Minderwertigkeit. Wird sie kritisiert, schlägt ihre Stimmung in Depression um, sie fühlt sich klein, schlecht, minderwertig und spürt in diesem Zustand nichts mehr von ihrer Grandiosität. Sie hat einfach keine bewußte Erinnerung mehr daran, wie es ist, sich groß und überlegen zu fühlen. Die Grandiosität wird in diesem Moment also verleugnet. Das heißt, die Betreffende erlebt sich innerlich wie zwei Personen, die nichts miteinander zu tun haben: eine selbstbewußte und eine hilflos-minderwertige.

Aber auch das Außen wird in ›total gute‹ und ›total böse‹ Menschen gespalten. Dabei geht die Betroffene davon aus, daß die guten Menschen immer gut sein müssen und die bösen immer böse. Diese Bewertung der Menschen kann aber in kurzer Zeit umschlagen. Ein Mensch, der bisher zu den guten gehörte, wird plötzlich zu einem bösen, wenn er sich als enttäuschend erweist. Ebenso kann ein vormals abgelehnter Mensch plötzlich zu einem netten Menschen werden, wenn er sich unerwartet freundlich und zugewandt verhält. So können Erzfeinde zu dicken Freunden werden und umgekehrt. Der Übergang von einer Bewertung in die andere erfolgt ganz abrupt, ohne Vorwarnung und Zwischenschritte, von einer Minute auf die andere und ist nicht stabil, sondern wechselt immer wieder. Diese plötzliche und schnelle Wandlung in der Bewertung eines Menschen ist für die Beziehungsdynamik weiblich-narzißtischer Frauen kennzeichnend.

»Um die Spaltung aufrechtzuerhalten, muß man große Teile des eigenen Selbst, der anderen und der Situation verleugnen.«[4] Denn es werden ja immer nur Teile von sich oder der Welt wahrgenommen und die anderen abgespalten und verleugnet. In bezug auf einen Konflikt, der diese Spaltungsdynamik anregt, ist das problemlösende Denken stark eingeschränkt oder gar nicht vorhanden. Zum Beispiel wird eine Betroffene auf Kritik unspezifisch mit Selbstabwertung und starken Minderwertigkeitsgefühlen reagieren, statt mit einem konstruktiven Nachdenken, was sie aus der Kritik lernen könnte.

Die Spaltung ist zwar ein psychischer Mechanismus, er bildet sich jedoch auch körperlich ab in Form von muskulären Verspannungen. Solche Blockaden befinden sich vorwiegend im Becken-, Zwerchfell-, Brust- und Halsbereich und verhindern das Auftauchen, Spüren und Ausdrücken von Gefühlen. Das äußert sich in einer oberflächlichen Atmung, die ein tiefes Empfinden verhindert, im Zusammenziehen des Brustkorbs und in Verspannungen des Halses, so daß ›kein Ton‹ rauskommt, sondern nur ein Druck und Kloß gespürt wird. Die körperlichen Blockierungen verhindern ein intensives gefühlsmäßiges Erleben

und den Kontakt zu und den Ausdruck vom ›wahren‹ Selbsterleben.
Wir finden bei diesen Menschen keine ›Mitte‹, sondern ein ständiges Schwanken zwischen den Polen. In Beziehungen sind sie zuerst sehr offen und zugewandt, ziehen sich aber ohne Vorwarnung zurück oder brechen den Kontakt ab, wenn sie sich gekränkt fühlen. Für das Gegenüber ist dieses Verhalten meist nicht nachzuempfinden, vor allem, weil die Reaktionen mit einer Heftigkeit einsetzen können, die der Situation nicht angemessen ist. Unverständlich für andere wirkt auch der Gegensatz zwischen äußerer Selbstsicherheit und innerer Unsicherheit.

Im Glanz der Grandiosität

Wenn ich versuche, die weiblich-narzißtische Störung mit Hilfe eines Modells zu erläutern, dann ist mir natürlich bewußt, daß ich das seelische Geschehen dadurch vereinfache. Seelische Vorgänge sind – wie im Wort schon enthalten – bewegliche Abläufe und keine festen, schematischen Strukturen. Ein Modell, wie das hier beschriebene, ist fest und unbeweglich. Es kann also die seelischen Abläufe nicht vollständig abbilden, sondern ist quasi eine Momentaufnahme des Erlebens. So, wie eine Fotografie auch keine Bewegungsabläufe erfassen kann, aber trotzdem einen Eindruck wiedergibt. Das soll auch das folgende Modell tun.[5]
Im zweiten Kapitel habe ich bereits von Grandiosität als einer Seite der ›seelischen Medaille‹ gesprochen. Immer schneller, immer besser, immer aufregender... ist gelebte Grandiosität. Ich will damit nicht gegen Fortschritt und Entwicklung argumentieren, sondern gegen die ›Auswüchse‹, deren Folgen wir alle mittragen müssen, sei es durch die immer stärkere Zerstörung der Umwelt oder durch den Verlust an Zeit. Das heißt nämlich nichts anderes als Verlust seiner selbst. Statt auf sich zu hören,

NARZISSTISCHES SPALTUNGSMODELL

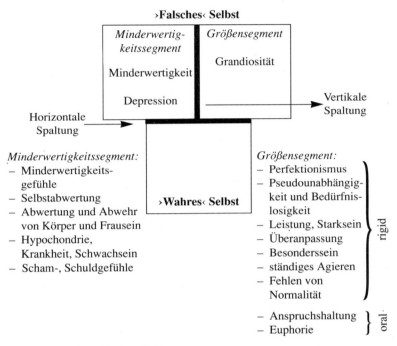

Wahres Selbst:
- echte Gefühle und Bedürfnisse
- Bedürfnisse nach Geborgenheit, Vertrauen usw.
- Ambitionen, Ideale, Fähigkeiten
- Identität, Integrität
- archaische Bedürfnisse nach Sicherheit, Angenommensein, Bindung
- Störung des körperlichen Wohlbefindens und Wunde der Verlassenheit
- Vernichtungs- und Verlassenheitsangst bzw. -krise
- symbiotische Verschmelzungswünsche
- Bedürfnis nach ständiger Spiegelung
- Kränkung und Wut
- Leere, Panik, Hohlheit, schwarzes Loch, Nichtigkeit, Schwäche, Zerfall

in sich zu gehen und gemäß seinen Vorstellungen zu handeln, werden wir angetrieben, Standards zu erfüllen, ob uns danach ist oder nicht.

Betrachten wir die Grandiosität im Rahmen des weiblichen Narzißmus, so finden wir zwei Ausprägungen: eine rigide und eine orale.

Die Begriffe ›rigid‹ und ›oral‹, wie ich sie hier verwende, stammen aus der Körpertypologie von *Lowen* und beschreiben eine bestimmte Haltung und Einstellung des Menschen. Kurz gesagt versucht der rigide Typus über Leistung, Erfolg, Sichzusammenreißen und Starksein Zuwendung zu erhalten. Es fällt ihm überaus schwer, sich ›fallen‹ zu lassen und seine liebevollen Gefühle zu zeigen, da er befürchtet, dann seine Stärke zu verlieren. Er macht sich bedürfnislos, wirkt starr, zusammengehalten, ist aber dabei sehr leistungsfähig und erfolgreich.

Das Größensegment beinhaltet ein Ideal, das für die Frau zum Maßstab ihrer Zufriedenheit wird. So, wie ihr Ideal von sich ist, so möchte sie werden. Fordert man sie auf, ihr Ideal zu beschreiben, so wird schnell deutlich, daß es sich um Vorstellungen handelt, die unerfüllbar sind. Ihre Ideale hängen unmittelbar mit Konzepten des Besonderen zusammen, die zum Großteil von den Eltern übernommen wurden. In der Frage einer Patientin kommt das zum Ausdruck. Als ich sie aufforderte, ihr Ich-Ideal zu schildern, wußte sie nicht genau, was sie tun sollte: »Soll ich mich so beschreiben wie ich glaube, sein zu wollen, oder wie meine Mutter wollte, daß ich bin?« Es stellte sich heraus, daß beides miteinander fast identisch war. Im Ich-Ideal schlagen sich aber auch eigene Wünsche und Vorstellungen sowie gesellschaftliche Normen nieder. Das, was eine Frau sein will, ist oft genau das Gegenteil dessen, was sie ist und wie sie sich erlebt.

Es kann sich im Streben nach dem Ich-Ideal also auch der Wunsch ausdrücken, etwas in sich entfalten zu wollen, das bisher fehlte, um sich ›ganz‹ zu fühlen. Denn das Ich-Ideal hat auch eine positive Seite, nämlich ein Potential, das dem Menschen grundsätzlich zur Verfügung steht, wenn er Zugang dazu bekommt.

Das Ich-Ideal ist an sich nichts schlechtes und auch nicht das eigentliche Problem, sondern seine Absolutheit und Gnadenlosigkeit machen es dazu. Was hemmend wirkt, ist allein seine Überhöhung.

Ich habe die Inhalte des Größensegments in sieben Kategorien geordnet, wobei ich keinen Anspruch auf Vollständigkeit erhebe
– Der Perfektionismus.
– Die Unabhängigkeit im Sinne einer Pseudoautonomie.
– Männliche Qualitäten wie Intelligenz, Leistung, Macht, Arbeit, Starksein. Das Wort ›männlich‹ wählten die Frauen zur Beschreibung dieses Teils ihres Ich-Ideals selbst.
– (Über)Anpassung an vorgestellte Erwartungen und Manipulation.
– Besonderssein, Stolz.
– Ständiges Agieren und ›Auspowern‹.
– Was alle Punkte gemeinsam haben, ist das Fehlen von Normalität, das im Anspruch des Besonderen schon angelegt ist.

Perfektionismus, Pseudounabhängigkeit, Leistung, Starksein, Manipulation, Überanpassung, Stolz und ständiges Agieren dienen der selbstwertschwachen Frau dazu, ihre Minderwertigkeitsgefühle auszugleichen. Dabei hat sie das ›gesunde‹ Maß verloren, denn ihr reicht nicht eine gute Leistung, sondern sie muß besonders gut sein. Mit ihrem Äußeren ist sie erst zufrieden, wenn auch dieses ›perfekt‹ und makellos ist und ihrem Ideal entspricht. Bezogen auf die Arbeit, legt sie auch einen überhöhten Maßstab an sich, da sie sich keine Fehler und kein Lernen erlaubt, sondern immer schon alles können muß. Der Perfektionismus drückt sich in der Absolutheit der Eigenschaften, die die Frau besitzen muß, aus. Diese Forderungen sind hemmend, da sie durch ihre Bedingungslosigkeit keinen Spielraum für Individualität lassen.

Eigentlich beurteilt sie alles und sich selbst immer gemäß dieses sehr hohen, nie erreichbaren Ideals. Seien es andere Menschen, ihre eigenen Tätigkeiten oder ihr Aussehen. Nie wird sie zufrieden sein, weil keiner das Ideal erfüllen kann. Auf diese Weise wird sie immer mit sich, den anderen und ihrem Leben enttäuscht sein. Den Grund dafür lastet sie ihrer Unfähigkeit oder der Unzulänglichkeit der anderen an, statt zu erkennen, daß er in ihrem eigenen überhöhten Ideal liegt. Die Abwertung ihrer selbst und anderer Menschen, Gefühle der Frustration und Minderwertigkeit und Beziehungsabbrüche sind die Folge.

Die ›Pseudounabhängigkeit‹ bei selbstwertschwachen Frauen bedeutet so viel wie: ›Ich tue so, als brauche ich niemanden.‹ Das Idealbild besteht aus ›absoluter‹ Autonomie im Sinne von Unabhängigkeit von anderen Menschen, von Gefühlen und Bedürfnissen. Was andere Menschen zum Leben brauchen, nämlich Nähe, Zuwendung und Liebe, das leugnen sie als notwendig für sich selbst. Die Fähigkeit, sich wirklich von einem anderen abhängig zu fühlen, ist weiblichen Narzißten verstellt, da sie sich immer nur auf das Ideal des anderen beziehen und nicht auf den Menschen. Deshalb kann ihnen manchmal der Beruf oder das Prestige des Partners wichtiger sein als sein Charakter, über den sie leichter hinwegsehen können. Mit vernünftigen Argumenten ›denken‹ sie ihre Gefühle weg und lassen keine Wünsche und Regungen aufkommen. Dieser Mechanismus setzt so schnell ein, daß er von den Betroffenen gar nicht mehr bewußt wahrgenommen wird. Das Verbot zu fühlen, zu spüren und zu wünschen sitzt so tief, die Angst vor Gefühlen und Bedürfnissen ist so groß, daß es besser ist, gar nichts mehr zu wollen und zu brauchen. Durch diese große Unsicherheit spüren die Frauen oft gar nicht mehr, was sie wollen.

Elke, eine ehemalige Patientin, beschreibt es folgendermaßen:

Mein Problem ist, daß ich schon gar nicht mehr weiß, was meine Bedürfnisse sind. Ich frage mich nie danach und richte mich immer nach den anderen. Durch dieses Immer-angepaßt-Sein vermeide ich, irgend jemandem weh zu tun. Ich habe große Angst davor, abgelehnt zu werden. Ich muß wirklich lernen, auch eine andere Meinung zu haben oder auch nein zu sagen. Egal, welche Reaktion mich dann erwartet. Vor allem muß ich ganz, ganz ehrlich dabei sein.

Viele Frauen erleben dieses ›pseudounabhängige‹ Verhalten wie eine Maske, hinter der sie eine andere Person spüren, sie aber nicht ausdrücken bzw. zeigen können. Fällt die Maske weg, befürchten sie, verletzbar, ausgeliefert und schutzlos zu sein. Also lieber nichts von sich zeigen, um sich nicht in Gefahr zu bringen, ausgenutzt zu werden.
Gundi, eine ehemalige Patientin, fühlt sich von dem Thema Grandiosität stark angesprochen:

Grandiosität ist mein spezieller Punkt. Meine Grandiosität ist, daß ich von jedem geliebt werden will. Ich halte es nicht aus, wenn jemand ärgerlich auf mich ist oder mich nicht näher kennenlernen will. Ich muß oft Sachen besonders schön machen, ich muß immer besser sein und andere überflügeln. Ich muß die Beste, Liebste und Schönste sein. Ich muß ein Superstar und ganz besonders sein, um geliebt zu werden. Wenn ich normal bin oder wie der Durchschnitt, kann ich mir nicht vorstellen, geliebt zu werden. Normale Leute werden normal geliebt, überragende Leute werden überragend geliebt. So stell' ich mir das vor.

Frauen mit mangelndem Selbstwertgefühl glauben, immer besser, attraktiver, erfolgreicher, spritziger und geistreicher sein zu müssen als andere, um gemocht zu werden. Sie sind dabei nicht mit sich selbst in Kontakt, sondern mehr mit dem Gegenüber und dessen vermeintlichen Erwartungen an sie. Es ist ihnen wichtig, die Erwartungen der anderen zu erfüllen. Dabei laufen sie geradewegs in eine Falle, denn in den meisten Fällen handelt es sich um vorgestellte oder eingebildete Erwartungen und nicht um offen ausgesprochene. Somit richten sich die Frauen nur ›indirekt‹ nach dem anderen. <u>Im Grunde ist ihr Handlungsmaßstab ihre eigene Vorstellung, wie sie glauben, sein zu müssen. Aber sie erleben sich so, als würden sie sich ganz dem anderen anpassen und nur seinetwegen dies oder das tun oder unterlassen. Sie vermuten daher ständig, was der andere von ihnen erwartet. Wissen können sie es nicht, denn sie fragen nicht offen danach.</u> Der grandiose Hintergedanke ist: Ich brauche mich nur gut genug anzupassen, dann erreiche ich alles! Daß dies trügerisch ist, wissen wir alle. Denn meist erreicht man dadurch genau das Gegenteil.

Bin ich mit jemandem zusammen, dann fällt mir Schweigen sehr schwer, auch wenn es nur kurz ist. Ich meine dann immer, ich müßte irgendwas Interessantes erzählen, damit sich der andere nicht mit mir langweilt. Ich habe immer das Gefühl, ich müßte irgendwas ›bringen‹, damit der andere überhaupt Interesse hat, mit mir zusammen zu sein.

Mit den Mitteln, mit denen die Frau früher in der Familie oder der Schule Aufmerksamkeit und Bewunderung erhielt, wird sie es heute auch versuchen, ohne dabei zu merken, daß sie mit diesem Verhalten Zuwendung erreichen will. Sie hat nur das Gefühl, daß ›einfach‹ dasein, wie sie ist, nicht ausreicht und sie daher etwas ›produzieren‹ muß.

Die Grandiosität beinhaltet ein dauerndes Getriebensein in Form von ständiger Unruhe, Tätigsein, Leisten und Verbesserung des Äußeren. Dies ist auf Dauer so erschöpfend, daß die Betroffene ein Bedürfnis nach Ruhe entwickelt, das sie sich jedoch nicht direkt eingesteht, denn es käme einem Versagen gleich. Statt dessen ›stellt sie sich ruhig‹, zum Beispiel durch Krankheit. In diesem Fall ist sie von außen gezwungen, sich hinzulegen und auszuruhen, ohne daß sie sich eingestehen muß, nicht mehr ›zu können‹. Wird sie während der stationären Psychotherapie krank, so ist das nicht nur ein körperlicher Vorgang, sondern häufig auch ein Signal der Psyche. Es ist ein Zeichen dafür, daß sie sich überfordert hat und Ruhe braucht. Es kann aber auch Ausdruck eines ungelösten Problems sein, eines ungelebten Gefühls von Hilflosigkeit oder Traurigkeit oder eines Schutzbedürfnisses. Während der Krankheit kommt sie dabei mit ihrer Sehnsucht nach Versorgt- und ›Bemuttertwerden› in Kontakt. Gleichzeitig spürt sie ihre Angst, sich fallen zu lassen und Zuwendung ohne Gegenleistung anzunehmen. Sie hat große Mühe, um Hilfe zu bitten, denn sie fürchtet, von der sorgenden Person abhängig zu werden. So liegt sie in einem inneren Kampf zwischen Wunsch nach Versorgung und seiner Abwehr.

Eine andere Form, Ruhe zu bekommen, ist das Essen, das voll, satt und unbeweglich macht und erlaubt, sich für eine Weile nicht mehr anstrengen zu müssen. Aber auch andere Formen der Sucht sollen dem ›Ausstieg‹ aus dem Grandiositätskarussell dienen.

›Abrüsten‹ von der Grandiosität, worin ein Teil der Genesung besteht, bedeutet, von dem grandiosen Verhalten Abschied zu nehmen und die Angst auszuhalten, was passiert, nicht mehr besonders zu sein. Erst die Erfahrung wird die Betroffene lehren, daß es ausreicht, so zu sein, wie sie ist, und daß sie so gemocht wird. Nicht um ihrer Erfolge und Leistungen willen wird sie angenommen, sondern weil sie ein liebenswerter Mensch ist. Es ist sehr schmerzhaft, diese Erfahrung zu machen, denn viele Zweifel, ob dies stimmt, tauchen immer wieder auf. Sie hat aber auch eine unendlich große Sehnsucht danach, einfach um ihretwillen geliebt zu werden, ohne etwas dafür tun zu müssen. Und wenn sie endlich das bekommt, wonach sie sich schon lange sehnt, wird sie sich nicht nur freuen, sondern auch ihrem Schmerz begegnen, solange darauf verzichtet zu haben. Doch es ist ein heilsamer Schmerz, der es möglich macht, daß bisher ungelebte Gefühle geweckt werden.

Ich will alles, und zwar sofort

Die Grandiosität hat einen zweiten Aspekt, den ›oralen‹. Hierunter ist gemäß der Körpertypologie nach *Lowen* eine Haltung gemeint, die auf eine tiefe Bedürftigkeit hinweist. Der früh erlittene Mangel und die Verlassenheitserfahrungen in Form ungenügender Annahme und Liebe, äußern sich später in einer ›untergründigen‹ Anspruchshaltung, zu wenig bekommen zu haben und deshalb heute ein Recht auf die Erfüllung aller Wünsche zu haben. Man nennt sie auch die ›orale‹ Anspruchshaltung, die sich darin äußert, alles sofort haben zu wollen, ohne aktiv etwas dafür zu tun. Es ist die Illusion, vom anderen alles zu bekommen. Denn Frauen mit einer oralen Struktur haben nicht gelernt, ihre Bedürfnisse ernst zu nehmen, sie zu vertreten und sie sich zu erfüllen. Sie haben häufig den Kontakt zu den eigenen Bedürfnissen verloren, so daß sie gar nicht mehr wissen, was sie eigentlich brauchen. Sie erwarten deshalb, daß der andere ihnen sagt, was ihnen gut tut und es ihnen dann erfüllt.

Diese orale Bedürftigkeit ist im Grunde unstillbar, weil sie mit dem ›falschen‹ Selbsterleben verbunden ist. Hier hat die Unersättlichkeit ihre Wurzeln, die nicht nur für Eßgestörte charakteristisch ist. Ob es Beziehungen betrifft, Liebe, Zuneigung, Lob, Erfolg, es ist nie genug, sie werden nie ›satt‹. Sie ›füttern‹ ihr ›falsches‹ Selbst, brauchen die Zuwendung und ›Einverleibung‹, um ihre Grandiosität zu stärken, aber haben keinen Boden, auf den sich die körperliche und emotionale Zufuhr, die sie von anderen bekommen, gründen kann. Sie sind wie ›ein Faß ohne Boden‹, und die Bedürftigkeit kann süchtige Züge annehmen.

Wenn mir jemand sagt, daß er mich lieb hat, dann werde ich ganz euphorisch, aber das dauert nicht lange an, das rutscht durch. Ich hab' das Gefühl, wenn derjenige weg ist, dann öffnet sich eine Tür und das Gefühl, geliebt zu werden, rutscht durch und ist weg, so wie der Mensch.

Gefühle der Unzulänglichkeit und des Verlustes aus der mangelhaften Versorgung der ersten Lebensmonate sollen durch Euphorie und Erregung wettgemacht werden. So leben diese Frauen in einem ständigen Wechsel zwischen Depression und Euphorie[6]. Geht es ihnen gut, dann sind sie euphorisch, ›total gut drauf‹, alles ist auf einmal wunderbar und gelingt ihnen. Lernen sie beispielsweise einen Mann kennen, der ihnen gefällt, dann ist er gleich ›der Mann fürs Leben‹, mit dem alles ganz toll läuft und alles total anders ist. Andere spüren, daß sie regelrecht ›abgehoben‹ sind, nur sie selbst nicht.

Das Gefährliche dabei ist die leichte Kränkbarkeit und schnelle Desillusionierung, die in jeder Euphorie liegt. Die Realität kann nie so wunderbar sein, wie sie im Gefühl des Abgehobenseins erscheint, und so muß es zwangsläufig zu einer Enttäuschung kommen, die die Frauen dann tief trifft. Sie reagieren zuerst mit Abwertung des Partners, dann mit dem Zusammenbruch ihrer Grandiosität und dem Gefühl der Nichtig- und Wertlosigkeit. Doch danach schwören sie sich: ›Beim nächsten Mal mache ich es besser, strenge mich noch mehr an und dann wird es mir gelingen.‹ Sie werden versuchen, ihrem Idealbild von sich noch gerechter zu werden, noch perfekter auszusehen, noch etwas mehr abzunehmen, um eine Traumfigur zu bekommen, um damit alle ihre Probleme zu meistern. Die Grandiosität dabei ist der Glaube, alles über noch mehr Anstrengung erreichen zu können und zu meinen, einen vollkommenen Einfluß auf den eigenen Körper, andere Menschen und deren Verhalten zu besitzen und damit die Welt manipulieren und kontrollieren zu können.

Gelingt ihnen das nicht, fallen sie sehr schnell, manchmal durch geringe Versagungen, in tiefe Verzweiflung, Leere und Verlassenheitsgefühle. Die Folge dieses ›Hoch-Tief‹ ist meist eine Verausgabung mit dem Ergebnis einer Depression oder Krankheit. In dieser Phase sind sie gefährdet, einen Suchtrückfall als letzte Möglichkeit der Kompensation zu begehen. So abgehoben, wie das Hoch ist, so bodenlos ist auch das Tief, in das sie abstürzen. Aufgrund ihres schwachen Identitätsgefühls können sie sich nicht selber auffangen und erleben den Absturz als bedrohliches Fallen in ein Nichts.

In nahen, intimen Beziehungen spüren diese Frauen sehr schnell ihre unbefriedigt gebliebenen frühen Bedürfnisse, die mit großer Macht auftauchen und scheinbar nicht mehr kontrollierbar sind. Deren gesamte Erfüllung erhoffen sie nun durch den Partner oder Therapeuten, ohne zu merken, daß der andere dies gar nicht leisten kann. Damit bestätigt sich ihre Grundangst: ›Meine Gefühle und Wünsche sind so groß, daß ich sie niemandem zumuten kann.‹ Sie werden daher in Zukunft noch mehr darauf achten, keine Wünsche zu zeigen, um den anderen nicht zu verprellen. Dadurch werden aber das innere Loch und die Sehnsucht immer größer, und der Anspruch an den nächsten Partner wird noch höher. Somit befinden sie sich in einem Teufelskreis, der nur zu durchbrechen ist, wenn sie beginnen, sich mit ihren Wünschen mitzuteilen und ihre Gefühle zu akzeptieren.

Zieht der andere sich daraufhin zurück, bedeute
ihre Bedürfnisse unrecht sind und sie sich nu

müssen. Statt dessen müssen sie lernen, die Grenzen des anderen zu respektieren. Wie kleine Kinder drängen sie darauf, daß ihre Wünsche sofort befriedigt werden, weil sie deren Erfüllung nicht aufschieben können, bis die Situation günstiger ist. Diesen Spannungsbogen halten viele Frauen nicht aus und ziehen sich lieber unbefriedigt zurück, als eine vorübergehende Frustration zu akzeptieren.

Die orale Haltung zeigt sich auch daran, daß selbstunsichere Frauen Wünsche-Äußern mit Wünsche-erfüllt-Bekommen gleichsetzen. Sie zensieren ihre Wünsche daher und lassen nur die zu, die erfüllbar sind. Die anderen, von denen sie glauben, daß sie zu groß und unverschämt sind, gestatten sie sich kaum zu denken, geschweige denn mitzuteilen. Daraus resultiert aber eine untergründige Form der Manipulation und Kontrolle anderer Menschen, die darauf abzielt, indirekt das vom anderen zu bekommen, was man sich nicht traut, offen auszusprechen.

In der Arbeit mit selbstwertschwachen Frauen erlebe ich immer wieder den Mangel an Frustrationstoleranz und das Kippen in ein ›Alles oder Nichts‹. Die Konfrontation mit der verwöhnten Haltung stößt meist auf Unverständnis, weil selbstwertschwache Frauen mehr mit dem in Kontakt sind, was sie nicht haben. Das paßt auch besser in ihr Bild von einem idealen Menschen und ihrer Vorstellung von sich als bedürftig und zu kurz gekommen. Wird ihrem Anspruch nach grenzenloser Erfüllung aller ihrer Wünsche nicht entsprochen, sind sie gekränkt, ziehen sich depressiv zurück, werten sich oder den anderen ab (oder beide) und verweigern trotzig die weitere Beziehung. Hier wird das Prinzip des Entweder-Oder erneut deutlich: entweder kriege ich alles, und das sofort, oder ich will gar nichts. Überfürsorglichkeit des anderen soll die Illusion der ›lebenslangen‹ Symbiose vortäuschen. Bleibt sie aus, sind sie damit konfrontiert, sich für die Befriedigung ihrer Bedürfnisse selbst aktiv einzusetzen, statt sich passiv ›füttern‹ zu lassen. Aber gerade das Um-etwas-Bitten fällt ihnen schwer, weshalb sie nach wie vor der Illusion nachhängen, ein anderer möge ihnen das geben, was sie brauchen, ohne daß sie danach fragen müssen.

In der Therapie sind es gerade Versagenssituationen, in denen diese Frauen selbstverantwortliches Verhalten lernen können. Durch die Frustration werden sie mit ihrer kindlich-passiven Haltung konfrontiert, erleben aber gleichzeitig keine Zurückweisung ihrer Person wie früher, sondern eine Unterstützung und Zuwendung durch die Therapeutin. Mit dieser Hilfe können sie lernen, sich mit Begrenzungen, einem Nein oder Ablehnung ihrer Wünsche auseinanderszusetzen. *Kohut* hat diesen Prozeß der seelischen Reifung über natürliche Versagungen ›optimale Frustration‹ genannt. »Doch gerade durch seine (des Kindes, Anm.d.Autorin) Reaktion auf diese Frustration beginnt das Kind, Ich-Strukturen aufzubauen und ein Selbst zu erleben.«[7]

Soll eine Frustration optimal sein, darf die Trennung nicht zu lang sein, damit die Rückkehr der Person immer wieder verläßlich erlebt wird. Mit Hilfe dieser Erfahrungen geschieht eine innere Veränderung, indem der Mensch immer unabhängiger und eigenständiger wird. Er kann sich allmählich aus der Symbiose in die Getrenntheit entwickeln.

Ebenso muß die heute erwachsene Frau lernen, mit Begrenzungen umzugehen und auf sie angemessen zu reagieren. In der Regel empfindet sie bei Versagungen innerlich Panik und Angst, allein gelassen zu werden, abgelehnt zu sein und nichts mehr zu bekommen. In dieser Panik klammert sie sich entwender an den anderen, um wenigstens noch etwas zu erhalten, oder sie wendet sich ab, wertet ihren Wunsch und den anderen ab und ›macht alles allein‹. Eine wirkliche Erfüllung gelingt erst dann, wenn die Bedeutung der Ausgleichs- und Abwehrfunktion der Grandiosität erkannt ist und ein Zugang zum ›wahren‹ Selbsterleben möglich wird; wenn sie ihre Bedürfnisse ausdrücken und befriedigen kann; wenn die alte Wunde der Verlassenheit betrauert wird und der alte Haß seinen Ausdruck findet und wenn die Frau ein Gefühl für Selbstwert bekommt, das den Boden für eine anhaltende Befriedigung bildet. Dazu muß sie auf ihre Maske, ihre scheinbare Selbstsicherheit und Coolness verzichten, ihren Stolz überwinden und sich den Menschen anvertrauen, die ihr Empathie, echtes Gefühl und Wohlwollen entgegenbringen.

Ich bin nichts wert

Gefühle von Minderwertigkeit und Depression treten auf, wenn die Grandiosität zusammenbricht. Das geschieht in den meisten Fällen durch Kränkungen, Kritik oder Zurückweisung. Die Frau beginnt dann, sich abzuwerten, indem sie viel an sich bemängelt und ihre eigene Person entwertet: ›Ich bin zu dick, häßlich, abstoßend, dumm, eine Versagerin, ich kann nichts.‹ Die Frau stellt sich in diesen Momenten in ihrer ganzen Wertigkeit und Existenz in Frage und leidet unter starken Scham- und Schuldgefühlen, weil sie ihrem Anspruch an sich nicht gerecht wurde. Ein weit verbreitetes Beispiel ist die Reaktion auf Kritik: Wenn nur eine von zehn Kritiken negativ ist, dann sieht sie nur diese eine kritische und übersieht die restlichen neun positiven. Auf diese Weise entstehen Minderwertigkeitsgefühle.

Ihre interne Abwertung beschreibt Gundi während ihrer Therapie folgendermaßen:

Ich hatte arge Schwierigkeiten, mich diese Woche mit meinen diversen Mängeln angenommen zu fühlen. Das heißt, daß ich mich von den anderen regelrecht kontrolliert gefühlt habe. Ich habe mir Phantasien gemacht, einzelne aus der Gemeinschaft finden mich zu laut, zu geschwätzig, zu lebendig usw. Ich mache mir Gedanken darüber, was die anderen jetzt wohl von mir denken. Dieses schlimme Gefühl, ich bin nicht liebenswert, fehlerhaft, schlecht, häßlich, kann nichts, keiner liebt mich, weiß nicht, was ich bin und will, läßt mich immer wieder eine Art von Getrennt-Alleinsein und Einsamkeit fühlen. Ich kann es mir nicht mal vorstellen, wie es sich anfühlt, sich für wirklich liebenswert zu halten, mit sich einverstanden zu sein und auch seine Mängel zulassen zu können. Ich nehme mich selbst nicht an, empfinde mich als Zumutung und vermeide tiefe Beziehungen.

<u>Selbstwertschwache Frauen fürchten die Ablehnung durch die anderen, merken aber nicht, daß sie Mühe haben, sich selbst zu akzeptieren. Statt sich bewußt zu machen, daß sie sich selbst nicht mögen, unterstellen sie es den anderen, denen sie sich dann anpassen.</u>

Die Abwertung der eigenen Person bezieht sich auch auf den Körper, den die Frau nur dann akzeptieren kann, wenn er ihrem Ideal entspricht. Aber sie erreicht diesen Zustand nur selten und hat meist ein unangenehmes Körpergefühl. Oft werden dem Körper Schuld und Verantwortung zugeschrieben, die eigentlich nicht zu ihm gehören. Geht zum Beispiel eine Beziehung auseinander, glaubt die Frau, es sei wegen ihres Körpers. »Wenn man so dick und häßlich ist wie ich, dann ist es klar, daß ich nicht geliebt werde.« Der Körper muß manchmal aber auch als Grund für berufliches Versagen herhalten: »Ich habe den Job nicht bekommen, weil ich nicht attraktiv genug bin.«
Die Verbindung von körperlicher Schönheit und Erfolg bzw. körperlicher Unattraktivität und Versagen ist jedoch nicht allein das Ergebnis von neurotischem Denken. Auch die Medien stellen diesen Zusammenhang immer wieder her. In Filmen und in der Werbung wird den Frauen suggeriert, daß mit äußerlicher Attraktivität fast alles im Leben zu erreichen sei. In diesem Sinne ist es ein allgemein gesellschaftliches Thema, unter dem viele Frauen leiden. Ich halte es daher für wichtig, diese Zusammenhänge kritisch zu hinterfragen, statt sich davon abhängig zu machen.
Neben der Abwertung gibt es auch die ›hypochondrische Besetzung‹ des Körpers, also die ständige Sorge um die physische Gesundheit. »Die psychosomatischen und hypochondrischen Beschwerden geben der Betroffenen einen Grund, sich fallenzulassen und als bedürftig zu erweisen.«[8] Körperliche Beschwerden, Krankheit und Depression sind, wie ich schon erwähnte, eine ›Entschuldigung‹ für das Nichteinlösenkönnen des Perfektionsanspruchs und ein Ausdruck von nicht eingestandenem seelischen Schmerz. Weiblich-narzißtische Frauen haben große Probleme, ihre Grenzen einzugestehen und ihre Bedürfnisse zu zeigen. Wenn es ihnen schlecht geht oder sie traurig sind, sprechen sie nicht darüber, sondern tun so, als sei alles in Ordnung. Eher kümmern sie sich um andere, denen es ›noch‹ schlechter geht. Ein Ventil ist daher das körperliche Leiden, über das sie ihr seelisches Leiden ausleben und ausdrücken.

Schamreaktionen, im Minderwertigkeitssegment angesiedelt, sind ein weiteres Merkmal für das Vorliegen eines geschwächten Selbst. »Die extremen Gefühle von Wertlosigkeit, Demütigung und Scham, die durch jedes Versagen und jede Blamage ausgelöst werden, sind symptomatisch für die Weigerung, sich von dem überheblichen Selbstkonzept zu trennen, das keine menschliche Fehlbarkeit zuläßt.«[9]
Auch das Spüren, aber noch mehr der Ausdruck von Bedürfnissen und Wünschen, ist mit viel Scham besetzt, besonders jene nach Nähe und Zuneigung. Und weil das so beschämend ist, verleugnen sie sie lieber und warten ab, was ihnen der andere von sich aus gibt. Sie selbst teilen sich nicht mit. Auch wenn sie nicht das bekommen, was sie im Moment brauchen, trauen sie sich nicht, es dem anderen zu sagen. Diese Scham hat mit dem Verlust des ›wahren‹ Selbsterlebens zu tun. Teilen sie ihre Wünsche nach Zuneigung mit, dann zeigen sie dadurch einen Teil von sich, den sie sonst vor sich und anderen verbergen. Zeigen sie sich, dann werden sie gesehen und können sich nicht mehr verstecken; sie werden schutzlos und sichtbar. Ersteres macht Angst, zweiteres beschämt.

Scham bedeutet die Angst vor der Kränkung durch andere, sich bloßzustellen, gesehen zu werden und zu sehen[10]. Die Angst, die mit der Bloßstellung verbunden ist, ist die Furcht, gekränkt und verachtet zu werden und als liebenswerte Person ›zu verschwinden‹. Da weiblich-narzißtische Frauen auf die Spiegelung und Bestätigung anderer angewiesen sind, um ein einheitliches Selbsterleben zu empfinden, ist die große Angst vor der Bloßstellung zu verstehen. Denn in dem Moment verlieren sie ihr Selbstgefühl und erleben sich als ein Nichts[11].

Scham hat immer etwas mit Eindringen und Überwältigen zu tun und dem Versuch, dies abzuwehren. Die Schamreaktion, also das Verstecken und Nichthinsehen, wird als letzte Möglichkeit der Wiederherstellung der Grenzen angesehen. Dieser Mechanismus setzt ein, wenn die Person aufgrund ihres geschwächten Selbst keine anderen Möglichkeiten besitzt, sich zu schützen. Wenn die Abgrenzung nach außen nicht gelingt, weil die Grenzen durchlässig sind, wird jede Form des Eindringens zu einer Bedrohung. Sehen und Gesehenwerden werden als Eindringen erlebt und sind mit aggressiven und sinnlichen Inhalten verbunden. Deshalb können viele Frauen es so schwer aushalten, angeschaut zu werden. Kerstin formuliert eine typische Situation:

Wenn ich mich mal in meinem Körper wohlfühle und mich dann jemand anstarrt (sie schreibt nicht anschaut), gerade Männer, dann werte ich mich ab, finde mich häßlich, fett und widerlich. Es ist nicht das Gefühl: toll, die gucken mich an, sondern ich werde dann ganz unsicher und schäme mich.

Es ist fast so, als würden die Blicke etwas mit ihr machen, wogegen Kerstin sich nicht schützen kann. Sie treffen sie tief, dringen in sie ein, ohne daß sie sie abwehren kann. Aber nicht nur das Angesehenwerden, sondern auch das Angesprochen-, Eingeladen- und Geliebtwerden lösen Beschämung aus. Sie werden als ›bedrohliche Invasion‹ erlebt, vor der sich die Frauen bewahren müssen. Auch das Annehmen von Liebe, Zuneigung und positiver Kritik ist so beschämend, daß es viele Frauen ablehnen, obwohl sie es sich sehnlichst wünschen. Darin zeigt sich die Angst vor der ›Invasion‹, die auch für den Bereich der Sexualität zutrifft, die für sie die intensivste Form des Eindringens darstellt.

Wer bin ich wirklich?

Das ›wahre‹ Selbsterleben ist bei narzißtischen Menschen in großem Maße unzugänglich geworden. Die Person selbst ist mit ihm kaum in Kontakt und erlebt sich hauptsächlich im Wechsel zwischen den beiden Polen des ›falschen‹ Selbsterlebens. Oft wird das von den Betroffenen folgendermaßen beschrieben: »Warum fühle ich mich so klein und schlecht, obwohl ich doch auf andere einen selbständigen und erfolgreichen

Eindruck mache? Wer und was bin ich nun wirklich? Der mickrige Zwerg meiner Angst oder der große Held meiner Allmachtsphantasien?«
Sie sind weder nur das eine noch das andere. Sie sind beides ein wenig, aber auch noch etwas anderes. Wer sie wirklich sind, ahnen sie bestenfalls.

Elsa, eine ledige, 32jährige Frau, kommt in die Klinik und man könnte sich fragen, warum sie überhaupt kommt. Sie wirkt selbstbewußt, offen, kommt schnell mit anderen Menschen in Kontakt und ist beruflich erfolgreich. Im Laufe des Erstgesprächs erfahre ich jedoch, daß sie zweimal versuchte, sich das Leben zu nehmen und große Schwierigkeiten in Beziehungen hat. Sie sagt, sie habe Angst vor Nähe und Zärtlichkeit. Auch fühle sie sich gar nicht so stabil, wie sie von anderen eingeschätzt werde. Sie werte sich häufig ab, halte nicht viel von sich, passe sich stark an und mache sich in Auseinandersetzungen klein.
Für einen Außenstehenden ist das aber nur schwer nachzuvollziehen, da sie ganz anders wirkt. Ihre Unsicherheit merkt man ihr nicht an, weil sie versucht, alles mit dem Kopf zu ›lösen‹, und sich gefühlsmäßig nicht berühren lassen will. Gleich in der ersten Woche ›stürzt‹ sie sich in die Gemeinschaft, macht gleich drei Schritte auf einmal und will sofort alles richtig und mit Erfolg tun. Nach außen zeigt sie ihre starke Fassade und gibt sich unerreichbar. In der Kleingruppe, in der sie sich unterstützt und angenommen fühlt, fängt sie an, Vertrauen zu anderen aufzubauen, und erfährt, daß sie dasein darf, ohne viel zu leisten. Sie spürt ihr Bedürfnis nach Ruhe und Geduld und ihren Wunsch, sich anderen zu öffnen. Das Spüren dieser Wünsche ist ein Hinweis, daß sie in Kontakt mit ihrem ›wahren‹ Selbst kommt. Sie beginnt, in der Gruppe über sich zu erzählen und fühlt viel Schmerz. Sie weint ›alle ungeweinten Tränen‹ und ist erstaunt über die Erlaubnis, weinen zu dürfen. Es ist für sie, als wenn sich ein Staudamm öffnet (horizontale Spaltung). Das macht ihr Angst. Sie kommt in Kontakt mit schmerzhaften Gefühlen, die sie bisher unterdrückt hat und spürt ihren Mangel und Hunger nach Nähe. Hinter ihrer starken Fassade (›falsches‹ Selbsterleben) bekommt sie einen Zugang zu ihren wahren Gefühlen und Bedürfnissen.
Durch intensive Körperarbeit wird dieser Prozeß unterstützt. Übungen, die das Stehvermögen verbessern, zeigen ihr, wie wenig ›geerdet‹ sie ist und wie sie deshalb leicht von ihren Gefühlen überwältigt wird[12]. Diese Tatsache ist mit ein Grund, warum sie so stark darauf bedacht ist, ihre Gefühle abzuwehren. Andere Übungen lassen sie ihre Zweige-

teiltheit spüren: einen oberen Teil bis zur Taille und einen unteren Teil ab der Taille, aber kein ganzer Körper. Verbunden ist dieses Erleben mit starken Rückenschmerzen, unter denen sie im Alltag seit langem leidet. Sie ist unfähig zu schreien, weil sie ihre Kehle so zuschnürt, daß kein Ton rauskommt (Gefühl vom Kloß im Hals). Der Körper unterstützt mit seinen Verspannungen und Blockaden die Abwehr des emotionalen Ausdrucks: Gefühle sollen nicht wahrgenommen und schon gar nicht ausgedrückt werden. Bei der Arbeit mit dem Beckenbereich wird deutlich, daß sie dort Lust und Wut zurückhält und sie ist erleichtert, als sie beides das erste Mal ausdrücken kann.

In der vierten Woche steht der Besuch ihres Freundes bevor, was Elsa viel Angst macht. Am liebsten würde sie den Kontakt im Moment ganz abbrechen, um diese Angst nicht zu spüren. Dann dreht sie die Befürchtung in die Frage um: »Was will ich von ihm?« Mit dieser Übernahme der Verantwortung verliert sie etwas von der Angst und bespricht mit dem Freund, wie die Beziehung weitergehen soll. Das alte Beziehungsmuster kommt dadurch ins Schwanken: Elsa definiert Wünsche, die mehr auf Selbständigkeit und Distanz im Sinne von Autonomie gerichtet sind, was ihren Freund verunsichert und seine eigenen Trennungsängste aktiviert. Er möchte daraufhin mehr Nähe, obwohl er sich sonst immer stark abgrenzte.

Elsa beginnt mehr und mehr, es sich gut gehen zu lassen, was ihr jedoch sehr schwer fällt. Angenehme Gefühle verdirbt sie sich schnell wieder, weil sie damit nicht umgehen kann bzw. sie nicht aushält. Genuß und Lust sind verbotene Erlebnisqualitäten, die sie nun anfängt, zuzulassen (›wahres‹ Selbsterleben). Nach wie vor fällt es ihr schwer, Liebe und Zuneigung anzunehmen, obwohl sie starke Sehnsucht danach hat. Sie hat das Gefühl, etwas geben zu müssen, wenn sie etwas bekommt (›falsches‹ Selbst). Liebe und Anerkennung um ihrer selbst willen kennt sie nicht, sondern nur über Leistung.

Drei Wochen vor dem Abschied aus der Klinik kommen unabgeschlossene Trennungsthemen aus ihrem Leben hoch, die ihr auch die Möglichkeit geben, ihre Wut auszudrücken, die sie neben der Traurigkeit spürt. Bisher hat der Schmerz den Ärger überdeckt, und statt ärgerlich zu werden, wurde sie traurig.

Ihrem Partner und anderen Menschen gegenüber empfindet sie sich immer getrennter, das heißt, nicht mehr so symbiotisch verflochten. Das hängt im wesentlichen damit zusammen, daß sie häufiger sagt, was sie will und nicht will. Statt sich hilflos und klein zu machen und Auseinandersetzungen aus dem Wege zu gehen, beginnt sie, ihre Kraft für sich einzusetzen und sich zu wehren. In den letzten zwei Wochen gelingt es ihr, Freude und Spaß zu haben und gleichzeitig Verantwortung zu übernehmen und erwachsen zu sein. Ihr war nicht klar, daß beides zusammen möglich ist. Das zeigt, daß eine Spaltung aufgehoben ist und sie nun beide Qualitäten nebeneinander wahrnehmen kann.

Der Bericht von Elsas Therapie zeigt deutlich, wie die Patientin Schritt für Schritt ihrem ›wahrem‹ Selbsterleben und ihren bisher unterdrückten Gefühlen, Wünschen und Bedürfnissen näher kommt, sie allmählich zuläßt und dadurch immer mehr auf das Verhalten aus dem ›falschen‹ Selbsterleben verzichten kann. Je mehr sie die Maske ablegt, aufhört, ihre grandiosen Anforderungen zu erfüllen und Vertrauen und Beziehungen zu Menschen aufbaut, die ihr Unterstützung und Schutz bieten, um so stärker kommt sie in Kontakt mit ihrem ›wahren‹ Selbsterleben, mit ihrem inneren ›Kind‹. Und dadurch mit ihrer tiefen Traurigkeit und Sehnsucht nach Liebe.

Zwei Jahre nach der Therapie hat sie wieder Schwierigkeiten und beginnt bei mir eine ambulante Nachbehandlung. Es wird in den ersten Stunden der Therapie schon deutlich, daß jetzt ein neuer Schritt für sie ansteht. Es geht darum, sich einzugestehen, Schutz, Halt und Hilfe zu brauchen. Auf der anderen Seite kommt sie in Kontakt mit einem tiefen Gefühl von Verlassenheit, das anzeigt, daß sie dabei ist, eigenständig zu werden. Wenn Menschen mit symbiotischen Strukturen sich aus ihnen lösen, erleben sie diese Verlassenheit. Indem sie sich an mich wendet und sich bei mir Unterstützung holt, kann sie beide Seiten von sich zusammenbringen und die nächste Spaltung aufheben: <u>Ich brauche dich, kann nah sein, muß mich aber nicht aufgeben, sondern darf eigenständig bleiben.</u>

<u>Die lange Dauer bis zur Genesung mag erschrecken, es benötigt jedoch viel Zeit, bis sich alte Strukturen auflösen und neue aufbauen. Wer einmal den Weg der bewußten Veränderung eingeschlagen hat, wird ihn lebenslang gehen, denn er hört nicht auf.</u> Es gibt nie ein endgültiges Ende einer Entwicklung oder Veränderung. Wenn wir Interesse an uns haben und das Leben auf uns einwirken lassen, dann werden wir immer neue Bereiche entdecken, uns vor immer andere Probleme und Herausforderun-

gen gestellt sehen und über die Auseinandersetzungen damit reifer werden. Krisen, die das Leben schafft, können eine Chance sein, uns auf dem Weg zu uns weiterzubringen, wenn wir uns auf sie einlassen. Wehren wir sie dagegen nur ab, können wir an ihnen zerbrechen. Das gilt auch für Krankheiten körperlicher und seelischer Art.

Das ›wahre‹ Selbsterleben umfaßt bei narzißtischen Persönlichkeiten neben den ›wahren‹ Gefühlen und Bedürfnissen auch jene kindlichen, die unerfüllt blieben oder unerwünscht waren. Wie wir bereits sahen, handelt es sich um unerfüllte Wünsche nach Sicherheit, Geborgenheit, Angenommensein, Vertrauen und Bindung. Des weiteren um Störungen im Erleben von Hunger und Sattheit, körperlichem Wohlsein, wärmender Berührung und körperlicher Nähe. Teil des ›wahren‹ Selbsterlebens sind auch die Ängste, die damals herrschten, als das ›falsche‹ Selbsterleben aufgebaut wurde[13]. Dies sind vor allem Vernichtungs- und Verlassenheitsängste.

Aus der narzißtischen Hochphase blieben der Wunsch nach Verschmelzung mit einem idealen anderen Menschen (Partner oder Therapeutin) und der Wunsch nach ständiger und vollkommener Spiegelung und Bewunderung und drängen auch heute noch auf Erfüllung. Begleitet werden sie von starken Gefühlen der Kränkung und Wut, weil diese Ansprüche unerfüllbar sind. Das Selbst ist sehr schnell verletzbar, unsicher und instabil. Daraus ergeben sich Gefühle der Leere, Panik und Hohlheit, verbunden mit dem Erleben von Nichtigkeit, Schwäche und Zerfall[14].

Erlebt wird die Annäherung an das ›wahre‹ Selbsterleben von den Patienten dementsprechend als tiefe Verunsicherung. Denn mit der Berührung des ›wahren‹ Selbst werden auch jene Gefühle ausgelöst, die bisher unterdrückt wurden und die mit der frühen Kindheit, der Verlassenheit, Kränkung und Verletzung zusammenhängen. Es ist daher kein Wunder, daß bei der Annäherung an das ›wahre‹ Selbsterleben Zustände von tiefer Angst und Panik mit Zeiten abwechseln, in denen sich die Betroffenen gut fühlen. Die Rolle der Therapeutin besteht darin, den Patienten zu helfen,

die »unwillkommenen Gefühle willkommen zu heißen«[15], ihren Ausdruck zu fördern und Blockierungen aufzulösen.
»Ich weiß überhaupt nicht mehr, was mit mir los ist, ich bin ganz durcheinander.« So erleben sich die Frauen, wenn sie beginnen, ihr ›wahres‹ Selbsterleben zu spüren. Sie haben das Gefühl, daß nichts mehr an seinem alten Platz ist, ehemalige Ausweichmanöver des ›falschen‹ Selbst ihre Wirkung verlieren, eine vorübergehende innere Stabilität von vehementen Gefühlen abgelöst wird und sie selbst sich nicht mehr so vorhersagbar wie früher erleben. Diese Verunsicherung ist begleitet von Angst, was mit ihnen geschieht. Die Patientinnen versuchen, wieder Ordnung und Gleichmäßigkeit in ihr Erleben zu bringen, aber das gelingt im Moment nicht. Gleichzeitig erleben sie auch neue, positive Gefühle der Verbundenheit, der körperlichen Entspannung und Zufriedenheit.

›Gutes‹ und ›böses‹ Essen

Das Eß-Brech-Symptom hat im Rahmen jedes einzelnen Segments, also der Minderwertigkeit, der Grandiosität und dem ›wahren‹ Selbsterleben, eine andere Funktion und Bedeutung. Ganz allgemein dient es, ebenso wie das ›falsche‹ Selbsterleben, der Abwehr von Gefühlen und Bedürfnissen des ›wahren‹ Selbsterlebens. (Siehe gegenüberliegende Seite).
Die Bedeutung des Essens und Erbrechens im Zusammenhang mit dem Minderwertigkeitssegment ist mehrschichtig. In erster Linie ist es eine Form der Selbstabwertung, durch welche sich die Bulimikerinnen beweisen können, wie minderwertig und verabscheuungswürdig sie im Grunde sind. Sie bestätigen sich ihr negatives Gefühl von sich, indem sie sich selbst der erniedrigenden Situation der Eß-Brech-Anfälle ausliefern. Die Patientinnen erleben sich als gierige Tiere, abartig, nicht normal, verachtenswert und vieles mehr.

DIE BEDEUTUNG DES ESS-BRECH-SYMPTOMS IM RAHMEN DES NARZISSTISCHEN SPALTUNGSMODELLS

Symptom bedeutet:

– Essen/Brechen ist Form der Selbstabwertung
– Selbstbestrafung für die eigene Minderwertigkeit, Schlechtheit, Gier und Lust
– Erbrechen als Reinigungsritual. Befreiung vom ›bösen‹ Teil in sich
– Essen als Abwehr sexueller Wünsche und Ängste

Symptom bedeutet:

– Essen/Brechen um Idealbild aufrechtzuerhalten (schlank, problemlos)
– Abwehr von Enttäuschung und Kränkung
– Spannungen und Konflikte werden ›weggegessen‹
– Ruhe finden im Eßanfall
– Erbrechen als Ungeschehenmachen des Fressens

›**Falsches**‹ **Selbst**

Minderwertigkeitssegment	*Größensegment*
Minderwertigkeit	
	Grandiosität
Depression	

›**Wahres**‹ **Selbst**

Symptom bedeutet:

– Abwehr echter Bedürfnisse und Gefühle
– Abwehr des Gefühls der Verlassenheit bei Alleinsein und Trennung
– Abwehr von Kränkung, Schmerz, Wut, Hilflosigkeit, Panik
– Abwehr des Bedürfnisses nach Nähe
– Tröstung im Essen finden

Das Essen/Erbrechen ist aber auch eine Form der Selbstbestrafung für ihre Minderwertigkeit und Schlechtheit. Diese hängt unter anderem mit sexuellen Gefühlen, Lust, Essen und Gier zusammen, die von den Frauen als schmutzig und ›böse‹ bezeichnet werden. Sie bestrafen sich dafür durch Askese oder Erbrechen. Weil sie sich schuldig gemacht haben, indem sie aßen, müssen sie ›Buße‹ tun bzw. sich strafen. Weil sie meinen, ein schlechter Mensch zu sein, hätten sie es nicht verdient, daß es ihnen gut geht. Und mit Überessen und Erbrechen erreichen sie es, sich wertlos zu fühlen. Sie bestrafen sich mit Vollfressen und Erbrechen und beweisen sich auf diese Weise wieder ihre vermeintliche Minderwertigkeit. Es ist ein Teufelskreis.

Innerlich erleben sich die Bulimikerinnen zweigeteilt in einen ›bösen‹ Teil, der ungezügelt frißt, erbricht, der pervers, willenlos, abartig, lustvoll und schmutzig ist. Von *Langsdorff* befragte Frauen bezeichneten ihn als ›den Teufel‹ in sich. Wenn sie sich ihren Gelüsten hingeben, verunreinigen sie sich. Der ›gute Teil‹ in ihnen ist der saubere, reine, überangepaßte, kontrolliert essende, der die Unarten des anderen durch besonders nettes Verhalten ausgleichen soll. Erbrechen hat in diesem Kontext die Bedeutung eines Reinigungsrituals, um sich vom bösen Teil zu befreien und sauber zu werden. Das Essen wiederum dient der Abwehr und Kontrolle sexueller Wünsche und Ängste.

Im Zusammenhang mit dem Größensegment hat das Eß-Brech-Symptom den Zweck, sich den aktuellen Problemen nicht stellen zu müssen, Spannungen, Enttäuschungen, Konflikte ›einfach wegzuessen‹ und auf diese Weise der Welt und sich selbst vorzumachen, daß es keine Probleme gibt. Um schön zu sein, muß die Bulimikerin schlank sein, um Probleme zu vermeiden, muß sie fressen, um nicht dick zu werden, muß sie erbrechen. So versucht sie, ihr Idealbild aufrechtzuerhalten, indem sie ~hlank, attraktiv und zugleich ohne Probleme ist. Das Brechen ~ Versuch, das Fressen ungeschehen zu machen, als könne ~ch seine Probleme in die Kloschüssel werfen und dann Die narzißtische Getriebenheit findet vorüberge- Essen und Erbrechen.

Bezogen auf das ›wahre‹ Selbsterleben dient das Eß-Brech-Symptom der Abwehr der echten Bedürfnisse und Gefühle, der Verlassenheitsgefühle und dem Wunsch nach Nähe, Ruhe und Angenommensein. Der Zorn auf die Behinderungen, sie selbst sein zu dürfen, richtet sich gegen sie und wird mit Fressen niedergehalten. Besonders in Situationen von Alleinsein und Trennung, die sie als Verlassenwerden und Kränkung erleben, kommen sie ihrer Sehnsucht nach anderen Menschen, ihrem Bedürfnis nach Nähe und dem Schmerz und der Wut über die Verlassenheit besonders nahe. In ihrer Hilflosigkeit und panischen Angst diesen Gefühlen gegenüber reagieren sie mit Essen und Erbrechen, weil sie nicht den Mut haben (und meist auch nicht die Sicherheit), diese Gefühle zuzulassen. Dazu brauchen sie therapeutische Unterstützung oder den Beistand der Selbsthilfegruppen, weil diese Gefühle mit viel Angst und Verunsicherung verbunden sind. Aufgrund früherer mangelnder Fürsorge fehlt ihnen die Fähigkeit zur Selbsttröstung, die ihnen in diesen Momenten helfen würde, die Situation zu meistern. Das Essen kann als Versuch einer Tröstung angesehen werden.

So, wie die Persönlichkeit der Bulimikerin gespalten ist, finden wir auch in bezug auf das Essen wieder eine Spaltung: Essen ist schlecht, Fasten und dünn sein sind gut. Dementsprechend werden die Eßwaren auch in gute und böse eingeteilt. Die guten machen nicht dick, sind ›gesunde‹, fettarme, kalorienfreie Lebensmittel wie Magerjoghurt und Knäckebrot. Sie sind außerdem die erlaubten Nahrungsmittel. Die bösen sind die gehaltvollen, wohlschmeckenden Speisen wie Nudeln, Sahnesoße, Pudding, Schokolade usw. Sie sind im Grunde die Gerichte, die ihnen besser schmecken, die zu essen sie sich jedoch nicht erlauben, oder nur unter der Bedingung, hinterher wieder zu erbrechen.

Die Begründung heißt: ›Ich habe Angst, dick zu werden.‹ Diese Angst hängt meiner Meinung nach mit der Grandiosität und dem überhöhten Ich-Ideal der Bulimikerin zusammen. Wenn sie dicker ist, als ihr Ideal es zuläßt (und diese Spanne ist sehr gering), gerät sie in Gefahr, daß ihre grandiose Kompensation zusammenbricht, sie sich minderwertig fühlt und in Kontakt mit dem

›wahren‹ Selbsterleben kommt: dem Wunsch, ›normal‹ sein zu dürfen und trotzdem geliebt zu werden. Normal sein hieße bezogen auf den Körper: Ich muß nicht einem niedrigen Idealgewicht hinterherhungern (oder -brechen), sondern darf mich satt essen, einige Kilo mehr wiegen und dennoch angenommen und geliebt werden. Diese Vorstellung, so schön sie ist, macht große Angst, weil das Vertrauen fehlt, daß die Welt nach diesem Prinzip funktioniert. Für die Bulimikerin bedeutet die Erfahrung, existenzberechtigt zu sein und Zuwendung zu erhalten, auch ohne perfekt zu sein, ein großes Wagnis. Läßt sie sich darauf ein, erlebt sie panische Angst und Zweifel an ihrer Berechtigung, begleitet von Gefühlen der Verlassenheit und Vernichtung. Sie begegnet also frühen Ängsten und alten Ablehnungen, ihrem dementsprechenden Mißtrauen anderen gegenüber und ihrem damit verbundenen Haß.

Verbotene Lust und Gier

Lust ist für weiblich-narzißtische Frauen verboten und löst daher bei ihnen Scham aus. Ebenso bedrohlich ist das Gefühl der Gier, das auch nicht ›sein darf‹ und deshalb niedergedrückt wird. Dadurch wird es jedoch noch größer, weniger kontrollierbar und beängstigender. Gier und Fasten gehören zusammen wie Licht und Schatten und haben zuerst einmal noch nichts mit einer Eßstörung zu tun. Jeder Mensch, der längere Zeit nichts ißt, wird in sich einen gierigen Hunger auf Essen verspüren. Es ist ein einfaches physiologisches Gesetz, nach dem der Körper reagiert. Frauen, die fasten, um schön zu sein, versuchen, sich über diesen natürlichen Ablauf hinwegzusetzen, indem sie gerade dann nichts essen, wenn sie Hunger haben. Statt dem Körper zu folgen, wollen sie ihm ihre Gesetze aufzwingen, was aber nicht lange gutgehen kann. Die Natur läßt sich nicht unter Kontrolle bringen. Und je mehr sich die Betroffenen kasteien, um so größer wird die Gier. Diese aber wird gerade gefürchtet. Deshalb sei es besser, gar nicht mit lustvollem Essen in Kontakt zu kommen, weil dann die Gier hochzukommen droht. Als würde der Staudamm brechen, den sie so lange und verzweifelt gegen die Lust, den Hunger und die Gier gebaut haben. Es gibt in ihrem Erleben auch in diesem Kontext nur ein Entweder-Oder: entweder Kontrolle oder ungezügelte Gier.

Die Gier kann aber auch im Rahmen der Grandiosität als Versuch verstanden werden, nach immer mehr zu streben und sich nicht mit ›normalen Mengen‹ abzufinden. In der Gier liegt die Grenzenlosigkeit, die Allmacht des ›Alles-haben-Wollens‹, sich nicht mit weniger zufrieden zu geben, wenn mehr möglich ist. Ausgeglichen werden soll dadurch die Angst und das mangelnde Vertrauen, daß nicht genug für jeden da ist. Diese Haltung zeigt aber auch, daß die Betroffenen sich nicht mit der Beschränkung versöhnt haben und sie nicht als Teil des Lebens akzeptieren. Mir scheint, als erlebten sie ihre Anspruchshaltung nur in der Gier, als sei dies die einzig ›erlaubte‹ Form, denn ihre Ansprüche an andere Menschen leugnen sie oder drücken sie nicht aus, wenn sie sie wahrnehmen.

Gundi spürt zu Beginn ihrer stationären Therapie ihre Unersättlichkeit und Unruhe, die sie durchs Leben treibt und nicht satt werden läßt.

Ich mache mir großen Druck, so viel als möglich an mir zu arbeiten, lasse mir kaum Zeit anzukommen, sondern habe ständig das Gefühl, ich müsse so schnell wie möglich alles machen: Gleich alle Leute kennen, ihnen nah sein, meditieren, Gespräche führen usw. So lebe ich: Immer so viel wie möglich von allem! Und so schnell es geht! Es ist, als würde ich mich regelrecht durchs Leben hetzen. Ich erlaube mir nicht zu rasten und kann weder ruhen noch genießen – so, als wär ich ständig auf der ›Durchreise‹. Ich möchte so gerne mal bleiben können, so richtig da sein. Ich weiß ja, daß ich mir die Hektik selber mache, aber ich weiß einfach nicht, wie ich es anders machen könnte – mein ganzes Leben geht das nun schon so, und langsam habe ich das Gefühl, ich betrüge mich selbst um das Schöne im Leben. Selbst wenn ich mich mal dazu ›zwinge‹, etwas zu tun, was mir Spaß macht, habe ich den Druck, es schnell zu machen, daß ich noch meine Pflichten erledigen kann. Ich habe überhaupt bei allem, was ich tue, das Gefühl, ich müsse

mich beeilen, ich müsse es schnell machen, damit ich schnell ans nächste kann – so bringe ich mich um jeden Genuß. In meinem Kopf ist eine Tafel, da steht immer drauf, was ich noch alles erledigen muß – und ich werde nie fertig.
So etwa sieht's in mir aus:

    Arbeit, Pflicht   Genuß, Vergnügen
    ICH MUSS   ICH DARF NICHT

Ich bin gerade total traurig, mir wird das alles erst jetzt richtig bewußt, wo ich es aufschreibe. Ich komm' mir vor wie der Hund, der hinter der Wurst herläuft und sie nie erreicht.

Allein beim Lesen spürt man die Getriebenheit dieser Frau, die typisch ist für die grandiose Abwehr. Damit rennt sie vor sich selbst weg, spürt zwar in Ansätzen ihre wirklichen Bedürfnisse nach Ruhe, Ankommen und ›Normalität‹, kann aber noch nicht stehen bleiben und ihnen nachgehen. Sie rennt noch einem Ideal hinterher, das sie nie erreicht und das sie auf Dauer nicht glücklich macht, aber sie rennt weiter. Den ersten Schritt zum Stehenbleiben hat sie getan, indem ihr die Dynamik bewußt geworden ist und sie traurig wird. Wie tief sie es zuläßt, wird darüber entscheiden, ob eine Veränderung einsetzt oder ob es ›nur‹ eine Erkenntnis bleibt, die aber keine weitere Konsequenz besitzt.

Das Beziehungsdilemma

Dilemma bedeutet: ›Klemme; Wahl zwischen zwei unangenehmen Dingen; Zwangslage, -entscheidung.‹
Beziehungen von narzißtischen Frauen stellen sich regelmäßig als Dilemmas heraus. Sie haben die Wahl zwischen Nähe und Distanz. Wählen sie die Nähe, dann bekommen sie Angst, verschlungen zu werden. Wählen sie die Distanz, dann fürchten sie das Alleinsein und die Depression. Wie sie sich auch ent-
‿‿‿‿‿‿‿ sind nie glücklich. Kommen sie einem Mann nahe,
            bald für Distanz sorgen, weil sie die Nähe fast

erdrückt. Sind sie in der Distanz, fühlen sie sich alleingelassen und einsam und tun alles, um ihm wieder nah zu sein. Dieses Beziehungsmuster führt entweder dazu, sich bei zu großer Nähe vom Partner zu trennen und dasselbe Muster mit dem nächsten Mann zu praktizieren; oder sie werden mit immer demselben Partner in ständigem Wechsel zwischen Nähe und Distanz hin- und herpendeln, verbunden mit den dazugehörigen Gefühlen der Angst, Panik, verzehrenden Sehnsucht und dem Wunsch, wegzurennen.

Die Beziehungsgeschichte von Marlene macht das typische Muster deutlich:

Meine erste feste Beziehung dauerte fast drei Jahre. Die Zeiten ohne meinen Freund konnte ich vor Leere, Unlust und Langeweile kaum aushalten. Es war, als ob ich mich überhaupt nur noch über ihn erleben konnte, die Beziehung war zum Lebensinhalt geworden. Und die war sehr chaotisch. Wir stritten uns immer, wenn wir zusammen waren und konnten uns erst in der Versöhnung nahe sein.

Ich reizte ihn bis zum Schlußmachen, dann bekam ich starke Verlassenheitsängste und legte alle Energien an den Tag, um ihn wieder zurückzubekommen (was mir immer gelang – egal zu welchem Preis und mit welchem Aufwand an Selbstverleugnung). Es war, als würde ein Ende der Beziehung mich mit abtöten, einen Abgrund vor mir entstehen lassen und eine schwarze Wand. Wenn er sich wohlfühlte, inszenierte ich ein neues Chaos, weil ich dachte, wenn er sich wohlfühlt, wird's langweilig und er geht. Im letzten Jahr der Beziehung war er mir immer fremder geworden, weil er etwas mit einer anderen Frau hatte. Wir trennten uns dann.

Die nächste Beziehung war sehr ähnlich. Ich war über diesen Mann genauso enttäuscht wie über den anderen. Ich war gekränkt, weil der Partner besser für sich sein konnte, nicht ständig mit mir zusammensein wollte, mir selten sagte, daß er mich mag, viel weniger Initiative ergriff, als ich es mir gewünscht hätte. Seine Abgrenzung empfand ich als Zeichen, daß er mich nicht genügend mag. Ich tat viel für ihn, in der Hoffnung, er würde merken, was ich mir für mich wünschte. Bedürfnisse auszusprechen war mir vollkommen fremd, da ich davon überzeugt war, es sei die Aufgabe des Partners, mich so gut kennenzulernen, daß er alles selber merkt. Ja, das war wohl meine innerste Überzeugung von Liebe: Wenn er mich genügend liebt, dann merkt er alles.

Es erinnert mich an eine Mutter-Kind-Beziehung. Die Mutter ist stets

verfügbar, kennt das Kind gut, merkt, was mit ihm los ist und welche Bedürfnisse es gerade hat und ist nur dazu da, sich um das Kind zu sorgen. Wenn sie geht, ist das Überleben des Babys gefährdet (= schwarze Wand bei der Gefahr der Trennung ?!). Was mich verblüfft ist, daß ich ja zwischen den Beziehungen die Erfahrung gemacht habe, ohne diese lebensfähig zu sein, und doch erlebte ich in der zweiten Beziehung wieder dieselbe Angst bei der Vorstellung, der Partner würde sich von mir trennen. Ich konnte also nicht auf die zwischenzeitliche Erfahrung zurückgreifen.
Die zweite Beziehung war geprägt von sexuellen Schwierigkeiten. Die erste Zeit hatte er keine Lust und ich dadurch sehr große. Ich dachte wohl, wenn ich ihm dazu verhelfe, Mann zu werden, dann ist er mir so verbunden, daß er mich nie verlassen wird. So ließ ich ziemlich alles mit mir machen, nur damit es ihm gut ging. Als er dann nach etwa einem Jahr seine Lust entwickelt hatte, kippte ich weg. Die alte Panik und das Beengtheitsgefühl waren da, sobald jemand was von mir will.
Ich entzog mich ihm immer mehr, konnte keine Berührung mehr ertragen. Er fing an, sich in meinem Beisein für andere Frauen zu interessieren, und ließ mich nicht mehr spüren, daß er mich mag. Ich glaube, danach begann mein Komplex, nicht nur zu dick zu sein, sondern eben einfach auch zu häßlich. Ich erklärte seine Abwendung von mir nur aufgrund der Äußerlichkeiten, zumal er mir auch immer mitteilte, welche Frauen ihm gefielen. Er hatte sich auch nahezu in jede meiner Freundinnen verguckt, so daß ich immer mehr das Gefühl bekam, so wie ich bin, habe ich keine Chance, seine Aufmerksamkeit zu bekommen.
Aussteigen konnte ich dann nur, weil meine Zwischenprüfung anstand und ich wahnsinnige Prüfungsängste durchmachte. Irgendwann spürte ich, daß es mir nicht mehr schlechter gehen könnte, daß es also egal sei, ob er nun noch da sei oder nicht.
Bis zu dem Punkt, an dem er begann, sich anderen Frauen zuzuwenden, war ich überzeugt, daß meine Vorstellungen und Erwartungen richtig waren, dachte nie über mich nach, nur darüber, warum er sich nicht so verhält, wie ich es gerne hätte. Mein Ziel war es, die Partner ›dahin zu bekommen‹, so zu sein, wie ich sie haben will. So, wie früher meine Mutter meine ganze Aufmerksamkeit in Anspruch nahm und mein Mich-Fühlen bestimmte, so waren es jetzt die Partner.
Nach dem Ende der zweiten Beziehung hatte sich dann grundlegend etwas geändert. Irgendwie war ich angeknackst, merkte, daß mein Leben nicht so funktionierte, wie ich immer dachte. Ich ging dann in eine Frauentherapiegruppe. Das war gut. Wie so ein Aha-Effekt: ›Was will

ich?‹ Es war Neuland, mich auf mich zu besinnen, über mich nachzudenken. Irgendwie fühlte ich mich wie ein verschüchtertes Häschen, das aus einem langen Alptraum aufwacht.

Ich hatte das Bild, daß Beziehungen wie ein reißender Strom sind. Sobald ich nur meinen Zeh reinsetze, zieht es mich rein und ich muß nur noch kämpfen, es ist nur noch anstrengend und chaotisch. Sobald ich mich einlasse, so dachte ich, bin ich ausgeliefert, spüre mich selber nicht mehr, ist Unruhe im Leben. Heute kenne ich das ›Gegenmittel‹: meine Wünsche und Bedürfnisse zu spüren und auszudrücken! Zu sagen, was ich will und was ich nicht will. Ich habe auch die Erfahrung gemacht, daß ich in den früheren Beziehungen durch das ›er soll merken‹ davon abgelenkt habe, daß es mir schwer fällt, meine Wünsche auszusprechen.

Meine Aufgabe wird es sein, auch in nahen Beziehungen autonom zu bleiben, das heißt für meine Bedürfnisse und Grenzen einzutreten. Das wird mir schwerfallen, denn ich hatte immer das Bild, irgendwann, als Belohnung für alle meine Mühen bisher, aus dem Chaos in den sicheren Vater-Mutter-Hafen fahren zu dürfen, und dann würde das Leben endlich einfach, dann müßte ich mich nicht mehr anstrengen.

Ich habe auch gemerkt, daß ich Angst vor Nähe habe. Ich wetteifere zwar immer danach, ob jemand mir nah sein möchte, wenn es dann aber so ist, bekomme ich sehr schnell Angst, verschlungen zu werden. Ich habe Angst, meine Grenzen zu verlieren, wenn ich einmal ja sage. Am liebsten wäre mir, wenn ich in einer Beziehung vollkommen dirigieren dürfte, der andere keine eigenen Bedürfnisse hätte, außer natürlich, mich zu mögen.

In Marlenes Beschreibung wird deutlich, wie sie eine Illusion von Beziehung aufbaut, die zu leben unglaublich anstrengend ist und letztendlich nicht gelingen kann. Man kann die Angst spüren, die mit der Vorstellung von Beziehung zusammenhängt: Die Furcht, daß jede Beziehung immer wieder in derselben Weise endet und die Angst vor dem Sog, wenn sie einmal in den Strudel von Gefühlen geraten ist.

Ihr untergründiger Wunsch ist der nach einem ›Vater-Mutter-Hafen‹, also einer beständigen Beziehung, in der sie geachtet, angenommen, wahrgenommen wird und wichtig ist. Sie selbst hat als Kind eine solche Beziehung weder zu ihrer Mutter noch zu ihrem Vater aufbauen können. Dieser Mangel setzt sich in ihren heutigen Beziehungen fort und bleibt unbefriedigt. Denn wendet der Mann sich ihr zu, ›will er was von ihr‹ oder bietet er ihr eine Beziehung an, dann geht sie innerlich weg. Sie gibt ihm und sich nicht die Chance für eine nährende Bindung, sicherlich auch, weil sie nie erfahren hat, was eine gute Beziehung ausmacht, wie sie aufgebaut wird und wie man sie erhält. Ihre Unsicherheit und Ängste überwiegen und bestimmen ihr Verhalten.

Fehlende gute Beziehungserfahrungen drücken sich entweder in häufigem Partnerwechsel aus oder in längerfristigen, aber ständig schwankenden Beziehungen, deren Existenz durch Krisen leicht bedroht ist. Die Partner stellen sich in Streits immer wieder die grundlegende Frage, ob sie zusammenbleiben wollen oder sich doch lieber trennen. Am Ende bleiben sie zusammen, bis sie sich die Grundsatzfrage im nächsten Streit wieder stellen. So, als hätten sie Angst, daß eine Beziehung Konflikte nicht aushält und daß es am Ende nur eine ›Lösung‹ gäbe: die Trennung.

Eine weitere Quelle für das Beziehungsdilemma ist der Widerspruch zwischen dem äußerlichen Selbstbewußtsein der Frau und starken Abhängigkeitstendenzen in Beziehungen. Sie tritt unabhängig, erwachsen und selbständig auf, in Beziehungen dagegen wird sie abhängig, unselbständig, anklammernd und kindlich. Nicht nur die Betroffenen leiden unter dieser Diskrepanz, sondern auch die Partner, die nicht wissen, auf welche Art von Frau sie sich einstellen müssen. Sie lernen eine selbstbewußte Frau kennen und wollen auch mit dieser eine Beziehung eingehen, begegnen dann aber plötzlich einer ganz anderen Partnerin: einer Frau, die sich stark an den Mann anpaßt, nur noch an ihn denkt und nichts mehr allein unternehmen will. Die Überanpassung an den Partner geht bis zur Aufgabe ihrer Identität. Sie verliert sich ganz im anderen und spürt sich nicht mehr als unabhängige Person mit eigenen Grenzen und Bedürfnissen. Alles Fühlen und Denken kreist nur noch um den Mann, sie gerät in Panik, wenn er nicht anruft oder zu spät kommt und löst sich scheinbar ganz in ihm auf. Entfernt er sich, werden die Anklammerungsversuche um so stärker, was den Partner nur noch mehr nach Unabhängigkeit streben läßt. Mit jedem Stück Distanz steigen die innere Angst, verlassen zu werden, und die Bemühung, den Partner nicht zu verlieren. Im Erleben und Verhalten der Frau ist von der vorherigen Unabhängigkeit und Sicherheit nichts geblieben. Sie reagiert schnell mit Kränkung und Rückzug, wenn sie vom Partner kritisiert wird, stellt sich vollkommen in Frage, bis sie nichts Gutes mehr an sich findet. Über Schlanksein und äußere Attraktivität versucht sie zu gefallen, ist aber nur noch selten mit sich zufrieden. Durch die große Verunsicherung kommt es zu einem inneren Druck, der sich in Suchtverhalten oder in Streit entlädt.

Manchmal setzt hier der Mechanismus ein, den anderen entweder räumlich oder innerlich zu verlassen und alles zu zerstören, wie auch Marlene beschrieb. Dies führt in der Regel zur Trennung. So schmerzlich diese auch ist, sie wird zugleich von einem Gefühl der Erleichterung begleitet, endlich wieder allein zu sein, sich auf sich selbst verlassen zu können und nicht mehr anpassen zu müssen. Interessanterweise würde diese Einstellung in der Partnerschaft die Beziehung erhalten. Aber Autonomie kann eine selbstwertschwache Frau nur allein leben. Ist sie allein, fühlt sie sich unabhängig, ist sie zu zweit, dann wird sie abhängig, symbiotisch und klammernd.

Die Unabhängigkeit erleben viele Frauen im Berufsleben und sie dient der Bewältigung des Alltags. Daher ist sie ein Zeichen von Ich-Stärke und Kompetenz dieser Frauen, obwohl sie ihnen in einer intimen Beziehung verlorengeht. Das mag daran liegen, daß nur ein Teil der Autonomie echt und im Selbstwertgefühl gegründet ist. Der andere Teil ist die Pseudounabhängigkeit, die zwar nach außen demonstriert wird, aber innerlich nicht dem Erleben der Frau entspricht. In Beziehungen dient sie hauptsächlich der Abwehr der symbiotischen Verschmelzungswünsche mit dem Partner. Zu Beginn einer Beziehung kann die Frau die Nähe noch genießen, spürt noch eine Grenze zwischen sich und dem anderen, doch nach einiger Zeit gelingt die Abwehr gegen den Wunsch nach symbiotischer Nähe nicht mehr. Es ist fast so, als würde die starke, unabhängige Fassade durch die menschliche Nähe schmelzen oder abbröckeln.

Der Wunsch nach Verschmelzung mit dem idealisierten Partner äußert sich in dem Anspruch, den Mann ›ganz für sich‹ haben zu wollen, kein ›Teilen‹ zu akzeptieren und völliges Auf-sie-Eingehen zu verlangen. Ihr starker Wunsch nach Spiegelung drückt sich in dem Verlangen aus, ständig hören zu wollen, daß sie eine tolle Frau ist, daß er sie liebt und daß sie alles richtig gemacht hat. Sie sucht nach Bestätigung ihrer Person und braucht Antwort auf ihre zweifelnde Frage: ›Bin ich gut genug?‹ Es ist verständlich, daß jede kleine Kritik oder Enttäuschung in diesem Zustand des phantasierten Paradieses katastrophale Folgen hat. Sie bringen nämlich die Ansprüche der Realität in die Beziehung hinein und damit die Notwendigkeit für die Partner, sich erwachsen und situationsangemessen zu verhalten. Diesen Wechsel schafft die Frau aber nicht. Lieber verzichtet sie auf die Beziehung als auf ihren Traum. Vielleicht wird sie ihn eines Tages mit einem anderen, besseren Mann leben können – hofft sie nach jeder Trennung.

Kommt es zur Trennung, dann ist damit fast immer auch ein Beziehungsabbruch zu diesem Menschen verbunden. Er hat sich als unfähig herausgestellt, ihre Wünsche zu erfüllen und ist damit ›nichts mehr wert‹. Sie will deshalb nichts mehr mit ihm zu tun haben. Neben dieser Abwertung des Partners bleibt sie noch lange innerlich an ihn gebunden und sehnt sich nach der anfänglichen Zeit der Beziehung zurück, in der alles ›so toll‹ war, so, wie es noch nie war und nie mehr sein wird. Es ist die nachträgliche Überidealisierung des Mannes und der Beziehung, wodurch sie noch lange an der unglücklichen Begegnung festhält, statt Abschied zu nehmen und sich durch Trauern aus ihr zu lösen.

Wird das Alleinsein nach einiger Zeit schmerzlich und sehnsuchtsvoll, wird die Frau versuchen, wieder eine Beziehung mit diesem Mann einzugehen. Sie wird dann alle ›Register‹ ihrer Verführungskunst ziehen, um abermals geliebt zu werden. Sie gibt sich ›vernünftig‹, selbstbewußt, kokett, ist die tollste Frau, verspricht, ihn glücklich zu machen, und glaubt auch, daß nur sie das kann. Sie macht sich besonders schick und fühlt sich ganz stark, nun eine reife Form der Beziehung eingehen zu können. Auch glaubt sie fest daran und kann sich gar nicht mehr vorstellen, so abhängig und kindlich gewesen zu sein. Gelingt diese Verführung, dann beginnt das Drama von neuem, denn es dauert auch diesmal nicht lange, bis sie wieder fusionistische Ansprüche stellt und die normale Distanz, die jede Beziehung fordert, nicht toleriert.

Der Mangel an einem stabilen, guten inneren Bild des anderen führt dazu, daß der Mann nie zu einem festen Liebespartner wird. Die Frau wird immer Zweifel und Ängste haben, verlassen zu werden. Durch individuelle Ansprüche des Partners, bei vorübergehenden Trennungen oder Alleinseinmüssen, wird die Situation für sie unerträglich. Begehrt er sie nicht ständig oder beteuert er seine Liebe nicht, zweifelt sie sofort an sich und ihrer Attraktivität. Erschwerend kommt die Eifersucht hinzu, die in jeder Bemerkung einen Verdacht schöpft, daß der Mann eine andere Frau begehrt. Liebe setzt sie gleich mit bedingungsloser und ständiger Hingabe und Bewunderung.

Ihre Verschmelzungswünsche, die sie selbst als kindliche Bedürfnisse erlebt, versucht sie abzuwehren, aber ohne Erfolg. Sie bestehen weiter und werden in jeder neuen Beziehung reaktiviert. Aber sie werden nie offen ausgesprochen, sondern unterdrückt. Denn zu dieser Art der Beziehungsdynamik gehört auch, daß die Bedürfnisse nicht erfüllt werden. Denn wäre ein Mann bereit, auf die symbiotischen Wünsche einzugehen, dann könnte sie es nicht ertragen. Sie würde Angst vor Vereinnahmung bekommen und befürchten, ›aufgefressen‹ und vernichtet zu werden. Ebenso ist es mit ihrer Hoffnung auf intensive Nähe. Droht diese Wirklichkeit zu werden, leben alle Ängste des Manipuliert- und Verschlungenwerdens wieder auf. In diesem Moment bricht sie die Beziehung ab. Der Partner, der bleibt und sie auch noch liebt, ist unerträglich. Er verliert dadurch seine Anziehung, wird abgewertet und ausgestoßen.[16] Der Mann wird in dem Moment vertrieben, in dem er sich als Beziehungspartner anbietet. Dahinter steht die

große Angst vor Nähe und Intimität, die auch die Furcht vor der Verpflichtung und vor möglicherweise ebenso maßlosen Wünschen des anderen beinhaltet. Was bleibt ist die Hoffnung, endlich den ›richtigen‹ Partner zu finden, durch den sie die ersehnte Geborgenheit findet bei gleichzeitigem Offenhalten aller Hintertüren und ›Fluchtwege‹. Nur ist das eine Illusion, denn sie selbst ist es ja, die immer wieder die symbiotische Nähe fordert, vor der sie sich zugleich fürchtet.
Es verwundert deshalb auch nicht, daß viele Frauen oft über lange Zeit Beziehungen zu verheirateten oder liierten Männern führen. Hier wiederholt sich zum einen die ungelöste Familiensituation. Die Dreiecksbeziehung bietet aber auch genug Schutz vor der Angst, vereinnahmt zu werden oder sich wirklich einlassen zu müssen. Andererseits beinhaltet sie den andauernden Schmerz, nicht genug zu bekommen, verzichten zu müssen. Die Frauen klammern, um wenigstens ein bißchen Zuwendung zu erhalten, lassen aber vollständig los, wenn sie wirklich eine Beziehung angeboten bekommen.

Wir können nicht miteinander, aber auch nicht ohneeinander

Für die Beziehung habe ich ein ähnliches Spaltungsmodell entwickelt wie für die narzißtische Selbstwertstörung. Es erläutert den inneren Spaltungsmechanismus und das Verhalten dem Partner gegenüber (siehe gegenüberliegende Seite).
Die rechte Seite stellt das symbiotische Segment dar, das durch folgenden Inhalt charakterisiert ist: Das Streben nach Verschmelzung mit dem idealisierten Partner, die Suche nach einem gleichgearteten Partner, der dasselbe will, denkt und fühlt, und den Wunsch nach ständiger Spiegelung. Es ist ein Abbild der Grandiosität des narzißtischen Modells.
Zur Symbiose gehört die Idealisierung der eigenen Person und der des Partners: Die Frau fühlt sich toll, wie das Prinzeßchen

DAS BEZIEHUNGS- SPALTUNGSMODELL

Abwertung:
Partner: ist klein, nichtig, unbedeutend

sich selbst: Nichts wert sein, zu dick, häßlich, Versagerin, nicht liebenswert

Idealisierung:
Partner: ist der tollste Mann, nur dazu da, sie glücklich zu machen

sich selbst: Prinzeßchen der Kindertage. Nur sie liebt ihn wirklich, er braucht sie. Tollste Frau, hübsch, schlank

> **›Falsches‹ Selbst**

Minderwertig-keitssegment	*Größensegment*
Minderwertigkeit Depression	Grandiosität

Wunsch nach DISTANZ:
– Alleinsein wollen
– Kontrolle der Beziehung
– Ich brauch Dich nicht

> **›Wahres‹ Selbst**

Abwehr von:
– Bedürfnis nach Geborgenheit und Wärme
– Existentiellen Ängsten (Sei-Nicht)

Verhalten:
– Machtkämpfe
– nörgelig
– vorwurfsvoll

Folge:
– Verlassenheit
– Depression

Wunsch nach SYMBIOSE:
– Fusion mit den idealisierten anderen
– Suche nach Gleichgeartetem (dasselbe denken, fühlen, wollen)
– Wunsch nach ständiger Spiegelung
– Panik bei Distanz oder Eigenständigkeit des Partners

Abwehr von:
– Angst vor Autonomie und Getrenntheit
– Existentiellen Ängsten (Sei-Nicht)

Verhalten:
– abhängig, unselbständig, anklammernd, kindlich
– alles Denken und Fühlen kreist um den Partner
– beansprucht d. Mann für sich allein
– Überanpassung, keine eigene Meinung, Identitätsverlust
– Perfekte Partnerin sein
– Manipulation durch Altruismus und Bedürfnislosigkeit

Folge:
– Angst vor Ich-Verlust
– Angst vor Verschlungenwerden
– Angst vor Zusammenbruch der Grandiosität durch Gefühl d. Minderwertigkeit bzw. kein Recht auf Liebe zu haben.

Distanzierungsarbeit:
Haß, Streit, Kritik, Wut, Ablehnung, Entwertung

Wiederannäherung:
verführen, vernünftig sein, selbstbewußt sein, kokett, schick, schlank, stark, alles wieder gut machen, besonders lieb, noch angepaßter

der Kindertage, und meint, alle Wünsche erfüllt zu bekommen. Ihr Partner ist ebenso großartig, eigentlich der ›tollste Mann‹ der Welt, der alles kann, aber selbst nichts braucht. Er ist im Grunde nur dazu da, ihr alles zu geben und sie glücklich zu machen. Negative Seiten an ihm werden ausgeblendet und verleugnet. Er ist in ihren Augen toll, auch wenn das real gar nicht so bedingungslos der Fall ist.

Im Verhalten paßt sich die Frau stark an, sie will alles, was er will, hat keine eigene Meinung mehr, sagt nie nein und will ihm alles recht machen. Sie orientiert sich dabei mehr an dem, was sie glaubt, das sie tun müßte, und was der Mann von ihr als ›idealer‹ Partnerin erwartet, statt an dem, was sie will, fühlt und braucht. So meint sie oft, cool wirken zu müssen und sich unabhängig zu zeigen, obwohl sie sich nach Nähe und Anhänglichkeit sehnt. Umgekehrt vermutet sie in anderen Situationen, sich anschmiegen zu müssen, obwohl sie lieber auf Distanz gehen würde.

Die Grandiosität liegt hier einerseits in der Überidealisierung beider Personen, aber auch in der Vorstellung, die ganze Beziehung und den Partner durch Überanpassung kontrollieren zu können. Ihr Denken geht folgendermaßen: Wenn ich ganz toll bin, sehr gut aussehe, alles richtig mache und keine Probleme verursache (zum Beispiel durch eigene Wünsche), dann wird er mich lieben und bei mir bleiben.

Sich so zu zeigen, wie sie ist, gelingt ihr nur in seltenen Fällen. Meist versteckt sie sich hinter der Fassade der perfekten Partnerin. Was allerdings so selbstlos aussieht (nämlich bedürfnislos zu sein und keine eigenen Ansprüche zu stellen), ist eigentlich ein Instrument der Manipulation. Denn die Anpassung dient hauptsächlich dem Ziel, etwas zu bekommen, und zwar die Aufmerksamkeit und Liebe des Partners. Sie selbst ist sich ihrer Manipulation in den seltensten Fällen bewußt. Im Gegenteil, sie erlebt sich als aufopfernd und durch die Anpassung innerlich beschnitten. Was der Mann also als Manipulation erlebt, ist für sie Aufopferung. Irgendwann hat sie aber den Eindruck, daß der Lohn für ihr Opfer nicht genug ist. Er müsse sich mehr um sie

kümmern und mehr auf sie eingehen. Der Mann beginnt jedoch allmählich, sich vor der Manipulation zu schützen, indem er sich etwas zurückzieht. Nun setzt das verstärkte Klammern ein, das meist zu Streit oder sogar zu Trennung führt.
Zieht der Partner sich jedoch nicht zurück, kommt es zu einer nahen Begegnung. Diese ist für die Frau mit dem Gefühl von Ich-Verlust begleitet, der Angst, verschlungen zu werden, keine Luft mehr zu bekommen. Die Distanz muß die Frau nun selbst herstellen, wenn es der Partner nicht tut. Diese »Distanzierungsarbeit« hat viele individuelle Ausprägungen: sie kann im Anzetteln von Streit bestehen, in Kritik am Partner, im Ausagieren von Wut und Haß, in Ablehnung und Entwertung. Dadurch entsteht ein Abstand zwischen den Partnern, der die Angst vor zu großer Nähe verringert.
Bezogen auf das Beziehungs-Spaltungs-Modell befinden wir uns nun auf der linken Seite, dem Distanz-Segment, das die Abwertung der eigenen Person und des Partners beinhaltet. So toll, unfehlbar und allmächtig, wie er zu Anfang war, so klein, nichtig und unbedeutend erscheint er nun. Alles Negative, was sie zuerst leugnete, kommt nun zutage, aber in massiver Form. So, wie sie zuerst die positiven Seiten überbewertete, nimmt sie nun die negativen verzerrt wahr. Die positiven sind nicht mehr vorhanden.
Geprägt ist der Kontakt zum Mann nun durch Machtkämpfe und kontrollierendes Verhalten. Die Frau hält es nicht aus, daß der Partner anderer Meinung ist und versucht, ihm ihre aufzuzwingen. Oft streitet sie um Kleinigkeiten, als gehe es um ihr Leben. Mit diesen Machtkämpfen versucht sie, ihre Unabhängigkeit zu demonstrieren bzw. sich selbst zu beweisen, daß sie ja gar nicht abhängig ist. Und sie ist es im Innersten auch nicht. Sie verschmilzt, aber hat keine Vorstellung davon, was eine gute Form der Abhängigkeit in einer Beziehung bedeutet. Nachgeben fällt ihr schwer, denn das hieße, den anderen zu respektieren und sich auch einmal zurückzuhalten.
Die Distanzierung vom Partner schafft zunächst Erleichterung, einige Zeit später setzt dann eine Verlassenheitsdepression ein,

ein Gefühl von Verlassensein verbunden mit dem Wunsch, wieder jemandem oder demselben Partner nah zu sein. Die Frau beginnt nun eine Wiederannäherung, wie ich an früherer Stelle schon kurz beschrieb. Sie wird versuchen, alles wieder gutzumachen (zum Beispiel die Verletzungen, die sie dem Partner im Streit zugefügt hat), ist besonders lieb und angepaßt, um ihm nahe zu kommen. Sie beginnt auch wieder, ihn zu überidealisieren, er erhält dieselbe überhöhte Bedeutung für sie wie vor der Distanzierung. Dann beginnt das ›Beziehungsspiel‹ von neuem.

In der Überidealisierung wie in der Entwertung des Partners und der eigenen Person, ist ein echter Kontakt mit dem Mann nicht möglich, sie bietet aber die einzige Möglichkeit, die Bedrohung in der Beziehung zu minimieren. Nähe, Liebe, Angenommensein, Akzeptiertwerden führen zum wahren Selbsterleben und damit zu den bedrohlichen Gefühlen, die alte, negative Beziehungen hinterlassen haben. Die Angst, verschlungen zu werden, resultiert aus der Erfahrung, die eigene Identität aufgeben zu müssen, um geliebt zu werden. Liebe kostet daher einen sehr hohen Preis, nämlich die eigene Person und das eigene Selbst. Jede Nähe aktiviert diese Angst von neuem, die nur durch Distanz kontrolliert werden kann.

›Wir können nicht miteinander, aber auch nicht ohneeinander‹, heißt das Motto dieser Art stabil-instabiler Beziehungen. Stabil sind sie, weil sie nie wirklich zerbrechen, da die Partner zu sehr aufeinander angewiesen sind. Instabil sind sie, weil ihnen die Stetigkeit einer tragenden Bindung fehlt. Dieses Muster finden wir bei vielen Frauen mit narzißtischer Selbstwertproblematik in Zweierbeziehungen. Mit anderen Menschen, Freundinnen oder Kollegen, gelingt es ihnen oft besser, stabile Kontakte aufzubauen, in denen die Spaltungsdynamik nicht in dieser ausgeprägten Form zum Tragen kommt. Je intimer die Beziehungen indessen werden, um so instabiler werden sie.

Eine andere Variante dieser Beziehungsinstabilität ist der Typ der wechselnden Beziehung, bei der nach jeder Trennung die Hoffnung im nächsten Partner liegt. Nach dem Wahlspruch: ›Beim nächsten Mann wird alles anders!‹ Statt sich immer wieder

demselben Partner zuzuwenden, versuchen sie ›ihr Glück‹ bei einem anderen Mann, der hoffentlich ›besser‹ ist.
Jedes Ende einer Beziehung oder einer kurzen Verliebtheit ist von Enttäuschung, Traurigkeit und manchmal auch Verzweiflung gekennzeichnet. Dies erklärt sich durch den Verlust eines Menschen, aber auch dadurch, daß wieder ein erneuter Beziehungsversuch scheiterte. Die Frau beginnt irgendwann an sich zu zweifeln und wertet sich als unfähig ab. Aber auch die Abwertung des Mannes wirkt auf sie zurück, denn jede Entwertung des Partners, der nicht nur Inhalt ihrer Liebe war, sondern auch der Aufwertung ihres Selbstbildes diente, bedeutet zugleich eine Abwertung der eigenen Person. Der ›neue‹ Mann, in den sie sich verliebt, wird zum neuen Ideal, soll die narzißtische Kränkung ungeschehen machen und das Selbstwertgefühl wieder herstellen[17].

Der häufige Partnerwechsel stellt oftmals den Versuch dar, sich autonom und unabhängig zu fühlen und trotzdem die unentbehrliche Bestätigung durch einen Mann zu erhalten. In den häufigen, lockeren Beziehungen kommt aber auch die Abwehr von Bedürfnissen nach Geborgenheit und Wärme zum Ausdruck[18]. Dies unterstützt meine Ansicht, nach der die Vermeidung der intimen Nähe vor Bedürfnissen und Gefühlen aus dem ›wahren‹ Selbsterleben schützen soll.

Elke ›benutzte‹ das Verlieben, um von unangenehmen Gefühlen abzulenken: »Immer, wenn es mir schlecht geht, möchte ich mich verlieben, um nicht zu spüren, daß ich Probleme habe.«

Gundi versteht erst nach vielen Jahren, was sie eigentlich bei den häufig wechselnden Partnern suchte: nicht Sex, sondern Nähe: »Nach der Trennung von meinem Freund wollte ich unbedingt wissen, wie andere Männer sind, und hoffte, endlich das zu finden, was ich immer suchte: Erfüllung. Ich hab' die Männer dann gewechselt wie die Hemden. Ich ging abends aus, extra um einen Mann zu finden. Das ging sicher zwei Jahre lang. Ich hatte sehr viele Männer, brauchte aber auch Alkohol. Denn wenn mir einer gefiel, so war er doch ein Fremder. Es war meist sehr schön, aber die Befriedigung blieb aus. Heute weiß ich, daß ich ganz was anderes gesucht habe: Nähe, Körperkontakt und Zärtlichkeit.«

Die Suche nach immer neuen Partnern kann ebenso wie die Beziehung selbst, süchtigen Charakter annehmen. Der Rausch besteht in der Ekstase der Verliebtheit. Dabei geht es weniger um den Partner als Mensch, sondern um das tolle Gefühl. Der Partner wird dabei zur Droge, die ›eingeworfen‹ wird, um high zu werden.

Die Tragik dieser Beziehungen liegt neben den Dramen, die sich in ihnen abspielen, auch darin, daß die Betroffenen nicht erkennen können, daß ihr Verhalten die Begegnung entscheidend beeinflußt. Die Frauen erleben sich als Opfer der ›bösen Männer‹, die sie nicht verstehen, die herzlos sind und sie wieder verlassen haben. Sie haben es doch so gut machen wollen und sich noch mehr angestrengt als beim letzten Mal. Daran, also an ihnen, könne es nun nicht liegen, daß die Beziehung wieder scheiterte. Sie haben aufgrund dieser Einstellung keine Möglichkeit, ihr Beziehungsmuster zu hinterfragen und zu verändern.

Oft müssen sie jahrelang eine Enttäuschung nach der anderen erleben, bis sie an einen ›Tiefpunkt‹[19] gelangen und daraufhin ihr Beziehungsverhalten in Frage stellen. Tiefpunkt bedeutet zu spüren, daß das bisherige Beziehungsmuster trotz aller Anstrengungen nicht funktionierte und mehr Leid brachte, als die Frau weiterhin bereit ist auszuhalten. Da Tiefpunkterlebnisse individuelle Erfahrungen sind, werden sie auch unterschiedlich wahrgenommen. Bei der einen Frau kann der Tiefpunkt schon nach zwei gescheiterten Beziehungen eintreten, bei anderen erst nach Jahren. Da gibt es keine Regel. Aber daß jemand am Tiefpunkt angekommen ist, spürt er dadurch, daß er ›so nicht mehr weitermachen will‹. Und das reicht meist aus, um eine Veränderung einzuleiten.[20]

Immer suche ich mir den Falschen

Mit der Partnerwahl beginnt jede Beziehung. Sie bestimmt aber auch häufig schon ihr Ende. Viele Frauen haben bestimmte Männertypen, auf die sie immer wieder mit unfehlbarer Sicherheit ›abfahren‹ und jedes Mal dasselbe Beziehungsdrama erleben, bei dem am Ende Trennung oder Enttäuschung steht. Die Männer müssen nicht alle nach dem ›Macho-Muster‹ gestrickt sein. Was sie aber alle gemeinsam haben, ist die Unfähigkeit, das Desinteresse oder die Angst, sich auf eine feste Beziehung einzulassen. Gundi berichtet aus ihrer Therapie:

Ich habe mich diese Woche doch fast in Roland verliebt, der hatte mit seiner Macho-Masche bei mir exakt den richtigen Knopf gedrückt. Er ist genau der Typ, auf den ich immer abfahre: Narzißtisch, abwertend, charmant, hübsch, distanziert, von sich eingenommen, überheblich, jagt Frauen nach, und wenn er sie hat, läßt er sie sitzen – kurz – ein Wolf im Schafspelz. Genau der Mann, bei dem ich mich wie ein ›Nichts‹ fühle, nicht mehr ich selbst bin, jeden Satz, den ich sage, kontrolliere und leide.

Es macht mich betroffen zu erkennen, daß ich von ›solchen‹ Typen geradezu ›magisch‹ angezogen werde. Und langsam erkenne ich, wie zerstörerisch ich dabei mit mir umgehe, weil es jedesmal in einer Katastrophe bzw. im Leid endet. Warum fliege ich hauptsächlich auf Männer, die mir nicht gut tun, auf coole, harte Typen, die keine feste Beziehung wollen? Bei der Liebe muß ich ständig Sehnsucht haben, leiden. Wenn ich aber einen Freund habe, der es ehrlich mit mir meint und mich wirklich liebt, wird es mir langweilig. Da fehlt dann das ›Prickeln‹.

Ich weiß, daß ich bisher noch keine harmonische und erfüllte Liebesbeziehung hatte, sondern immer erst im siebten Himmel bin und dann nur noch leide. Und ich habe es satt. Ich weiß jetzt, daß ich in Zukunft Hilfe brauche, wenn es um Männer geht, weil ich alleine damit nicht zu Rande komme – es sei denn, ich halte jeden Mann auf zehn Meter Abstand.

Das Grundthema bei narzißtischen Beziehungen ist die Frage, ob Liebe und Beziehung gleichbedeutend sind mit Selbstaufgabe für den Partner oder ob Abgrenzung und Eigenständigkeit erlaubt

sind. Wird der Partner als eigenständiges Wesen akzeptiert oder dient er nur dazu, das Selbstbild der Partnerin zu stärken?[21]
Wie aus Berichten von ehemaligen Patientinnen deutlich wird, haben sie große Mühe, die Eigenständigkeit des Partners zu akzeptieren. Sie sehnen sich nach dem ›tollen Mann‹, der ganz für sie da ist und durch den sie sich aufgewertet fühlen, auf den sie sich aber nicht wirklich einlassen.

Momentan schaue ich mir gerade meine Beziehungen zu Männern an, wie ich sie gestalte. Ich bin sehr überrascht, wie schnell und fast automatisch ich immer wieder in dem Spiel drin bin: Ich flirte, will aber eigentlich gar nichts – bekomme Aufmerksamkeit, werde gemocht und verehrt, ich genieße das und sobald ich merke, der Mann wird weich oder beginnt, sich in mich zu verlieben oder zu zerfließen, bin ich absolut auf Hab-Acht-Stellung, nehme Abstand und fange an, ihn innerlich abzuweisen. Quasi: Welch unmännlicher, schlapper Mann, der sich so schnell um den Finger wickeln läßt.
Bisher hatte ich zwei intensive Männerbeziehungen in meinem Leben. Beim ersten war ich der verletzbare und schutzsuchende und er der harte, starke, abweisende Teil. Bei meinem jetzigen Freund bin ich die Starke, Harte, Abweisende und er der Weiche, Verletzbare. Und wenn ich ihm gegenüber auch weich und offen bin, merke ich, wie ich sofort verschwimme, mich aufgebe, er mich in Besitz nehmen will und klammert.

Die Rollen sind vertauschbar, die Muster dieselben: Es geht weniger um den Partner, auf den sie sich einlassen wollen, als mehr um sie selbst, ihre Ängste und das, was sie durch den Partner bekommen können.
Der folgende eindrückliche Bericht von Brigitte macht die Form der Ausbeutung deutlich, die narzißtische Menschen an ihren Partnern begehen.

Zu dem Zeitpunkt, als ich M. kennlernte, war ich einunddreißig Jahre alt und fühlte mich bezüglich meines Frauseins insgeheim als völlige Versagerin. Bis auf eine einjährige Beziehung während meiner Studienzeit hatte ich keinen Freund und meine sexuellen Erfahrungen beschränkten sich auf einige flüchtige Affären. Zwar hatte ich mir immer sehnlichst einen Mann für's Leben gewünscht, schließlich aber die Hoffnung aufgegeben und statt dessen begonnen, meine unfreiwillige Einsamkeit mit einem Schulterzucken abzutun, um meine Beschämung

darüber zu verbergen, die sitzengebliebene Frau zu sein, die ›halt keinen Mann abgekriegt hat‹.
Ich habe M. verführt, als ich ihn zu einem gemeinsamen Wochenende einlud. Und dabei hat mir vieles einfach nur gutgetan. M. war alkoholabhängig, arbeitslos, ohne Ausbildung – eine Randexistenz unserer Gesellschaft – ohne Ansehen. Für mich war er ein Mensch, vor dem ich mich nicht zu fürchten brauchte. Irgendwo fühlte ich mich genauso elend, irgendwie brauchte ich ihm nichts vorzumachen. Ich konnte ihm die verschämte, unglückliche, wunde und ängstliche Gestalt in mir zeigen, die sich nicht berechtigt fühlte, sich ›Frau‹ zu nennen. Körperliche Nähe spielte in unserer Beziehung eine große Rolle – ich hätte ihn mit Haut und Haaren verschlingen mögen – und konnte niemals genug bekommen nach all den Hungerjahren.
Gleichzeitig gab es in mir einen Riß zwischen Kopf und Körper. Mit großer Klarheit und mit sofort unterdrückter Selbstanklage war mir vom ersten Augenblick an klar: Ich mißbrauche diesen Menschen als Notnagel in meinem kargen Leben. Aus meiner gesicherten sozialen Position heraus war ich ihm überlegen, konnte vielleicht sogar etwas geben an Zugang zum Leben der sogenannten ›gutbürgerlichen Gesellschaft‹. Im Zusammensein mit mir reduzierte M. seinen Alkoholkonsum, versuchte aufzuhören, dennoch blieb das Verhältnis immer wie bei ›Lady Chatterly's Lover‹.
Ich diktierte die Bedingungen unseres Zusammenseins, indem ich zu ihm kam und wieder ging, so wie es mir paßte – und ich genoß dabei das Gefühl: Endlich bin ich nicht mehr alleine, ich kann sogar (in begrenztem Ausmaß) ausgehen und dabei einen Mann an meiner Seite vorweisen. Endlich bin ich daseinsberechtigt, weil ein Mann neben mir hergeht. Freilich, ein Glück mit vielen Schatten, weil dieser Mann ja in meiner Welt nicht eben ›vorzeigbar‹ war.
Für mich war die Beziehung bald vergleichbar mit M.'s Sucht: Obwohl ich genau wußte, daß die Sache nicht stimmte und irgendwie krank war, konnte ich nicht davon lassen, wieder und wieder zu ihm hinzufahren. Einmal – nachdem ich M. im Zustand schlimmster Betrunkenheit gesehen hatte, schwitzend und stinkend – hatte ich fluchtartig und angeekelt seine Wohnung verlassen und blieb drei Wochen weg – und dann, als ich selber völlig am Ende war nach einem schweren Besäufnis, ging ich wieder hin und drängte mich ihm auf.
Bald darauf wurde mir dann klar: M. lebt genau wie ich in dem Land, wo Hungersnot herrscht. Und auch die Mißbrauchssituation konnte ich mit meinem Gewissen nicht mehr vereinbaren. Ich beendete die Beziehung schließlich.

Brigitte weist auf den süchtigen Charakter hin, den diese Beziehung angenommen hat: Sie ist schädigend für beide, weil sie ausbeuterisch ist, sie wird aber trotzdem weitergeführt. Wie mit dem Suchtmittel soll mit dem Partner die innere Leere ausgeglichen werden. Das kann nicht gut gehen, weil Sucht immer im Leid endet.

Wie schon bei der Abgrenzung des männlichen vom weiblichen Narzißmus erwähnt, sucht sich ein Narzißt einen Komplementärnarzißten zum Partner, wobei meist der Frau diese Rolle zukommt. In der Regel sind es Frauen, die kein positives weibliches Selbstbild besitzen und sich daher einen ›idealen‹ Partner suchen, durch den sie ihren Selbstwert verbessern, wie es auch Brigitte tat.

Der Narzißt seinerseits hat den Wunsch, daß sie sich ganz für ihn aufgibt, damit er sich nicht für sie aufgeben muß. Die Beziehung wird von Anfang an mit einem Gefälle zwischen den Partnern angelegt, zum Beispiel durch die Wahl einer wesentlich jüngeren Frau oder eines behinderten Partners. Dieses Gefälle erwähnt auch Brigitte in ihrem Bericht. Sie sucht sich einen Außenseiter der Gesellschaft, bei dem sie ihre eigenen Defizite nicht mehr so vernichtend erlebt.

Ein solches Gefälle zeigt sich auch bei der Wahl eines depressiven Partners, der stellvertretend für den anderen, grandiosen Partner, die Depression auslebt und ihn damit entlastet. Das Beschützen des depressiven Partners stärkt das Selbstwertgefühl des Grandiosen und wehrt seine eigenen kindlichen Gefühle ab[22]. Wie bei Brigitte, die durch ihr Sorgen für den Partner, die ›Stärkere‹ bleiben konnte.

Solange das narzißtische Thema den Beziehungspartnern unbewußt bleibt, werden sie, wie unter einem Wiederholungszwang, die alten Bedingungen der Kindheit immer wieder herstellen. Sie wählen daher erneut einen Menschen, der sie in ihrem Wunsch nach Spiegelung und Angenommensein nicht versteht und um dessen Zuwendung und Anerkennung sie sich wie früher bemühen müssen. Wie bei der selbstwertschwachen Frau, die sich Partner sucht, deren Liebe sie sich erkämpfen muß und bei denen sie am Ende unbefriedigt bleibt. Der Wiederholungszwang besteht darin,»... sich immer ein verständnisloses Gegenüber zu suchen oder es sich zu konstellieren und sich als von ihm hoffnungslos abhängig zu erleben. Die Faszination solcher quälenden Beziehungen gehört zum Zwang, ganz frühe Enttäuschungen mit den Eltern immer neu zu wiederholen.«[23]

Co-Abhängigkeit, Beziehungssucht und Sexsucht

Co-Abhängigkeit, Beziehungssucht (Liebessucht) und Sexsucht sind drei Bereiche, die in engem Zusammenhang mit der hier beschriebenen narzißtischen Selbstwert- und Beziehungsdynamik stehen[24].
Die Co-Abhängigkeit wurde ursprünglich in Verbindung mit Angehörigen von Alkoholikern entwickelt. Sie beschreibt das Verhalten der Angehörigen ihrem süchtigen Partner und der Sucht gegenüber. Dabei handelt es sich um ein starkes Bezogensein auf den Partner, mit dem Ziel, ihn von der Flasche wegzubringen. Die gut gemeinte Hilfe erreicht jedoch das Gegenteil, indem sie die Krankheit des Partners noch mehr verstärkt. Das liegt hauptsächlich daran, daß die co-abhängige Partnerin ihren Lebensinhalt nur im Partner sieht, vollkommen von ihm abhängig wird, ihn damit aber auch gleichzeitig kontrolliert. Sie macht sich Sorgen um ihn, statt um sich; versteckt für ihn den Alkohol, statt ihm die Verantwortung für sein Trinken zu überlassen; entschuldigt ihn bei der Arbeit und bei Freunden, statt es ihn selbst tun zu lassen; plant keine Unternehmungen mehr, da er so unzuverlässig ist, statt Dinge für sich alleine zu tun. Sie ist von ihm so abhängig, wie er vom Alkohol. Wird der Partner gesund, das heißt, hört er mit dem Trinken auf, gerät sie in Not, da nun ihr Hilfsimpuls ins Leere geht und sie auf sich selbst zurückgeworfen wird. Und das ist eine schwierige Zeit, denn sie hat es verlernt, oder vielleicht auch nie gekonnt, für sich zu sorgen, ihr Leben zu leben und es

mit Sinn und Freude zu füllen. Sie leidet unter der Alkoholabhängigkeit des Partners, ohne zu merken, wie abhängig sie von ihm ist. Die Kategorie der Co-Abhängigkeit ist aber nicht allein auf einen alkoholkranken Partner beschränkt, sondern wird im Zusammenhang mit jeglicher Form der Sucht oder anderer Hilfsbedürftigkeit verwendet.
Co-Abhängige suchen sich immer hilfsbedürftige Menschen, die sie unterstützen können, um sich dadurch gut zu fühlen. Sie machen sich unabkömmlich und ziehen daraus ihre Wichtigkeit, die sie glauben, auf andere Art und Weise nicht zu erfahren. Sie umgeben sich mit Menschen, die die Verantwortung gerne abschieben und übernehmen sie. Im Grunde können sie schwer einsehen, daß andere für ihr Leben selber verantwortlich sind und sie natürlich für ihr eigenes auch. So, wie ihre Mütter sie nicht eigenständig werden und Fehler selber machen ließen, so drängen sie ihre wohlgemeinte Liebe und Unterstützung anderen auf, ob diese sie nun wollen oder nicht.
Mit ihrem Helferverhalten und ihrer Aufopferung machen sie jedoch auch andere Menschen von sich abhängig und üben auf diese Weise Kontrolle aus. Co-Abhängige glauben, alles unter Kontrolle haben zu müssen, die Situation, die Ereignisse, die anderen Menschen und deren Reaktionen, sogar deren Wahrnehmungen und Gefühle. Ihnen obliegt es, andere glücklich zu machen und alles in Ordnung zu halten. Als ›Nebenprodukt‹ des Helfens erhalten sie etwas Wärme und Nähe, mit dem Vorteil, nicht darum bitten zu müssen. Sie sind für andere da, brauchen aber scheinbar selbst nichts.
Ein gutes Beispiel für Co-Abhängigkeit im Klinikalltag ist die Ablenkung von eigenen Gefühlen durch das Kümmern um andere:

Eine Patientin ging aus der Gruppe und war sehr traurig, weil sie in der Sitzung mit einem schmerzlichen Thema in Berührung kam. Eigentlich hätte sie selbst Trost gebraucht, sich gerne bei jemand angelehnt und geweint und die Nähe und Wärme gespürt. Da es ihr aber sehr schwer fiel, um Unterstützung und Trost zu bitten, blieb sie mit ihrem Schmerz allein. Auf einmal sah sie eine Mitpatientin im Aufenthaltsraum sitzen, die weinte, und sofort rannte sie zu ihr, nahm sie in den Arm und fragte, was denn mit ihr los sei. Sie hörte interessiert zu, tröstete sie, gab Ratschläge und war ganz bei der anderen. Ihre eigenen Gefühle spürte sie kaum noch. Sie hatte durch ihr Helferverhalten wieder Stärke und Kraft bekommen, aber auch indirekt etwas Wärme, als sie die andere in den Arm nahm. Ihr eigener Wunsch nach Trost und Unterstützung blieb jedoch unbefriedigt. Denn es ist erlebnismäßig etwas ganz anderes, ob sie jemand in den Arm nimmt und tröstet oder ob sie selber umarmt und getröstet wird. Im zweiten Fall ist sie die Annehmende, kann sich fallen lassen und vorübergehend die Verantwortung an einen anderen abgeben. Im ersten Fall ist sie wieder die Aktive und Verantwortliche. Das heißt, daß sie den Kontakt zum ›wahren‹ Selbsterleben (Wunsch nach Unterstützung und Trost) aufgab zugunsten des ›falschen‹ Selbsterlebens (stark sein, anderen helfen, immer verantwortlich sein).

Anderen zu helfen wirkt selbstlos und edel, kann aber in extremen Formen krank machen: Co-Abhängigkeit ist eine Suchtform, die zu psychosomatischen Erkrankungen, Depressionen und Versagenszuständen führen kann. Nicht nur Alkoholiker, Eßsüchtige und alle anderen Süchtigen gefährden ihr Leben, sondern auch Co-Abhängige.

Frauen mit einem Selbstwertdefizit haben eine Co-Abhängigkeitsstruktur im Sinne von: »Lieber helfe ich anderen und bin die Starke. So muß ich mir nicht eingestehen, daß ich Unterstützung brauche.« Es ist dasselbe Denken und Handeln, wie ich es bei der Grandiosität beschrieb.

Der Schritt in die Beziehungsabhängigkeit ist klein: Wenn sie auf einen Partner angewiesen ist, um durch ihn ihren Lebensinhalt zu finden oder ihr Selbstwertgefühl zu stärken, dann ist sie von ihm und ihrer Beziehung zu ihm abhängig. Dabei ist es unwichtig, ob sie sich einen schwachen, hilfsbedürftigen Mann sucht, den sie dann retten kann,[25] oder einen tollen, grandiosen, durch den sie aufgewertet wird. In jedem Fall ist sie auf die Beziehung angewiesen, um sich wert zu fühlen. Aus diesem Grunde stellt *Schaef* in ihrem neuesten Buch[26] die Frage, ob nicht das, was lange Zeit Co-Abhängigkeit genannt wurde, eigentlich Beziehungssucht sei. Denn viele Co-Abhängige seien auch beziehungssüchtig.

Bei der Beziehungssucht werden zwei Formen von Abhängigkeit unterschieden: die, bei der ein Mensch generell nach einer Beziehung süchtig ist, und die, bei der er von einer bestimmten Beziehung abhängig ist. Im ersten Fall geht es darum, unbedingt eine Beziehung zu haben. Dabei glauben Männer, die beziehungsabhängig sind, daß sie ohne Frau nicht leben können, und Frauen sind der Überzeugung, daß sie ohne Mann keine Identität besitzen[27]. Wenn auch aus unterschiedlichen Motiven heraus halten es Männer wie Frauen für zwingend notwendig, einen Partner zu finden und eine Beziehung einzugehen.

Für Beziehungssüchtige bedeutet Liebe immer Leid. Sie sind bisher nie oder nur selten befriedigende Beziehungen eingegangen, weil sie mit sich selber viele ungelöste Probleme haben, die sie in die Beziehung hineinbringen und deren Lösung sie oftmals sogar vom Partner erhoffen. Er soll sie so lieben, wie sie von ihren Eltern nicht geliebt wurden, er soll ihr Selbstwertgefühl stärken, er soll sie glücklich machen, er soll, er soll, er soll. Sie selbst haben Mühe, ihn als gleichwertigen und gleichberechtigten Partner zu sehen und zu behandeln, statt dessen versuchen sie, ihn nach ihrem Bild zu verändern. Gleichzeitig können sie ihn nicht loslassen, klammern, verlieren sich in ihm, kommen ihm aber nie wirklich nahe. Sie geben, um zu bekommen, lassen sich aber nicht auf eine tiefe Bindung ein. Was sie also in Beziehungen tun und wie sie sich dabei erleben, ähnelt sehr dem, was ich als narzißtisches Beziehungsmuster beschrieb. Ich denke, daß mit dem narzißtischen Beziehungsmodell Liebes- und Beziehungsabhängigkeit gut beschrieben werden kann.

Marlene, eine bulimische Frau, beschreibt ihre Beziehungssucht folgendermaßen:

Momentan bin ich an meiner wohl grundlegenden Sucht, der Beziehungssucht dran. Da ist ein Mann, von dem ich weiß, daß er mir nicht gut tut, und dennoch zieht er mich an. Das alte Spiel: Wie suchtartig verhalte ich mich so, wie ich meine, mich verhalten zu müssen, damit er mich toll findet. Es ist anstrengend, so weg von mir zu leben. Ich habe so wenig Kraft, ihn in Frage zu stellen. Vielleicht ist da unbewußt doch noch die Angst, daß es keinen anderen mehr gibt, ich an diesem festhalten muß, und genau durch mein Festhalten verbaue ich mir den Zugang zu anderen Männern. Das Gemeine ist, daß ich viel weiß und mich dennoch wie magisch immer wieder gleich verhalte.

So, wie eine Frau süchtig auf eine Beziehung oder einen Mann werden kann, kann sie auch süchtig auf Sexualität werden. Darunter wird eine Besessenheit verstanden, »eine Überbeschäftigung mit Sex, bei der alles und jedes mit Sex in Verbindung gebracht wird und alle Wahrnehmungen und Beziehungen unter einem sexualisierten Licht gesehen werden«.[28] Der oder die Sexsüchtige führt keine befriedigenden, guten Beziehungen, sondern zerstörerische und krankhafte, bei denen der Süchtige den Partner zum Objekt seiner zwanghaften, sexuellen Bedürfnisse macht. »Die Beziehung beschränkt sich auf den Vollzug der sexuellen Akte.«[29] Für die in diesem Buch beschriebenen Frauen kommen bestimmte Aspekte der Sexsucht in Betracht: das Sexualisieren von Beziehungen, wonach ein Mann, der ihnen gefällt, gleich als möglicher sexueller Partner angesehen wird; das zwanghafte Sichverlieben; das Aufnehmen von Kontakten mit Männern hauptsächlich auf erotisch-flirtende Weise; alles, was mit Liebe, Zuneigung und Hingabe zu tun hat, wird über Sexualität erlebt; Bedürfnisse nach Nähe werden über Sexualität versucht zu befriedigen, aber auch gleichzeitig abgewehrt.

Beate, eine ehemalige Patientin, die wegen depressiver Verstimmungen, psychosomatischer Beschwerden und Partnerproblemen in unsere Klinik kam, schreibt folgendes:

Die Auseinandersetzung mit dem Thema Sexualität macht mir klar, daß ich in meiner letzten Partnerschaft ständig einen Mißbrauch begangen habe. Auf der Suche nach Nähe und Wärme habe ich mich häufig mit Sexualität ›begnügt‹. Aus Angst, sonst gar nichts zu bekommen, habe ich wenigstens Sexualität gehabt. Nach dem Motto: Lieber Sexualität als gar nichts. Dabei habe ich mich selbst entwertet.

Was Beate beschreibt, trifft für viele Frauen mit Selbstwert- und Beziehungsstörungen zu: Aufgrund ihrer Unfähigkeit, wirkliche Nähe zuzulassen und ihrer Scham, Gefühle auszudrücken, ersetzen sie emotionale durch sexuelle Nähe und Intimität[30], um sich vor einer zu großen Offenbarung zu schützen. Es scheint bedrohlicher zu sein, die emotionalen Wünsche und Bedürfnisse preiszugeben, als sexuelle Nähe herzustellen. Dahinter liegt die Angst verborgen, sich dem anderen ganz auszuliefern, sobald er etwas von ihren tiefen Sehnsüchten und Wünschen erfährt und sie so sieht, wie sie ›wirklich‹ sind. Es scheint, als wäre das intimer als die sexuelle Begegnung. Die Sexualität bietet eine Möglichkeit, Nähe zu einem Partner zuzulassen, ohne sich emotional bedroht zu fühlen. Es ist eine scheinbare Paradoxie, daß sexuelle Nähe wirkliche Intimität verhindern kann.

In dieser Form der Liebesbeziehungen leben die Frauen mit dem Mann eine Art ›Sonntagsbeziehung‹, die immer vom Reiz des Seltenen und Problemlosen geprägt ist. Häufig suchen sie sich gerade bindungsängstliche Männer, die auch keine Beziehungsverpflichtungen eingehen wollen. Auf diese Weise sind die Frauen nicht mit ihrer eigenen Bindungsangst konfrontiert und bekommen trotzdem durch den Mann Anerkennung und Bestätigung als Frau. Für kurze Zeit können sie sich in euphorischer Verliebtheit spüren. Der Kontakt zwischen beiden läuft primär über Sexualität, die so zum ›Instrument‹ für Zuwendung wird. Oft bleibt jedoch auch die sexuelle Befriedigung aus. Die Beziehung hört auf, wenn der Partner erobert ist, weil dann die Euphorie abebbt und die Einzigartigkeit des Partners einer realistischeren Sicht weichen muß. Es kommt zu Abwertung und Distanzierungsversuchen.

Dieses Verhalten ist an sich noch nicht süchtig. Das wird es erst, wenn die Betroffene zwanghaft auf der Suche nach sexuellen Abenteuern ist, sie ›braucht‹ und ohne sie nicht leben kann. Wenn sie im Kontakt mit einem attraktiven Mann nicht nein sagen kann, obwohl ihr bewußt ist, daß sie sich gegenseitig sexuell ausbeuten werden. Wenn sie zwanghaft mit Männern schläft, um sich zu beweisen, eine attraktive, begehrenswerte Frau zu sein. Wenn Sexualität zum wichtigsten Bedürfnis wird und die Betreffende diesen ›Kick‹, diesen Rausch braucht. Wenn sie Gefühle von Einsamkeit mit Sex ›wegmachen‹ will. Wenn sie trotz guter Vorsätze immer weiter macht. Und wenn sie ihr Verhalten nicht

mehr kontrollieren, das heißt aus eigener Kraft nicht aufhören kann.[31]
Der Suchtcharakter zeigt sich in der zwanghaften Wiederholung des Verhaltens trotz des Wissens um mögliche Schäden (Krankheiten, emotionaler Schaden usw.). An die Stelle der Lust tritt der Kater am nächsten Tag. Nach der Euphorie kommt die Ernüchterung, die Trennung und der Schmerz. Von der Beziehung bleibt nicht mehr zurück als ein schales Gefühl, eine Enttäuschung und seelische Verletzung. Damit einher geht auch die Selbstabwertung, weil diese Beziehung wieder scheiterte und es nicht gelang, den Mann an sich zu binden. Es kommt häufig auch zu Schuldgefühlen aufgrund der persönlich erlebten Erniedrigung, die in solchen Beziehungen liegt.

Eine vierte Form süchtiger Beziehungen, die vor kurzem zum ersten Mal beschrieben wurde, ist die sogenannte Romanzensucht[32]. Romanzensüchtige Menschen leben mehr mit der Illusion von Beziehung und Menschen, als mit realen Partnern, die sie im Grunde gar nicht interessieren. Für sie ist die Vorstellung vom ›Märchenprinzen‹ nicht nur eine Träumerei, sondern Wirklichkeit. Sie glauben fest daran, daß es ihn gibt und daß er eines Tages kommt. ›Der Prinz auf dem weißen Pferd, der mich rettet‹, ist für viele meiner Patientinnen ein ›wahrer Wunschtraum‹.

Auch das Märchen Dornröschen wäre ein Bild für Romanzensucht: Der Prinz kämpft sich durch das Dornengestrüpp, riskiert dabei sogar sein Leben, um die Prinzessin zum Leben zu erwecken. Wie viele Frauen gibt es, die glauben, daß ihr Leben erst mit dem idealen Mann beginnen würde. Ihre Vorstellungen von Liebe und einer glücklichen Beziehung sind romantisch verklärt und ähneln mehr denen aus Liebesfilmen als der Realität. Sie sind intensiver in Kontakt mit dem erträumten Mann als mit dem realen, weil dieser nie so zauberhaft sein kann, wie der Traummann. Lernt sie den Mann wirklich kennen, dann lauert die Desillusionierung. Ich glaube, daß auch weibliche Narzißtinnen in starkem Maße romanzensüchtig sind, wenn man an die Überidealisierung des Partners denkt. Dadurch werden ihm wunderbare Eigenschaften zugeschrieben, die er real jedoch gar nicht besitzt.

Die vier Formen der Sucht sind vermutlich selten klar voneinander abgrenzbar und überschneiden sich an vielen Stellen. Sie zeigen, daß Beziehungsstörungen süchtigen Charakter annehmen können. Das heißt, daß das Verhalten unkontrollierbar wird und das eigene Leben zerstören kann.

IV.
Therapie, Selbsthilfe und Heilung des Selbst

Die Kapitulation

Als Leitmotiv des Heilungsprozesses einer weiblich-narzißtischen Struktur wähle ich das anfangs schon erwähnte Märchen *Schneewittchen*, da es in eindrucksvoller Weise den Weg zu einem neuen Selbstbewußtsein beschreibt.
Schneewittchen ist ein Märchen des Wandels und der Veränderung. Sieben Berge, sieben Zwerge und sieben Reifungsschritte führen zu einem neuen Bewußtsein. In der Therapie werden wir die Abfolge der Befreiung wiederfinden: die Erkenntnis von Grandiosität und Minderwertigkeit als Abwehrformen des ›wahren‹ Selbsterlebens; die Verführungen und Rückfälle (Riemen, Kamm, Apfel) bei der schrittweisen Entdeckung und dem Aufbau der eigenen Identität, verbunden mit Gefühlen der inneren Leere und des Abgestorbenseins (Glassarg); das Entwickeln einer echten Beziehungsfähigkeit (Heirat) und den Tod der Vorherrschaft des ›falschen‹ Selbsterlebens (glühende Pantoffeln).
Die subjektive Deutung des Märchens, wie ich sie hier wiedergebe, geht davon aus, daß die Figuren und Situationen des Märchens Teilen von uns entsprechen. So repräsentieren die zwei Königinnen die zwei narzißtischen Spaltungssegmente der Minderwertigkeit und Grandiosität. Die erste Königin, die ich beschrieb, also die leibliche Mutter von Schneewittchen, ist ein Bild für das Minderwertigkeitssegment (Seelenwinter, Einsamkeit, Depression, Ebenholzrahmen), die zweite, die Stiefmutter, steht für die narzißtische Grandiosität. Schneewittchen ist das Symbol für das ›wahre‹ Selbsterleben.
Die Frage des Märchens lautet: Wie kann sich Schneewittchen gegenüber dem ›falschen‹ Selbst (in Gestalt der zwei Königinnen) durchsetzen? Welche Reifungsschritte sind nötig, um zum ›wahren‹ Selbsterleben zu gelangen und die hemmenden Einflüsse des ›falschen‹ Selbst abzulegen?

Bald darauf bekam sie ein Töchterlein, das war so weiß wie Schnee, so rot wie Blut und so schwarzhaarig wie Ebenholz, und ward darum das Schneewittchen genannt. Und wie das Kind geboren war, starb die Königin.
Über ein Jahr nahm sich der König eine andere Gemahlin. Es war eine schöne Frau, aber sie war stolz und übermütig und konnte nicht leiden, daß sie an Schönheit von jemand sollte übertroffen werden. Sie hatte einen wunderbaren Spiegel, wenn sie vor den trat und sich darin beschaute, sprach sie:
»Spieglein, Spieglein, an der Wand, wer ist die Schönste im ganzen Land?«
So antwortete der Spiegel: »Frau Königin, Ihr seid die Schönste im Land.«
Da war sie zufrieden, denn sie wußte, daß der Spiegel die Wahrheit sagte. Schneewittchen aber wuchs heran und wurde immer schöner, und als es sieben Jahr alt war, war es so schön wie der klare Tag und schöner als die Königin selbst. Als diese einmal ihren Spiegel fragte:
»Spieglein, Spieglein, an der Wand, wer ist die Schönste im ganzen Land?« so antwortete er: »Frau Königin, Ihr seid die Schönste hier, aber Schneewittchen ist tausendmal schöner als Ihr.«
Da erschrak die Königin und ward gelb und grün vor Neid. Von Stund an, wenn sie Schneewittchen erblickte, kehrte sich ihr Herz im Leibe herum, so haßte sie das Mädchen. Und der Neid und Hochmut wuchsen wie ein Unkraut in ihrem Herzen immer höher, daß sie Tag und Nacht keine Ruhe mehr hatte.
Da rief sie einen Jäger und sprach: »Bring das Kind hinaus in den Wald, ich will's nicht mehr vor meinen Augen sehen. Du sollst es töten und mir Lunge und Leber zum Wahrzeichen mitbringen.« Der Jäger gehorchte und führte es hinaus, und als er den Hirschfänger gezogen hatte und Schneewittchens unschuldiges Herz durchbohren wollte, fing es an zu weinen.und sprach: »Ach, lieber Jäger, laß mir mein Leben; ich will in den wilden Wald laufen und nimmermehr wieder heimkommen.« Und weil es so schön war, hatte der Jäger Mitleiden und sprach: »So lauf hin, du armes Kind.« – »Die wilden Tiere werden dich bald gefressen haben«, dachte er, und doch war's ihm, als wär ein Stein von seinem Herzen gewälzt, weil er es nicht zu töten brauchte. Und als gerade ein junger Frischling dahergesprungen kam, stach er ihn ab, nahm Lunge und Leber heraus und brachte sie als Wahrzeichen der Königin mit. Der Koch mußte sie in Salz kochen, und das boshafte Weib aß sie auf und meinte, sie hätte Schneewittchens Lunge und Leber gegessen.

In dem Märchen begegnen wir dem Kampf, der innerlich in einer Frau mit einer weiblich-narzißtischen Störung abläuft. Durch den Tod von Schneewittchens Mutter, der ersten Königin, erfolgt ein Wechsel von der Minderwertigkeit zur Grandiosität: Die zweite Königin (Stiefmutter) ist eine stolze, hochmütige, neidische und eitle Frau, deren ganzes Streben darauf gerichtet ist, die Schönste und Großartigste zu sein. »Spieglein, Spieglein an der Wand, wer ist die Schönste im ganzen Land?« ist der Ausdruck für den Wunsch nach narzißtischer Spiegelung. Sie will die Schönste, Größte, Beste, Perfekteste, Vollendetste sein, wie es zum Größensegment gehört. Damit ist die Vorstellung verbunden, nur geliebt zu werden, wenn sie besonders ist, und nur durch Vollkommenheit und Perfektion eine Existenzberechtigung zu haben. Sie glaubt, daß allein das Bild von ihr geliebt wird, also das, was sie durch ihr ›falsches‹ Selbst demonstriert. So wie die selbstwertschwache Frau der Überzeugung ist, daß ihre äußere Erscheinung und ihr Perfektsein über Liebe oder Ablehnung entscheiden.

»Frau Königin, Ihr seid die Schönste hier, aber Schneewittchen ist tausendmal schöner als Ihr.« An dieser Stelle beginnt nun der ›mörderische‹ Kampf zwischen ›falschem‹ und ›wahrem‹ Selbst. Wenn von der Schönheit des Schneewittchen die Rede ist, liegt die Vermutung nahe, es allein auf ihr Äußeres zu beziehen. Möglicherweise wird kleinen Mädchen durch solche Aussagen vorgemacht, daß Schönheit die wichtigste Eigenschaft für eine Frau sei (in vielen Märchen geht es um schön sein). Denn Kinder nehmen Märchen oft wörtlich, auch wenn sie die zugrundeliegende Bedeutung intuitiv miterfassen. Ist es aber so, daß Schneewittchen für das ›wahre‹ Selbsterleben steht, dann bedeutet Schönheit mehr als schön aussehen. Es steht für die innere Schönheit, die von der äußeren Erscheinung zum Teil unabhängig ist. ›Wahre‹ Schönheit zeigt sich auch in Offenheit, Liebesfähigkeit, Empfindungsreichtum usw. Jede Frau kennt das Phänomen, daß sie schön wird, wenn es ihr gut geht, sie zufrieden oder verliebt ist. Wenn sie im Gleichklang mit sich und aus sich heraus lebt, strahlt sie etwas Positives aus. Das ist das Geheimnis von

Schönheit. Und das bedroht das ›falsche‹ Selbstempfinden, weil sich dies nur auf die äußere Schönheit konzentriert. In diesem Denken zählt das perfekte Aussehen mehr, weil die Frau befürchtet, nicht schön und anziehend genug zu sein, wenn sie sich auf ihre natürliche Schönheit verläßt.
Der interne Dialog zwischen der zweiten Königin (Grandiosität) und Schneewittchen (›wahres‹ Selbsterleben) lautet: ›Ich liebe dich, wenn du so bist, wie ich dich haben will. Bist du so, wie du bist, autonom und von eigener, innerer Schönheit, dann töte ich dich.‹ Denn die eitle Königin kann es nicht ertragen, nicht die Beste zu sein. Sie wird gepeinigt von einer tiefen narzißtischen Kränkung: »Und der Neid und Hochmut wuchsen wie ein Unkraut in ihrem Herzen.« Sie neidet Schneewittchen ihre Schönheit dermaßen, daß sie den Befehl gibt, sie umbringen zu lassen. Ihre mörderische Wut entspringt ihrer Enttäuschung und kommt als Tötungswunsch zum Ausdruck. Im Alltag erleben wir diese Situation bei Frauen, die ihre wirklichen Stärken ablehnen, weil sie befürchten, dann nicht mehr geliebt zu werden. Sie glauben, Attraktivität und Intelligenz seien wichtiger, um zu gefallen, als Offenheit und Liebesfähigkeit. Auf diese Weise bringen sie ihr ›wahres‹ Selbst um. Aber auch im Kontakt mit anderen Menschen neigen sie dazu, jene abzulehnen und zu ›verstoßen‹, die Eigenschaften und Fähigkeiten besitzen, die ihren Neid und Haß erregen. Das Schwierigste ist für sie, nicht die Beste zu sein und andere in ihren Stärken gleichberechtigt neben sich zu respektieren.
Dieser erste Teil des Märchens repräsentiert zugleich die frühe Kindheitssituation einer später narzißtischen Frau: Das Mädchen soll so sein, wie die Mutter es haben will und darf nicht eigenständig werden. Schneewittchens Weg in die Autonomie beginnt mit einer tödlichen Verlassenheitsdepression, indem sie verstoßen wird und vom Jäger umgebracht werden soll. Entweder sie stirbt oder sie geht in das Unbekannte. Trotz der scheinbar ausweglosen Situation entscheidet sie sich zu leben und alle Gefahren (dunkler Wald, wilde Tiere) auf sich zu nehmen. »Ach lieber Jäger, laß mir mein Leben; ich will in den wilden Wald laufen und nimmermehr wieder heimkommen.« Dieser Punkt ist

der wesentliche. Denn hier fällt die Entscheidung, einen neuen, unbekannten und beängstigenden Weg einzuschlagen, der aus der Sucht, der Depression und Krankheit herausführt. Erst hier wird Veränderung möglich.
Dieser Punkt wird auch Tiefpunkt genannt. Der Begriff stammt ursprünglich aus dem A-Programm der Alkoholiker[1] und bezeichnet jenen Zeitpunkt im Leben eines süchtigen Menschen, an dem er nicht mehr weiter kann. Er ist am Ende angekommen, an dem er entweder sterben wird, wenn er so weiter macht oder aussteigt und einen neuen Weg einschlägt. Tiefpunkterlebnisse sind aber nicht auf Suchtkrankheiten beschränkt, sondern betreffen alle Krisensituationen von Menschen, die in die Enge führten und deshalb verändert werden sollen. Sie wurzeln in dem Bewußtsein, nicht mehr wie bisher weiterleben zu können, ohne sein Leben oder seine seelische Gesundheit zu ruinieren. »Es gibt viele Gründe, alles beim alten zu lassen und nur einen einzigen Grund, etwas zu verändern: Du hältst es einfach nicht mehr aus.«[2]
Auch die selbstwertschwache Frau beraubt sich mehr und mehr ihrer Lebendigkeit und Gesundheit und verliert immer stärker die Verbindung zu ihren Gefühlen und ihrer seelischen Tiefe. Das entstehende Defizit wird weiter mit den falschen Mitteln auszufüllen versucht, statt es als Signal zur Umkehr ernst zu nehmen. Ist der Leidensdruck größer als die Angst vor der Veränderung, kann Wandlung geschehen. Jeder von uns weiß, daß wir erst dann reagieren und alte Gewohnheiten aufgeben, wenn das Leiden nicht mehr auszuhalten ist. Vorher versuchen wir noch, auf den alten Wegen neue Lösungen zu finden. Wenn das jedoch nicht mehr gelingt, sind wir gezwungen aufzugeben.
Im A-Programm ist das Aufgeben der erste Schritt und heißt ›Kapitulation‹. Kapituliert werden muß vor den alten Mechanismen, die uns immer weiter in unser Dilemma und unsere Krankheit hineinmanövrieren und uns auf lange Sicht hin zerstören. Kapitulation heißt auch: Ich kann so nicht mehr weiterleben, ich will mehr vom Leben, ich will glücklich werden und nicht mehr leiden. In der Kapitulation spüren wir, daß wir die Situation nicht meistern können und mit noch mehr Machen nicht weiterkommen. Wir

erfahren, daß wir nicht untergehen, wenn wir den Kampf beenden, sondern sich neue, positive Wege auftun, von denen wir noch gar nichts wissen. Kapitulation heißt daher auch, sich anzuvertrauen, einer Gruppe, anderen Menschen, dem Leben, dem Schicksal oder wie es einfach im A-Programm heißt, einer höheren Macht, welche sie auch sein mag. Wenn ich kapituliere, dann lasse ich von dem Gedanken ab, alles unter Kontrolle zu haben, alles meistern zu können und sei es mit noch soviel Anstrengung. In diesem Moment bleibt nichts als das Vertrauen, daß es gelingen kann. Wie, wann und ob wirklich, wußte ich nicht. Und gerade diese Unsicherheit gehört zur Kapitulation ebenso dazu, wie die fehlende Vorstellung davon, wie der neue Weg aussieht. Den zu finden ist erst der zweite Schritt, der auf die Kapitulation folgen muß.

Ihre Kapitulation vor der eigenen narzißtischen Grandiosität beschreibt Brigitte:

Es war, als ob ein Damm gebrochen wäre: Ich konnte mich nicht mehr dagegen wehren, daß alles aus mir herausbrach, was an Schmerz, Scham, Minderwertigkeitsgefühlen und Elend angestaut war. Innerlich tat mir alles weh und ich weinte und weinte. Mein Leben schien mir so hohl, ich selbst kam mir so ›falsch‹ vor, meine berufliche Fassade so maskenhaft. Irgendwann eskalierten die inneren Spannungen und ich stieg auf die Fensterbank, öffnete das Fenster und wollte mich hinausstürzen.
»Ich will nicht mehr leben! Ich will nicht mehr leben!« habe ich laut gesagt, als ich da stand, hoch unterm Dach und rausschaute in die finstere Kälte. Und dennoch war eine Stimme in mir, die sagte, daß ich eigentlich nur Teile meines bisherigen Lebens umbringen wollte. Statt zu springen, bin ich zu einer Freundin gegangen. Ich habe bei ihr geweint und gesagt: »Ich bin gar nicht die, für die du mich hältst, es gibt zwei Brigittes.« Und dann habe ich ihr von der anderen Brigitte erzählt, von der, die hinter meiner Fassade von Selbstsicherheit und Souveränität völlig versteckt ist. Ich war ganz erschöpft und kraftlos und ohne Widerstände und fühlte nur noch, wie meine angebliche Selbstsicherheit dahinschmolz und eine wunde, müde, kraftlose Brigitte übrigblieb, die sich aber im Moment gut aufgehoben fühlte.
So begann ein Wandlungsprozeß in meinem Leben. Ich erinnere mich sehr genau an die Gefühle von damals, an die Erschöpfung und die Erschütterung – so, wie wenn ein Gebäude nach einer Sprengung in

Schutt und Asche in sich zusammenfällt und nach dem Donnerschlag der Explosion längere Zeit vergeht, wo Staub aufgewirbelt ist, Trümmer rieseln und nachrutschen, sich erst wieder alles setzen muß und in den Ohren der Übergang vom Knall zur Stille ist. Diese Erschütterung war in meinem ganzen Körper.
Ich hatte das Gefühl, ich lebe nur noch aus dem Vertrauen in meine Freundin: »Jetzt, wo du weißt, wer bzw. wie ich wirklich bin, was soll nun aus mir werden?« Ich entschloß mich dann, eine Therapie zu machen. Das war eigentlich schon der zweite Schritt auf meinem neuen Weg. Nach der Kapitulation war die ›andere‹ Brigitte herausgekommen, jetzt eröffnete sich mir eine Perspektive in die Zukunft hinein: Ich würde Gelegenheit haben, Therapie zu machen an einem Ort, wo diese ›andere‹ Brigitte würde leben dürfen. Meine Freundin nahm mich in den Arm und sagte: »Es wird gut werden«, und ich fühlte mich angenommen, so wie ich war, und habe den Satz aufgesaugt und in mich hineingenommen und daran geglaubt.

Brigittes Beispiel ist die Kapitulation vor dem ›falschen‹ Selbsterleben, der Fassade, die zum Kontakt mit dem ›wahren‹ Selbsterleben führt. Erst muß das alte Gebäude zusammenbrechen, damit ein neues errichtet werden kann. Die Fassade muß bröckeln, um die Person sichtbar zu machen. Es ist das Prinzip von ›Stirb und Werde‹: Nur wenn wir etwas aufgeben, können wir etwas Neues gewinnen. Und dieses Aufgeben geschieht im Moment größter innerer Not und Verzweiflung. Es ist gut, in dieser Zeit vertraute Menschen um sich zu haben, die verstehen, was in einem vor sich geht und bei denen man sich ehrlich zeigen kann. Gerade für narzißtische Menschen ist der Schritt, bei anderen um Hilfe nachzusuchen, schon ein Stück Kapitulation vor ihrem Triumph, alles allein zu schaffen, und vor ihrem Stolz, andere nicht zu brauchen.
Wie jede Krankheit beinhaltet auch die weiblich-narzißtische Störung eine Chance, zu neuen Einsichten und anderem Verhalten zu gelangen. Es geht nicht darum, immer heftiger gegen die innere Schwäche zu kämpfen, sondern zu beginnen, etwas für sich zu tun. Das geschieht über die Annahme der Krankheit und die Frage nach ihrem Sinn für das eigene Leben. Nicht die Krankheit ist der Feind, der vernichtet werden muß, sondern die Lebenslüge

und die falsche Einstellung zu sich, dem Leben und den Menschen muß verändert werden. Diese Veränderung kann durch eine Therapie geschehen, durch Selbsthilfegruppen, mit Hilfe von Freunden, in der Auseinandersetzung mit den Aufgaben des täglichen Lebens und den Menschen, mit denen man zusammenlebt. Die Wege sind vielfältig und es gibt kein Rezept, welcher der richtige ist. Ich selbst schließe mich der Meinung von *Perls*, dem Vater der Gestalt-Therapie an, der sagte, Therapie sei viel zu wertvoll, als daß man sie nur kranken Menschen vorbehalte. Sind die Beeinträchtigungen der Persönlichkeit unter denen eine Frau leidet, also sehr gravierend, sollte sie sich nicht scheuen, neben der Selbsthilfe auch fachlichen Rat zu suchen[3].

Der Weg zum ›wahren‹ Selbsterleben

In jedem Menschen gibt es die Kraft, sich zu verändern und das unbewußte wie bewußte Verlangen, vollständig zu werden. Heilung und Genesung geschehen für Menschen, die unter Selbstwert- und Beziehungsschwierigkeiten leiden, über Beziehungen zu anderen, mit dem Ziel, einen besseren Kontakt zu sich selbst und den Menschen zu bekommen.
Das zeigen auch die Versuche selbstwertschwacher Frauen, in Beziehungen heil werden zu wollen. Ihre Suche nach Ganzheit, Liebe, Angenommensein und Dazugehören ist daher nicht nur ein regressives Phänomen, sondern ein Zeichen des Wunsches, ein ganzer, erfüllter Mensch zu werden[4].
Aus dem Bedürfnis heraus, durch den Partner geheilt zu werden, speist sich auch die starke Sehnsucht nach ihm, die narzißtische Frauen auszeichnet. *Beaumont* unterscheidet zwischen ›regressiver‹ Sehnsucht und ›gesunder‹ Sehnsucht. In der regressiven Sehnsucht drückt sich der Wunsch nach Verschmelzung und die Suche nach der guten Mutter aus. Dagegen streben die ›gesunden‹ Sehnsüchte nach »seelischer Entfaltung, nach spiritueller Entwicklung und Weiterkommen, kurz nach Liebe«[5].

Ich möchte die zwei Formen der Sehnsüchte ›verzehrende‹ und ›nährende‹ Sehnsucht nennen, da sie in diesen Qualitäten von den Betroffenen erlebt werden. Die regressiven Sehnsüchte sind mit starken, beißenden Gefühlen verbunden, einem intensiven Sog in Richtung des ersehnten Menschen und qualvoller Traurigkeit, nicht bei ihm zu sein. Es ist, als zehre diese Form der Sehnsucht die Frau auf, statt, wie bei der nährenden Sehnsucht, sie zu beflügeln und für ihre Suche nach Liebe zu stärken. Auch ist die verzehrende Sehnsucht nie stillbar, weil sie auf völlige Verschmelzung mit dem Partner aus ist. Häufig verwechseln Frauen diese Form der Sehnsucht mit Liebe: Sie glauben, einen Mann zu lieben, wenn sie sich verzehrend nach ihm sehnen. Dieses Gefühl hat aber mehr mit dem Wunsch nach Symbiose zu tun als mit wirklicher Liebe. Denn befriedigende, liebevolle Beziehungen und ein guter, naher Kontakt fordern Individualität.

Der Weg zu einem stabilen Selbsterleben führt daher nicht über den Partner als Ersatz für das eigene geschwächte Selbst, sondern über die Konfrontation mit den Anteilen, die der Frau fehlen bzw. der Förderung der Qualitäten, die bisher in ihr unentfaltet geblieben sind. Dazu ist es nötig, daß sie sich nicht weiterhin über ihre Maske und den Partner stabilisiert, sondern Schritt für Schritt ihre alten Wunden heilt und neue positive Erfahrungen mit Menschen macht, die sie bestätigen und ihr ein Gefühl von Selbstwert vermitteln.

Die Therapie besteht zu einem Teil darin, die Traumatisierungen der Kindheit wieder bewußt zu machen, um sie zu verarbeiten. Diese können zum Beispiel Verlassenheitserlebnisse sein, sexueller, körperlicher oder seelischer Mißbrauch, Ablehnung, Überbehütung, unverarbeitete Trennungen oder die Nichtbeachtung vitaler Bedürfnisse wie der Wunsch nach Bindung und Autonomie, nach festen Bezugspersonen, nach Geborgenheit, Sicherheit, Annahme und Spiegelung. Aus all diesen Einflüssen resultieren innere Konflikte, die die Entwicklung der Psyche erheblich beeinträchtigen können[6]. In der Therapie werden die Gefühle und Einstellungen, die mit diesen traumatischen Erlebnissen zusammenhängen, aufgedeckt und wieder erlebbar gemacht. Dadurch können sie gefühlsmäßig durchgearbeitet werden und machen Krankeitssymptome überflüssig, in denen sich die unverarbeiteten Konflikte ansonsten äußern. Zur Genesung ist es aber nicht immer nötig, einzelne Erlebnisse wiederzubeleben, sondern oftmals reicht es aus, verschüttete Teile der Person zu entdecken und ihnen zum Ausdruck zu verhelfen.

Das Ziel des Prozesses ist, daß die Frau über eine tragende, haltgebende und nährende Beziehung lernt, Vertrauen aufzubauen und einen Zugang zu sich selbst zu finden. Es wird für sie zu Anfang schwer sein, das Beziehungsangebot anzunehmen, ohne es zu zerstören, denn ebenso, wie sie sich nach Nähe sehnt, wehrt sie sie ab, da sie ihr Angst macht und mit tiefen Gefühlen von Schmerz, früher Verlassenheit, Haß und Bedürftigkeit verbunden ist. Aus diesem Grund wird sie versuchen, die Beziehung zu zerstören, um in der Distanz ihre Gefühle wieder unter Kontrolle zu bringen. Wichtig ist, daß die Therapeutin diesen Mechanismus erkennt und sich nicht selbst durch die Zurückweisung der Frau gekränkt fühlt, sondern ihr Verhalten als Ausdruck der Bindungsschwierigkeiten erkennt. Ist die Patientin bereit, sich trotz ihrer Ängste auf eine Beziehung einzulassen, dann wird sie zuerst alten, unverarbeiteten Gefühlen aus der Kindheit begegnen.

Andrea, eine nicht eßsüchtige Patientin, formulierte es so:

Mir ist klar, was ich in der Therapie suche: eine Mama/Papa, die mich bedingungslos annimmt, nichts anderes von mir erwartet, als ich geben kann, und mir Schutz, Wärme und Halt gibt. Zu einer Zweierbeziehung mit einem Mann wäre ich im Moment gar nicht fähig. Denn bei Nähe kommt all das hoch, was jetzt in der Therapie hochkommt: alle alten Wünsche, Bedürfnisse und Gefühle. Wenn ich denke, was ich alles im Kontakt zu einem Mann getan habe, ohne das zu spüren, was jetzt an die Oberfläche kommt, dann ist es kein Wunder, daß es immer so zerstörerisch endete. Da ist ja so viel Wut, Schmerz, Angst, Abwehr und Sehnsucht in mir. Wahnsinn! Und das packe ich immer auf den Partner, der damit aber nichts anfangen kann. Und jetzt will ich trennen ... Alte in der Therapie leben, um fähig zu werden, ε˙ einzugehen.

Diese Aussage zeigt deutlich den Gemütszustand einer selbstwertschwachen Frau an, wenn sie beginnt, eine Beziehung einzugehen und Nähe zuzulassen. Da das Selbst sehr verletzlich und instabil ist, braucht die Patientin viel Schutz und Wärme. Das klingt fast nach einem ›sozialen Brutkasten‹ und ist es auch. In einer wärmenden und verständnisvollen Atmosphäre kann sie sich trauen, sich mit ihren Ängsten, Befürchtungen, Sehnsüchten und ihrem Ärger zu offenbaren, ohne daß die Beziehung dadurch gefährdet wird. Ich halte das für einen entscheidenden Faktor auf dem Weg zur Genesung: die Erfahrung, sich in einer Beziehung mit ihren tiefsten Gefühlen und Geheimnissen zeigen zu dürfen und die Zuwendung des anderen nicht zu verlieren, sondern zu spüren, daß sie unterstützt und ermutigt wird, immer mehr von sich zu zeigen. Auch das, was sie an sich schlecht findet, beispielsweise ihren Ärger, ihren Haß und ihre Zerstörungswut. In der Therapie haben diese Gefühle einen Raum, in dem sie ausgedrückt werden können, ohne Schaden anzurichten. Die Therapeutin dient dabei zeitweilig als ›Hilfs-Ich‹: Sie gibt der Patientin von außen Halt und hilft ihr, ein stabiles Selbst aufzubauen, indem sie sie unterstützt und zuverlässig begleitet. Die Sicherheit, alles ausdrücken zu dürfen, ohne Gefahr zu laufen, die Beziehung zu verlieren, ist besonders zu Beginn der Therapie notwendig und der Anfang einer Wandlung.

Eine der schmerzlichsten Erfahrungen im Prozeß der Entdeckung des ›wahren‹ Selbsterlebens ist die der Verlassenheit. Sie wird in der direkten Beziehung aktualisiert und ist von tiefen Gefühlen begleitet, deren Zugang und Ausdruck bisher verstellt war. Läßt sich die Frau auf eine Beziehung ein, baut sie Vertrauen auf und öffnet sie sich, dann erlebt sie primär nicht die Freude und Erfüllung, sondern die Angst, wieder verlassen zu werden. Sie wird versuchen, mit der Therapeutin symbiotisch zu werden, um sie nicht zu verlieren. Die Regressionstendenz in dieser Zeit ist sehr hoch und verbunden mit frühen Gefühlen von Wut und Schmerz.

Die Wut richtet sich in unterschiedlicher Stärke gegen die Therapeutin und bedroht die Beziehung. Es ist daher wichtig, in dieser Zeit immer wieder die Gefühle der Patientin ihr gegenüber anzusprechen und sie zu ermuntern, alle Bedenken und Kritik auszudrücken. Das ist aus zwei Gründen wichtig: Zum einen kann die Wut, die nicht ausgedrückt wird, die Beziehung wirklich zerstören; zum zweiten hat die Patientin zum jetzigen Zeitpunkt starke ambivalente Gefühle der Therapeutin gegenüber. Neben der Wut besteht zugleich der Wunsch, die Beziehung zu ihr nicht zu verlieren, weshalb sie jeden Ärger und jede Kritik unterdrückt. In diesem Hin-und-hergerissen-Sein der Gefühle wird der Kontakt zwischen Therapeutin und Patientin einer Zerreißprobe unterworfen. Die frühe Erfahrung, daß der Ausdruck von Kritik oder Ärger zu Liebesentzug und Verlassenheit führte, macht es ihr heute so unendlich schwer, der Therapeutin all das Negative zu sagen, was sie neben der Bewunderung für sie auch noch erlebt. Sie geht das Risiko ein, dieselben Erfahrungen wie früher zu machen. Die Angst, die sie dabei spürt, ist die Angst vor erneuter Verlassenheit und besitzt dieselbe kindliche Wucht wie zur Zeit ihrer Verdrängung. Es sind viele positive Erfahrungen nötig, um glauben zu können, daß der Ausdruck ihrer Gefühle die Beziehung nicht zerstört, sondern festigt. Und diese Erfahrung führt letztlich dazu, die Therapeutin ihrer negativen Eigenschaften wegen nicht abwerten und ihrer positiven Seiten wegen nicht aufwerten zu müssen, sondern sie als Person mit guten und schlechten Seiten anzuerkennen. Und das bedeutet, den Spaltungsmechanismus in der Beziehung aufzuheben.

Das Gefühl von Verlassenheit, das zum jetzigen Zeitpunkt vorherrscht, wird in unterschiedlicher Weise erlebt. Es kann als Angst wahrgenommen werden, die Therapeutin würde nicht wiederkommen oder sie wende sich am Ende doch von ihr ab und möchte irgendwann nichts mehr mit ihr zu tun haben. Auch die Situationen, die dieses Gefühl auslösen, sind vielfältig. Es kann einmal eine reale vorübergehende Trennung sein, etwa der Urlaub der Therapeutin oder der Patientin. Ein anderes Mal kann die Verlassenheitsangst in einer Zeit auftreten, in der viel Nähe zwischen beiden besteht. Meine Erfahrung mit selbstwertschwachen Frauen ist, daß sie gerade bei körperlicher Nähe (in der Umarmung) und bei emotionaler Nähe (angenommen und geliebt werden) in Kontakt mit dem tiefen Schmerz kommen. Sie erleben dabei frühe ›kindliche‹ Gefühle der Hilflosigkeit und Panik, allein und verlassen zu sein. In Situationen der Kränkung, des Stresses, der Anforderung, der Trennung oder bei intimer Nähe treten starke, realitätsunangemessene Angstreaktionen auf, die die Frauen im Leben meist durch ziellose Handlungen oder ihre Sucht verdrängen. In der Therapie ist an diesem Punkt eine stützende Hilfestellung der Therapeutin erforderlich. Sie hat zum Ziel, der Patientin beizustehen, ihren Schmerz zu spüren, auszudrücken und ihre damit verbundene Verletztheit zu zeigen. Kommt die Patientin mit diesen Gefühlen in Kontakt, ist es für sie außerordentlich wichtig, nicht wieder Angst haben zu müssen, ausgebeutet oder fallen gelassen zu werden, sondern sich auf eine feste, vertrauensvolle Beziehung verlassen zu können, in der Kränkungen, Enttäuschungen, Panik, Symbiosewünsche und Ängste ausgesprochen werden dürfen.

Verlassenheitskrise heißt auch, Abschied zu nehmen von unrealistischen, kindlichen Bedürfnissen, bedingungslos geliebt und ständig umworben zu werden. Damit ist ein tiefer Schmerz verbunden, das Gefühl von Verlassenheit und Alleinsein. Mit dem allmählichen Abtrauern gewinnt die Frau jedoch immer mehr ›Boden‹ in sich, das heißt sie wird seltener symbiotische Gefühle spüren, was sie als innere Sicherheit erlebt. Sie kann mehr und mehr realitätsorientierte Beziehungen aufbauen und daraus Befriedigung schöpfen. Mit der Zeit wird sie auch erleben, was Liebe heißt. Denn bisher waren Liebesgefühle nur jene, die sie in der symbiotischen Nähe für einen anderen Menschen empfand: das starke Sehnen nach seiner ständigen Nähe. Mit der Aufhebung der Symbiose werden neue, nie gekannte Liebesgefühle erwachen, die ein tiefes Erleben der Verbundenheit beinhalten, nicht nur zu einem einzigen, sondern zu mehreren Menschen.

Der nächste Schritt ist die Durcharbeitung der Wut gegen jene Personen (meist die Eltern), die einst die Patientin an der Entfaltung ihrer Individualität hinderten. Diese Arbeit wird durch starke Schuldgefühle den Eltern gegenüber behindert. Hinter den

Schuldgefühlen lauern Befürchtungen, bestraft zu werden, wenn sich die Patientin abgrenzt und die Eltern beschimpft. Wird dieser interne Prozeß jedoch offengelegt, können die Ängste korrigiert und als frühe Botschaften erkannt werden, was ihnen ihre Macht zum Teil nimmt.

Die zweite Anforderung an die Therapie ist, der Patientin zu ermöglichen, über Versagungen ein stabiles Selbst aufzubauen. Denn sie hat nicht gelernt, mit Begrenzungen umzugehen und Entsagungen als Teil des Lebens zu akzeptieren. Aber gerade dieses Defizit muß die Therapie ausgleichen. Eine gute Mutter oder eine gute Therapeutin ist nicht nur die grenzenlos Gebende, sondern auch die Grenzensetzende. Auf der Basis einer zuverlässigen und Schutz bietenden Beziehung zwischen Patient und Therapeutin können dann die mit der Frustration auftretenden Gefühle von Kränkung, Verlassenheit, Wut und Schmerz erlebt und verarbeitet werden.

Im Kontakt mit der Therapeutin können Kränkungsreaktionen schon bei kleinen Unachtsamkeiten oder bei Nichterfüllung von Wünschen auftreten. Als Therapeutin muß man davon ausgehen, daß ein Nein bei einer selbstwertschwachen Frau tiefere Spuren hinterläßt, als man glaubt oder sie nach außen hin zeigt. Innerlich fängt sie an zu entwerten, auch wenn sie äußerlich immer noch nett und freundlich ist. Es ist hilfreich, der Enttäuschung Raum zu geben.

Den Prozeß, sich auf sich einzulassen und alten Ängsten zu begegnen, finden wir symbolisch im Märchen wieder:

Nun war das arme Kind in dem großen Wald mutterseelig allein und ward ihm so angst, daß es alle Blätter an den Bäumen ansah und nicht wußte, wie es sich helfen sollte. Da fing es an zu laufen und lief über die spitzen Steine und die Dornen, und die wilden Tiere sprangen an ihm vorbei, aber sie taten ihm nichts. Es lief, solange nur die Füße noch fortkonnten, bis es bald Abend werden wollte; da sah es ein kleines Häuschen und ging hinein, sich zu ruhen. In dem Häuschen war alles klein, aber so zierlich und reinlich, daß es nicht zu sagen ist.
Da stand ein weißgedecktes Tischlein mit sieben kleinen Tellern, jedes Tellerlein mit seinem Löffelein, ferner sieben Messerlein und Gäbelein und sieben Becherlein. An der Wand waren sieben Bettlein nebenein-

ander aufgestellt und schneeweiße Laken darübergedeckt. Schneewittchen, weil es so hungrig und durstig war, aß von jedem Tellerlein ein wenig Gemüs und Brot und trank aus jedem Becherlein einen Tropfen Wein; denn es wollte nicht einem alles wegnehmen. Hernach, weil es so müde war, legte es sich in ein Bettchen, aber keins paßte. Das eine war zu lang, das andere zu kurz, bis endlich das siebte recht war: und darin blieb es liegen, befahl sich Gott und schlief ein.
Als es ganz dunkel geworden war, kamen die Herren von dem Häuslein, das waren die sieben Zwerge, die in den Bergen nach Erz hackten und gruben. Sie zündeten ihre sieben Lichtlein an, und wie es nun hell im Häuslein ward, sahen sie, daß jemand darin gewesen war, denn es stand nicht alles so in der Ordnung, wie sie es verlassen hatten. Der erste sprach: »Wer hat auf meinem Stühlchen gesessen?« Der zweite: »Wer hat von meinem Tellerchen gegessen?« Der dritte: »Wer hat von meinem Brötchen genommen?« Der vierte: »Wer hat von meinem Gemüschen gegessen?« Der fünfte: »Wer hat mit meinem Gäbelchen gestochen?« Der sechste: »Wer hat mit meinem Messerchen geschnitten?« Der siebte: »Wer hat aus meinem Becherlein getrunken?« Dann sah sich der erste um und sah, daß auf seinem Bett eine kleine Delle war, da sprach er: »Wer hat in mein Bettchen getreten?« Die anderen kamen gelaufen und riefen: »In meinem hat auch jemand gelegen.« Der siebente aber, als er in sein Bett sah, erblickte Schneewittchen, das lag darin und schlief. Nun rief er die anderen, die kamen herbeigelaufen und schrien vor Verwunderung, holten ihre sieben Lichtlein und beleuchteten Schneewittchen. »Ei, du mein Gott! Ei, du mein Gott!« riefen sie, »was ist das Kind so schön!«, und hatten so große Freude, daß sie es nicht aufweckten, sondern im Bettlein fortschlafen ließen. Der siebente Zwerg aber schlief bei seinen Gesellen, bei jedem eine Stunde, da war die Nacht herum.
Als es Morgen war, erwachte Schneewittchen, und wie es die sieben Zwerge sah, erschrak es. Sie waren aber freundlich und fragten: »Wie heißt du?« – »Ich heiße Schneewittchen«, antwortete es. »Wie bist du in unser Haus gekommen?« sprachen weiter die Zwerge. Da erzählte es ihnen, daß seine Stiefmutter es hätte wollen umbringen lassen, der Jäger hätte ihm aber das Leben geschenkt, und da wär es gelaufen den ganzen Tag, bis es endlich ihr Häuslein gefunden hätte. Die Zwerge sprachen: »Willst du unsern Haushalt versehen, kochen, betten, waschen, nähen und stricken, und willst du alles ordentlich und reinlich halten, so kannst du bei uns bleiben, und es soll dir an nichts fehlen.« – »Ja«, sagte Schneewittchen, »von Herzen gern«, und blieb bei ihnen. Es hielt ihnen das Haus in Ordnung: Morgens gingen

sie in die Berge und suchten Erz und Gold, abends kamen sie wieder, und da mußte ihr Essen bereit sein. Den Tag über war das Mädchen allein; da warnten es die guten Zwerglein und sprachen: »Hüte dich vor deiner Stiefmutter, die wird bald wissen, daß du hier bist; laß ja niemanden herein.

Im Märchen von Schneewittchen symbolisieren die sieben Berge die horizontale Spaltung, die das ›wahre‹ vom ›falschen‹ Selbsterleben trennt. Das kleine Häuschen der sieben Zwerge ist ein Bild für das Leben im Bewußtsein des ›wahren‹ Selbsterlebens, in dem andere Gesetze herrschen als im Schloß des ›falschen‹ Selbsterlebens. Hier ist auf einmal alles zierlich, geordnet und abgezählt im Gegensatz zum sonstigen narzißtischen Überfluß, der keine Grenzen kennt und das Eigentum anderer nicht respektiert. Die narzißtische Großzügigkeit gibt jedem alles, beansprucht aber auch alles für sich. Demgegenüber muß Schneewittchen nun ein Gefühl für ihre wahre Größe bekommen. Indem sie alle sieben Betten ausprobiert, findet sie jenes, das ihr entspricht: nicht zu groß (überwertig), aber auch nicht zu klein (minderwertig). Sie kommt zur Ruhe, als sie ihre wirkliche Größe entdeckt und »befahl sich Gott«. Hierin liegt ein Verweis auf ein spirituelles Erleben, die Fähigkeit, sich anzuvertrauen, die nur im Rahmen des ›wahren‹ Selbsterlebens möglich ist. Der Verzicht auf die narzißtische Grandiosität hat Schlichtheit und Normalität zur Folge.

Die sieben Zwerge sind die ›Goldgräber‹ der menschlichen Psyche, positive, unbewußte Kräfte, die uns zuwachsen, wenn wir uns auf unser ›wahres‹ Selbsterleben einlassen. Sie dienen der Vervollständigung und Ganzheit des Menschen, ein Bestreben, das dem menschlichen Wesen innewohnt, worauf auch ihre Zahl sieben hinweist. Um den eigenen Schatz und Reichtum in sich zu entdecken, ist es nötig, das alte, das ›falsche‹ Selbsterleben loszulassen. Im Gegensatz zur zweiten Königin haben die Zwerge echte Freude an Schneewittchens Schönheit und akzeptieren sie so, wie sie ist. Sie kümmern sich um sie und nehmen sogar Opfer auf sich (der siebte Zwerg, in dessen Bettchen sie schläft, muß bei seinen Gesellen schlafen).

Die Aussage: »Wer hat von meinem Tellerchen gegessen?« symbolisiert das Bewußtsein von Identität und Besitz im Rahmen des ›wahren‹ Selbsterlebens. Selbstwertschwache Frauen erleben Bedürfnisbefriedigung meist so, als würden sie dem anderen etwas wegnehmen, wenn sie sich das Recht auf ihre eigenen Wünsche und deren Erfüllung erlauben. Nur in der Rolle des Helfers und Co-Partners meinen sie, ein Recht zu haben, etwas zu bekommen. Schneewittchen lernt nun das Gesetz von Geben und Nehmen, indem sie Unterkunft, Verpflegung und Schutz angeboten bekommt, dafür aber eine Gegenleistung erbringen muß: den Haushalt in Ordnung halten, kochen, putzen, waschen, nähen usw. Also ›normale‹ Alltagsarbeit verrichten, die für jeden Narzißten das Ende seiner Grandiosität bedeutet, aber auch seine Sehnsucht nach Normalität weckt. Schneewittchen braucht nicht großartig zu sein, um geliebt zu werden, geht aber eine Verpflichtung und Bindung ein. Sie legt sich fest, lebt den ›einfachen‹ Alltag ohne die Aufregung, die etwa eine Wochenendbeziehung mit sich bringt.

Die Verführung durch die Grandiosität

Der Kampf zwischen ›falschem‹ und ›wahrem‹ Selbsterleben ist jedoch noch nicht ausgestanden. Die Zwerge warnen:

»Hüte dich vor deiner Stiefmutter, die wird bald wissen, daß du hier bist; laß ja niemanden herein.«
Die Königin aber, nachdem sie Schneewittchens Lunge und Leber glaubte gegessen zu haben, dachte nicht anders, als sie wäre wieder die Erste und Allerschönste, trat vor ihren Spiegel und sprach:
»Spieglein, Spieglein an der Wand, wer ist die Schönste im ganzen Land?«
Da antwortete der Spiegel: »Frau Königin, Ihr seid die Schönste hier, aber Schneewittchen über den Bergen, bei den sieben Zwergen ist noch tausendmal schöner als ihr.«
Da erschrak sie, denn sie wußte, daß der Spiegel keine Unwahrheit sprach, und merkte, daß der Jäger sie betrogen hatte und Schneewittchen

noch am Leben war. Und da sann und sann sie aufs neue, wie sie es umbringen wollte; denn solange sie nicht die Schönste war im ganzen Land, ließ ihr der Neid keine Ruhe. Und als sie sich endlich etwas ausgedacht hatte, färbte sie sich das Gesicht auf und kleidete sich wie eine alte Krämerin und war ganz unkenntlich. In dieser Gestalt ging sie über die sieben Berge zu den sieben Zwergen, klopfte an die Türe und rief:»Schöne Ware feil! feil!« Schneewittchen guckte zum Fenster hinaus und rief:»Guten Tag, liebe Frau, was habt Ihr zu verkaufen?« –»Gute Ware, schöne Ware«, antwortete sie,»Schnürriemen von allen Farben«, und holte einen hervor, der aus bunter Seide geflochten war.»Die ehrliche Frau kann ich hereinlassen«, dachte Schneewittchen, riegelte die Tür auf und kaufte sich den hübschen Schnürriemen.»Kind«, sprach die Alte,»wie du aussiehst! Komm, ich will dich einmal ordentlich schnüren.« Schneewittchen hatte kein Arg, stellte sich vor sie und ließ sich mit dem neuen Schnürriemen schnüren: aber die Alte schnürte geschwind und schnürte so fest, daß dem Schneewittchen der Atmen verging und es für tot hinfiel.»Nun bist du die Schönste gewesen«, sprach sie und eilte hinaus.

Nicht lange darauf, zur Abendzeit, kamen die sieben Zwerge nach Haus, aber wie erschraken sie, als sie ihr liebes Schneewittchen auf der Erde liegen sahen; und es regte und bewegte sich nicht, als wäre es tot. Sie hoben es in die Höhe, und weil sie sahen, daß es zu fest geschnürt war, schnitten sie den Schnürriemen entzwei: da fing es an, ein wenig zu atmen und ward nach und nach wieder lebendig. Als die Zwerge hörten, was geschehen war, sprachen sie:»Die alte Krämerfrau war niemand als die gottlose Königin; hüte dich und laß keinen Menschen herein, wenn wir nicht bei dir sind.«

Das böse Weib aber, als es nach Haus gekommen war, ging vor den Spiegel und fragte:
»Spieglein, Spieglein an der Wand, wer ist die Schönste im ganzen Land?«
Da antwortete er wie sonst:»Frau Königin, Ihr seid die Schönste hier, aber Schneewittchen über den Bergen, bei den sieben Zwergen ist noch tausendmal schöner als ihr.«
Als sie das hörte, lief ihr alles Blut zum Herzen, so erschrak sie, denn sie sah wohl, daß Schneewittchen wieder lebendig geworden war.»Nun aber«, sprach sie,»will ich etwas aussinnen, das dich zugrunde richten soll«, und mit Hexenkünsten, die sie verstand«, machte sie einen giftigen Kamm. Dann verkleidete sie sich und nahm die Gestalt eines anderen alten Weibes an. So ging sie hin über die sieben Berge zu den sieben Zwergen, klopfte an die Türe und rief:»Gute Ware feil! feil!« Schnee-

wittchen schaute heraus und sprach: »Geht nur weiter, ich darf niemand hereinlassen.« – »Das Ansehen wird dir doch erlaubt sein«, sprach die Alte, zog den giftigen Kamm heraus und hielt ihn in die Höhe. Da gefiel er dem Kinde so gut, daß es sich betören ließ und die Tür öffnete. Als sie des Kaufs einig waren, sprach die Alte: »Nun will ich dich einmal ordentlich kämmen.« Das arme Schneewittchen dachte an nichts und ließ die Alte gewähren; aber kaum hatte sie den Kamm in die Haare gesteckt, als das Gift darin wirkte, und das Mädchen ohne Besinnung niederfiel. »Du Ausbund von Schönheit«, sprach das boshafte Weib, »jetzt ist's um dich geschehen«, und ging fort. Zum Glück aber war es bald Abend, wo die sieben Zwerglein nach Hause kamen. Als sie Schneewittchen wie tot auf der Erde liegen sahen, hatten sie gleich die Stiefmutter in Verdacht, suchten nach und fanden den giftigen Kamm, und kaum hatten sie ihn herausgezogen, so kam Schneewittchen wieder zu sich und erzählte, was vorgegangen war. Da warnten sie es noch einmal, auf seiner Hut zu sein und niemand die Türe zu öffnen.
Die Königin stellte sich daheim vor den Spiegel und sprach: »Spieglein, Spieglein an der Wand, wer ist die Schönste im ganzen Land?«
Da antwortete er wie vorher: »Frau Königin, Ihr seid die Schönste hier, aber Schneewittchen über den Bergen, bei den sieben Zwergen ist noch tausendmal schöner als Ihr.«
Als sie den Spiegel so reden hörte, zitterte und bebte sie vor Zorn. »Schneewittchen soll sterben«, rief sie, »und wenn es mein eigenes Leben kostet.« Darauf ging sie in eine ganz verborgene einsame Kammer, wo niemand hinkam, und machte da einen giftigen, giftigen Apfel. Äußerlich sah er schön aus, weiß mit roten Backen, daß jeder, der ihn erblickte, Lust danach bekam; aber wer ein Stückchen davon aß, der mußte sterben. Als der Apfel fertig war, färbte sie sich das Gesicht und verkleidete sich in eine Bauersfrau, und so ging sie über die sieben Berge zu den sieben Zwergen. Sie klopfte an, Schneewittchen streckte den Kopf zum Fenster heraus und sprach: »Ich darf keinen Menschen einlassen, die sieben Zwerge haben mir's verboten.« – »Mir auch recht«, antwortete die Bäuerin, »meine Äpfel will ich schon los werden. Da, einen will ich dir schenken.« – »Nein«, sprach Schneewittchen, »ich darf nichts annehmen.« »Fürchtest du dich vor Gift?« sprach die Alte, »siehst du, da schneide ich den Apfel in zwei Teile; den roten Backen ißt du, den weißen will ich essen.« Der Apfel war aber so künstlich gemacht, daß der rote Backen allein vergiftet war. Schneewittchen lusterte den schönen Apfel an, und als es sah, daß die Bäuerin davon aß, so konnte es nicht länger widerstehen, streckte die Hand

hinaus und nahm die giftige Hälfte. Kaum aber hatte es einen Bissen davon im Mund, so fiel es tot zur Erde nieder. Da betrachtete es die Königin mit grausigen Blicken und lachte überlaut und sprach:»Weiß wie Schnee, rot wie Blut, schwarz wie Ebenholz! Diesmal können dich die Zwerge nicht wieder erwecken.« Und als sie daheim den Spiegel befragte:
»Spieglein, Spieglein an der Wand, wer ist die Schönste im ganzen Land?«
so antwortete er endlich:»Frau Königin, Ihr seid die Schönste im Land.« Da hatte ihr neidisches Herz Ruhe, so gut ein neidisches Herz Ruhe haben kann.

Neid ist für Frauen mit einer Selbstwertstörung ein wichtiges, aber tabuisiertes Thema, weil sie es im Grunde verachten, sich und anderen einzugestehen, neidisch zu sein. Sie verstecken dieses Gefühl hinter Rivalität, Kampf und Abwertung. Treffen sie auf eine Frau oder einen Mann, die aufgrund ihrer Fähigkeiten oder ihres Äußeren eine Bedrohung ihres Selbstwertgefühls bedeuten, können sie diese Tatsache nicht zugeben, sondern werten diese Menschen ab oder treten mit ihnen in einen Rivalitätskampf. Das Ziel ist, als Siegerin daraus hervorzugehen und sich so den eigenen Selbstwert zu bestätigen. Dieses Verhalten beweist die Instabilität ihres Selbstwertgefühls, das bei der geringsten Herausforderung zusammenbricht. Entweder die betroffene Frau stellt sich ihrem Neid, ihrer Eifersucht und Rivalität und der damit verbundenen Angst, weniger wert zu sein, oder sie muß immer weiter darum kämpfen und sich und andere davon überzeugen, die Schönste zu sein. Zufriedenheit erwirbt sie dadurch nicht.

Eine Veränderung führt dagegen über das Eingeständnis, nicht die grandioseste und wichtigste Frau der Welt zu sein. Damit sind Gefühle von Kränkung, Haß und Schmerz über die eigene ›Normalität‹ verbunden und die Angst, daß Schlichtsein nicht ausreicht, um zu gefallen. Um aber nicht mehr ›nur‹ gefallen zu wollen, sondern als individuelle Person anerkannt und geliebt zu werden, ist die Durcharbeitung dieser Gefühle nötig. Denn das stärkt das ›wahre‹ Selbsterleben.

Drei Rückfälle zeigen, wie schnell Schneewittchen auf die Verführungskunst des ›falschen‹ Selbst hereinfällt. Der erste Rückfall symbolisiert im Bild des Schnürriemens das Streben nach Perfektion und einer attraktiven Fassade: dafür schnürt sich die Frau von ihren Bedürfnissen ab und preßt sich in das Zwangskorsett des Perfektionismus. So, wie es die Frau etwa tut, wenn sie wieder eine Fastenkur macht, um zu gefallen. Sie trennt sich dann von ihren Bedürfnissen ab und unterjocht sich dem Schönheitsdiktat. Im wahrsten Sinn des Wortes schnürt sie den Gürtel enger.

Der zweite Rückfall betrifft im Symbol des Kammes die äußere Erscheinung, die wichtiger wird als das innere Erleben: Um schön zu sein, riskiert die Frau, sich ›zu vergiften‹, sich innerlich abzutöten. Beide Male können die positiven Kräfte in ihr, die Zwerge, sie retten. Schneewittchen erkennt den Betrug und läßt sich helfen. Das gelingt aber bei der dritten Verführung nicht mehr. Der vergiftete Apfel symbolisiert die vergifteten Botschaften und die narzißtische Ausbeutung, die so schmackhaft aufbereitet sind, daß man ihnen die Gefahr nicht ansieht. Das Gift steht für Anerkennung durch Leistung und Attraktivität, dafür, sich auf Kosten des ›wahren‹ Selbsterlebens zu belügen und es zu verleugnen. Es ist ein Sinnbild für die äußere Eitelkeit, die Selbstbespiegelung und den Schein, die jede Beziehung oberflächlich machen. Schneewittchen erwacht erst zum Leben, als der Apfelgrütz erbrochen ist. Also in dem Moment, als die Frau sich von den hemmenden Introjekten frei macht und sie selber wird. Auf dem Genesungsweg droht immer wieder der Rückfall in die Verführung durch das ›falsche‹ Selbsterleben. Sei es aus Furcht vor den unbekannten Gefühlen und Wünschen des ›wahren‹ Selbsterlebens oder aus Angst, von der Grandiosität Abschied zu nehmen.[7]

Die Verführung durch das ›falsche‹ Selbsterleben kennt jede Frau, die Mühe hat, normal und einfach zu leben. Narzißtische Persönlichkeiten verbinden mit Normalität und Einfachheit Langeweile, Erfolglosigkeit und Unattraktivität. Sie sind selten zufrieden mit dem, was sie erreicht haben, und können sich nicht an ihren Erfolgen freuen, ohne schon das nächste Ziel im Auge zu haben. So treiben sie sich immer weiter und sind nie wirklich befriedigt.

Ruhe und Entspannung bringt diese Frauen in große Not, weil sie Angst haben, nichts mehr wert zu sein, wenn sie nichts leisten. Die Angst kann sogar über den Selbstwertverlust hinausgehen, wenn die Frau sich das Recht auf Leben abspricht: »Was hab' ich denn hier auf der Welt noch für eine Berechtigung, wenn ich ›nur‹ ich bin, ohne etwas Besonderes zu leisten?« Dabei übersieht die Betroffene oft, was sie im Alltag alles vollbringt, ohne es zu würdigen. Alltägliche Arbeit ist selbstverständlich, nichts besonderes, also auch keine Quelle für Stolz, Zufriedenheit und Selbstwertgefühle. Sie erlebt eine narzißtische Gratifikation nur in besonders guten Leistungen, großen Erfolgen und dem Erreichen immer höherer Ziele.

Häufig ist die unermüdliche Strebsamkeit eine Abwehr des Gefühls der existentiellen Bedrohung im Sinne einer Sei-Nicht-Botschaft. Wenn die Frau arbeitet und erfolgreich ist, spürt sie nicht, daß sie sich nicht berechtigt fühlt, auf der Welt zu sein. Erst in dem Moment, wenn sie zur Ruhe kommt, kann dieses Gefühl auftreten. Ich habe diese ›narzißtischen Krisen‹ häufig bei erfolgreichen Frauen in der Lebensmitte, also ab circa fünfunddreißig Jahren erlebt, die alles erreicht haben und trotzdem nicht zufrieden und ausgefüllt waren. Sie spürten plötzlich, daß sie mit noch mehr Arbeit nicht glücklicher werden, und mußten sich eingestehen, daß ihr bisheriges Konzept nicht mehr stimmt. So erschütternd diese Tatsache für die Betroffenen ist, sie ist auch eine Chance, ein neues Lebensgefühl zu entwickeln, das nicht nur an Leistung und Erfolg geknüpft ist. Ich will nicht gegen Leistung und Erfolg argumentieren. Es geht mir vielmehr um die Frage, ob ich Vergnügen am Erfolg habe oder ihn lebensnotwendig brauche, um mich existenzberechtigt zu fühlen. Und wenn das so ist, dann ist es an der Zeit, daß die Frau ihre Position überdenkt. Will sie wirklich lernen, daß sie allein als Mensch, so wie sie ist, liebenswert und reich und für andere wichtig und wertvoll ist, dann muß sie die Angst aushalten, die sie bisher mit Arbeit unterdrückte. Die Erfahrung, nicht wegen Leistung oder bestimmter Fähigkeiten geliebt zu werden, ist ein Geschenk, das auf Dauer wirklich zufrieden macht.

Wie ein Mensch ›ganz‹ wird

Die Zwerglein, wie sie abends nach Haus kamen, fanden Schneewittchen auf der Erde liegen, und es ging kein Atem mehr aus seinem Mund, und es war tot. Sie hoben es auf, suchten, ob sie was Giftiges fänden, schnürten es auf, kämmten ihm die Haare, wuschen es mit Wasser und Wein, aber es half alles nichts; das liebe Kind war tot und blieb tot. Sie legten es auf eine Bahre und setzten sich alle siebene daran und beweinten es, und weinten drei Tage lang. Da wollten sie es begraben, aber es sah noch so frisch aus wie ein lebender Mensch und hatte noch seine schönen roten Backen. Sie sprachen: »Das können wir nicht in die schwarze Erde versenken«, und ließen einen durchsichtigen Sarg von Glas machen, daß man es von allen Seiten sehen konnte, legten es hinein und schrieben mit goldenen Buchstaben seinen Namen darauf und daß es eine Königstochter wäre. Dann setzten sie den Sarg hinaus auf den Berg, und einer von ihnen blieb immer dabei und bewachte ihn. Und die Tiere kamen auch und beweinten Schneewittchen, erst eine Eule, dann ein Rabe, zuletzt ein Täubchen. Nun lag Schneewittchen lange, lange Zeit in dem Sarg und verweste nicht, sondern sah aus, als wenn es schliefe, denn es war noch so weiß als Schnee, so rot als Blut und so schwarzhaarig wie Ebenholz.
Es geschah aber, daß ein Königsohn in den Wald geriet und zu dem Zwergenhaus kam, da zu übernachten. Er sah auf dem Berg den Sarg und das schöne Schneewittchen darin, und las, was mit goldenen Buchstaben darauf geschrieben war. Da sprach er zu den Zwergen: »Laßt mir den Sarg, ich will euch geben, was ihr dafür haben wollt.« Aber die Zwerge antworteten: »Wir geben ihn nicht um alles Gold in der Welt.« Da sprach er: »So schenkt ihn mir, denn ich kann nicht leben ohne Schneewittchen zu sehen, ich will es ehren und hochachten wie mein Liebstes.« Wie er so sprach, empfanden die guten Zwerge Mitleiden mit ihm und gaben ihm den Sarg. Der Königsohn ließ ihn nun von seinen Dienern auf den Schultern forttragen. Da geschah es, daß sie über einen Strauch stolperten, und von dem Schüttern fuhr der giftige Apfelgrütz, den Schneewittchen abgebissen hatte, aus dem Hals. Und nicht lange, da öffnete es die Augen, hob den Deckel vom Sarg in die Höhe und richtete sich auf und war wieder lebendig. »Ach Gott, wo bin ich?« rief es. Der Königsohn sagte voll Freude: »Du bist bei mir«, und erzählte, was sich zugetragen hatte und sprach: »Ich habe dich lieber als alles auf der Welt; komm mit mir auf meines Vaters Schloß, du sollst meine Gemahlin werden.« Da war ihm Schneewittchen gut und ging mit ihm, und ihre Hochzeit ward mit großer Pracht und Herrlichkeit angeordnet.

Wenn das ›falsche‹ Selbst gewinnt, dann tritt wieder der Zustand der ersten Königin (Minderwertigkeit und Depression) ein: der Glassarg als Lebendig-begraben-Sein. Die Betroffenen leben zwar, sind aber innerlich wie tot. Sie spüren eine innere Leere und nehmen mit großer Distanz am Leben teil, als trenne sie eine unsichtbare Wand von den anderen. Obwohl sie dabei sind, gehören sie nicht richtig dazu. Sie spüren sich nicht mehr und haben den Kontakt zu sich verloren. Dieser Zustand tritt häufig in der Therapie bei selbstwertschwachen Frauen auf, wenn sie versuchen, eine ›perfekte‹ Therapie zu machen. Sie tun dann alles, um von den Therapeuten bewundert zu werden, statt aus Interesse an sich, etwas für sich herauszufinden. Sie sind nicht wirklich in Kontakt mit sich selbst, aber auch nicht mit den anderen Menschen.

Der Glassarg hat noch eine zweite Bedeutung: er symbolisiert die Passivität der Frau. Typisch für viele weibliche Narzißtinnen ist die Einstellung, sich von anderen helfen zu lassen, die Erlösung und Veränderung von außen zu erwarten und nichts selbsttätig zu unternehmen. Wenn man so will, eine kindliche Haltung. Die anderen sitzen um sie herum (wie die Zwerge, die Schneewittchen beweinen), machen sich Sorgen und Gedanken und leiden mit. Das Stolpern der Sargträger und der Sturz, durch den Schneewittchen zum Leben erweckt wird, steht stellvertretend für das Fallengelassenwerden in der kindlichen Passivität, um erwachsen zu werden. Erst wenn die Umgebung aufhört, sich um die Frau zu kümmern und ihr ihre Probleme zu lösen, kann und muß sie beginnen, eigenverantwortlich und erwachsen zu werden. Und erst wenn sie erwachsen ist, die Befriedigung ihrer Wünsche und den Ausgleich ihres Selbstwertdefizits nicht mehr über den Partner erwartet, kann sie auch eine gute Beziehung eingehen; nicht als abhängiges Kind, sondern als selbstverantwortliche Frau.

Der Prinz repräsentiert einen Bewußtseinszustand, in welchem der Mensch sein ›wahres‹ Selbsterleben (Schneewittchen) nicht verleugnet, sondern respektvoll behandelt und hochachtet wie sein Liebstes, da es das Leben selber ist. Erweckt wird es jedoch durch den Zufall, den weder der Prinz noch Schneewittchen herbeiführen können: Durch das Straucheln der Sargträger erbricht sie den vergifteten Apfel, befreit sich von den negativen Introjekten, von der ›giftigen‹ Erziehung, und ersetzt sie durch die liebevolle und achtende Zuwendung des Prinzen.

Die zwei entscheidenden Wandlungen, von denen das Märchen spricht, geschehen zufällig: der Stich mit der Nadel, der dem Leben der ersten Königin eine neue Perspektive beschert und das Stolpern der Sargträger, wodurch Schneewittchen wieder zum Leben erweckt wird. Auch im Leben beruhen die wichtigen Veränderungen häufig auf dem ›Zufall‹, sie ›fallen uns zu‹, ohne daß wir einen Einfluß darauf haben oder etwas dafür tun müssen. Die Dinge geschehen, wenn wir uns überlassen. Wir erhalten sie ›umsonst‹, ›gratis‹, aus Gnade (Gratia).

Narzißtische Störungen können nicht aus sich selbst heraus geheilt werden. Bei allen Befreiungsversuchen und Bemühungen muß man Kontakt und Verbindung zu anderen Menschen herstellen. Die Genesung erfolgt über und in tragenden Beziehungen, nicht in oberflächlichen. Der Prinz ist das Symbol für Beziehung. Zuerst wird sie nach dem alten narzißtischen Muster begonnen: »Laßt mir den Sarg, ich will Euch geben, was ihr dafür haben wollt.« Dies ist die Einstellung, alles, auch Liebe, kaufen zu können. Erst, als er eine wirkliche Beziehung eingeht und seine wahre Liebe mitteilt, bekommt er den Sarg geschenkt. Das Wesentliche bekommen wir geschenkt, nicht über Leistung, Schönheit oder Perfektionismus. Dieses Denken ist der weiblich-narzißtischen Persönlichkeit fremd, da sie meint, für alles, was sie bekommt, etwas geben zu müssen. Sie hat nicht das Vertrauen, daß sie das bekommt, was sie braucht.

Die Heirat zwischen Schneewittchen und dem Prinzen symbolisiert eine innere Hochzeit, die Aufhebung der Spaltungen und die Herstellung einer Ganzheit. Das Ziel der Therapie bzw. der persönlichen Entwicklung ist die Integration zu einer ganzheitlichen Persönlichkeit, der alle Bereiche des Selbst zur Verfügung stehen. Der Weg zu einer ganzheitlichen Persönlichkeit liegt in der Überwindung der extremen Positionen, die das Leben so

unberechenbar und anstrengend machen. Dazu ist es nötig, die Spaltungen aufzuheben und die Teile untereinander zu verbinden.
Wenn die Frau verstehen kann, warum sie sich immer wieder entweder himmelhoch jauchzend oder zu Tode betrübt fühlt und erkennt, daß das eine Folge davon ist, daß sie sich und andere auf- bzw. abwertet, so hat sie einen wichtigen Schritt in Richtung Integration gemacht. Wenn sie beginnt, sich hilflos, einsam und verlassen zu fühlen, ist es nötig, daß sie sich ihre Situation bewußt macht und erkennt, daß sie auch eine starke Seite hat, mit der sie ihr Leben meistern und Alleinsein aushalten kann. Fühlt sie sich stark und unabhängig und gibt sie vor, mit allen Schwierigkeiten leicht fertig zu werden, muß sie sich erinnern, daß sie Grenzen hat, um nicht grandios abzuheben. Zu Beginn der Veränderung muß die jeweils andere Erlebensseite aktiv ins Bewußtsein gehoben werden, um den Spaltungsmechanismus zu verhindern.
Integration der Selbstteile heißt auch das Zusammenbringen der Erlebnisqualitäten von schwach und stark. Wenn die betroffene Frau erfährt, gefühlvoll sein zu können, ohne dabei ihre Stärke zu verlieren und umgekehrt, dann beginnt sie, die zwei Pole anzunähern. Sie wird dann eine Person mit zwei unterschiedlichen, aber vereinbaren Seiten. Die Aufhebung der Spaltung kann zu Ängsten und Unsicherheiten führen, die bisher mit Hilfe der Spaltung abgewehrt wurden (zum Beispiel die Angst, ihre Eigenständigkeit zu verlieren, wenn sie sich abhängig macht). Hält sie diese Ängste aus, dann kann die Integration vollzogen werden. Der Satz, der beide Extreme verbindet, heißt: ›Ich darf mich einlassen und trotzdem meine Stärke behalten.‹ Dadurch entsteht eine dritte Möglichkeit, die mehr Spielraum läßt und mit einem Gefühl der Erleichterung verbunden ist, daß das Leben ›so einfach‹ sein kann.
Der nächste Schritt wäre herauszufinden, welche Bedeutung die Minderwertigkeit und Grandiosität in ihrem System haben. Wenn sie erkennen kann, daß sie Abwehrformen sind, die sie vor unangenehmen Gefühlen und dem Verlust ihres Selbstwertes schützen, kann sie mehr Verständnis für sich aufbringen und

gnädiger mit sich umgehen. Die Bewußtmachung der Spaltung führt dazu, auf sie als Abwehrmechanismus zu verzichten und statt dessen neue und adäquatere Formen der Problemlösung einzusetzen.

Die Hochzeit im Märchen ist nicht nur Symbol für Integration, sondern auch ein Sinnbild für wahre Beziehungsfähigkeit, die nicht durch Überidealisierung, sondern Zuneigung entsteht. »Da war ihm Schneewittchen gut und ging mit ihm.« Jemandem ›gut sein‹ ist eine Qualität der Zuneigung, zu der narzißtische Persönlichkeiten keinen oder nur selten Zugang haben. Sie lieben jemanden ›wahnsinnig oder total‹ oder brechen die Beziehung ab, wenn sie bei dem anderen negative Seiten entdecken. Eine Verbindung zum Partner aufrechtzuerhalten, die auch seine Schattenseiten respektiert, fällt ihnen sehr schwer. Die Hochzeit ist daher auch ein Bild dafür, beide Seiten in sich und dem anderen zu integrieren: Jeder hat gleichzeitig positive und negative Seiten. Damit respektiert jeder Partner die Eigenheiten des anderen, aber auch seine eigenen. Zu Beginn ist es schwer, die Spannung auszuhalten, die darin liegt, Stärken und Schwächen des Partners zu registrieren und zu akzeptieren. Es ist leichter, das sogenannte Schlechte am anderen auf- oder abzuwerten, als es ›einfach‹ so zu lassen, wie es ist. Ebenso ist es bezogen auf die eigene Person. Die ›Hochzeit‹ wird dann möglich, wenn beide Partner ihre Identität gefunden haben und sie nicht mehr im anderen und dessen Idealbild suchen müssen. Denn eine befriedigende Zweierbeziehung setzt eine gute Beziehung zu sich selbst voraus. Alle Manöver der Eifersucht, des Festklammerns, der Selbstaufgabe, der Machtkämpfe, Rivalitäten und Streitereien sind zum großen Teil Ausdruck der eigenen Selbstwertschwäche.

Die Angst vor der Nähe muß eine Beziehung nicht unmöglich machen, solange ich mit dem anderen darüber reden kann, ihm meine Befürchtungen, aufgefressen oder verlassen zu werden, mitteile und von ihm erfahre, welche Schwierigkeiten er hat. Voraussetzung ist Ehrlichkeit und der Mut zur Wahrheit. Auf dieser Basis entstehen lebendige, echte Beziehungen, in denen man nicht das alte Muster wiederholen muß. Das wird nur dann

passieren, wenn ich weiterhin meine Schwächen, Ängste und Bedrohungen vor dem anderen verheimliche und so tue, als sei alles in Ordnung. Es passiert auch dann, wenn ich die Grenzen des anderen nicht respektiere und ihn sich nicht abgrenzen lasse. Es wird passieren, wenn ich mir nicht die Mühe mache, herauszufinden, was ich will bzw. wenn ich nicht sage, was ich brauche. Es wird passieren, wenn ich mehr an der Illusion der Beziehung hänge, als mich auf eine reale Begegnung einzulassen. Und es wird passieren, solange ich nicht das Vertrauen habe, daß ein anderer wirklich mich meint und ich es ihm möglich mache, mich zu lieben.
Doch der Kampf ist noch nicht ganz ausgestanden, das Märchen noch nicht zu Ende erzählt.

Zu dem Fest wurde aber auch Schneewittchens gottlose Stiefmutter eingeladen. Wie sie sich nun mit schönen Kleidern angetan hatte, trat sie vor den Spiegel und sprach:
»Spieglein, Spieglein an der Wand, wer ist die Schönste im ganzen Land?«
Der Spiegel antwortete: »Frau Königin, Ihr seid die Schönste hier, aber die junge Königin ist noch tausendmal schöner als Ihr.«
Da stieß das böse Weib einen Fluch aus, und ward ihr so angst, daß sie sich nicht zu fassen wußte. Sie wollte zuerst gar nicht auf die Hochzeit kommen: doch ließ es ihr keine Ruhe, sie mußte fort und die junge Königin sehen. Und wie sie hineintrat, erkannte sie Schneewittchen und vor Angst und Schrecken stand sie da und konnte sich nicht regen. Aber es waren schon eiserne Pantoffeln über Kohlenfeuer gestellt und wurden mit Zangen hereingetragen und vor sie hingestellt. Da mußte sie in die rotglühenden Schuhe treten und so lange tanzen, bis sie tot zur Erde fiel.

Das Schicksal des ›falschen‹ Selbsterlebens zeigt sich noch einmal im Symbol der eisernen Pantoffeln: Sie stellen die Hetze, das Leistungsstreben und Getriebensein der Grandiosität dar. Die weibliche Narzißtin muß so lange ›tanzen‹, also arbeiten, leisten, sich bemühen, anstrengen, sich antreiben, bis ihr die Kraft ausgeht. Krankheit, Zusammenbrüche, Sucht, sind äußere Merkmale, daß sie nicht mehr weiter kann. Das ›falsche‹ Selbsterleben muß sich tot laufen, bis es aufgegeben wird.

Autonomie und Selbstannahme

Autonomie und positive Selbstannahme sind die Ziele der persönlichen Entwicklung einer selbstwertschwachen Frau. Das bedeutet, ein integriertes Selbst und ein stabiles Selbstwertsystem besitzen, sich selbst lieben und wertschätzen, mit Frustration umgehen können, Grenzen akzeptieren und sich nicht mehr hilflos anklammern müssen. Für Frauen mit einer weiblich-narzißtischen Struktur heißt das, alte Wunden heilen, die mit dem frühen Selbstverlust zusammenhängen und eine eigenständige Persönlichkeit aufbauen. Die Patientin lernt, so sein zu dürfen, wie sie ist, und dennoch Unterstützung zu bekommen, sich trennen zu dürfen und trotzdem immer wieder zurückkommen zu können, stark zu sein und trotzdem Hilfe zu beanspruchen, geliebt zu werden, ohne ihre Individualität aufzugeben, eine eigene Meinung zu vertreten und nein zu sagen, ohne sich abgelehnt zu fühlen, und sich auch ohne besondere Leistungen anzuerkennen. Dadurch kann sie den Bezugspunkt, an dem sie ihr Handeln orientiert, immer mehr in sich finden und aufhören, ihn in anderen Menschen zu suchen.

Ich fragte eine Patientin zu Beginn ihres stationären Aufenthalts, welche Ziele sie in der Therapie erreichen möchte. Als erstes nannte sie: »Ich möchte nicht immerzu daran denken, wie die anderen finden, was ich tue, sondern einfach machen, was ich will. Ich will mich bei Kritik nicht sofort zurückziehen, sondern weiterhin gut finden, was ich tue. Auch möchte ich herausfinden, was ich eigentlich will.« Alle genannten Ziele beschreiben autonome, erwachsene Handlungsweisen.

Der Weg in die Autonomie geht über kleine, konkrete Schritte im Alltag. Ich erlebe es immer wieder, wie wichtig es für die Betroffenen ist, ihre Meinung, die sie von sich und anderen haben, zu überprüfen. Nehmen wir das Beispiel einer Frau, die unsicher über das Ergebnis ihrer Arbeit ist. Sie kann sich nun viele Gedanken darüber machen, wie die anderen sie bewerten. Hat sie selbst eine schlechte Meinung von sich, dann wird sie dieselbe von den anderen auch erwarten. Vielleicht vermeidet sie aus Scham, versagt zu haben, sogar den Kontakt zu den anderen. Dadurch steigen ihre Ängste, schlecht und wertlos zu sein, jedoch immer mehr. Doch sehr häufig stellen sich die negativen und abwertenden Phantasien über die eigene Person als unbegründet heraus. Das erfährt sie jedoch erst, wenn sie den Mut besitzt, mit dem Gegenüber offen zu sprechen und nachzufragen, wie er ihre Arbeit einschätzt. Der Vorteil liegt darin, daß beide dann sachlich über die gelungenen und eventuell mißlungenen Ergebnisse sprechen können. Dadurch lernt sie, ihre Leistungen realistischer einzuschätzen und macht die Erfahrung, daß sie auch bei Fehlern akzeptiert wird und die anderen sie nicht vollkommen abwerten, wie sie es mit sich tut. Dies ist eine wichtige korrigierende Erfahrung, die auch in vielen anderen Bereichen gemacht werden kann, wie zum Beispiel bei der Einschätzung ihres Äußeren, ihres Verhaltens, ihrer Einstellungen und Gefühle. Zweifel, Ängste und Befürchtungen über die eigene Person werden sich wenigstens zum Teil auflösen, wenn sie im Kontakt mit einer vertrauten Person ausgesprochen werden. Die größte Hürde dabei ist die Frau selbst, die ihren Stolz überwinden und die Angst vor Kritik aushalten muß. Doch wird sie im Lauf der Zeit merken, wie entlastend es ist, sich mit den eigenen Schwächen und Ängsten mitzuteilen, statt sie mit sich allein herumzutragen, weil sie sich dadurch nicht auflösen. Das Nachfragen bezieht sich auch auf Unsicherheiten im Kontakt. So glauben viele Frauen, der andere wäre böse oder lehne sie ab, weil er so unfreundlich ist. Anstatt die schlechte Stimmung des anderen auf sich zu beziehen, können sie ihn oder sie fragen, was los sei und ob der Grund in ihrer Beziehung läge. Im Gespräch werden sie bald Klarheit erhalten, die verhindern kann, daß ein Streit aufgrund von Mißverständnissen entsteht.

In Zweierbeziehungen bedeutet Autonomie, eine verantwortungsvolle Partnerin zu sein. Dazu ist es notwendig, die Rolle der umschwärmten Prinzessin aufzugeben und Mitverantwortung für die Beziehung zu übernehmen. Es bedeutet, Abschied von ihrem ›alten Muster‹ zu nehmen, in dem Bewunderung und Geliebtwerden im Vordergrund stehen und sie alles tut, um das zu erreichen. Das abhängige Beziehungsmuster verändert sich nur nach und nach, und oft dauert es einige Jahre, bis sie eine erfüllte Beziehung leben kann. Denn erst, wenn sie ›auf ihren eigenen Beinen steht‹ und sich ihren Halt und ihre Identität nicht im Partner suchen muß, kann sie sich positiv auf ihn beziehen und auf ihn bezogen sein.

Die Veränderung des Beziehungsmusters beginnt damit, daß die Frau sich mehr Zeit beim Aufbau einer Beziehung nimmt. Statt sich Hals über Kopf in ein Abenteuer zu stürzen, kann sie abwartend Kontakt zu dem Mann aufnehmen und prüfen, welche Erwartungen sie an ihn hat und ob er sie erfüllen kann. So vermeidet sie es, sich unerfüllbaren Illusionen hinzugeben. Möglicherweise wird sie auch spüren, daß ihr Tempo viel langsamer ist, als sie es bisher annahm und daß sie viel mehr Zeit braucht, um ihm wirklich nah zu kommen. Das bedeutet in vielen Fällen auch, die Beziehung nicht vorrangig über Sexualität aufzubauen.

Weiblich-narzißtische Frauen sind geübt in der Verführungskunst, um auf diese Weise Beziehungen zu Männern herzustellen. In der Regel fehlt diesen Kontakten die emotionale Tiefe, da sie mehr spielerisch angelegt sind. Ist sich die Frau darüber im klaren, was sie bei einem anderen Menschen sucht, bzw. hört sie auf, sich nur auf die verführerische Masche mit Menschen einzulassen, wird sie die Erfahrung von Freundschaften machen. Denn viele Männer, die ihr gefallen, sind gar keine potentiellen Partner für eine Zweierbeziehung, dafür können sie aber gute Freunde werden. Diese Beziehungsqualität ist ebenso neu wie die zu Frauen: Sie sind nicht nur Rivalinnen um die Männer, sondern interessante Menschen, und die Beziehungen zu ihnen können wertvoll und nährend sein.

Autonomie zeigt sich auch im Austragen von Meinungsverschiedenheiten, im Vertreten eines eigenen Standpunktes bei Auseinandersetzungen und im Ausdrücken von Gefühlen und Bedürfnissen. Es bedeutet auch, für sich selbst sorgen zu können, zu wissen, was einem hilft, was man braucht und wie man es erreichen kann. Das Vertreten eines eigenen Standpunkts macht zu Beginn sicherlich Angst, weil die Frau sich dadurch angreifbar und kritisierbar macht. Doch sie wird erleben, daß sie andere Menschen gewinnt, auch wenn sie unbequeme Meinungen vertritt, statt sie zu verlieren, wie sie befürchtet. Was den Kontakt zu den eigenen Bedürfnissen und Gefühlen betrifft, so meine ich, daß er relativ schnell herstellbar ist, sobald die Frau sich ihre Wünsche und Empfindungen gestattet. Meist verhindert ein internes Verbot das Spüren und Ausdrücken ihrer Gefühlslage. Sobald sie aber die Erlaubnis bekommt, sie wahrzunehmen und anzuerkennen, kommt sie schnell mit ihnen in Berührung. »Ich bin berechtigt, zu fühlen, was ich fühle, und zu sein, wie ich bin.« Diese Berechtigung ist ein zentraler Punkt, weil selbstwertschwache Frauen sie sich meist absprechen.

Geben sie sich jedoch die Berechtigung, so zu sein, wie sie sind, dann können sie sich dem anderen offen zeigen und für sich selbst eintreten. Vielen hilft am Anfang der Satz: »Ich bin gut, so wie ich bin.« Er bedeutet eine Alternative zu der inneren Abwertung und dem Druck, anders sein zu müssen. Mit der Zeit wird dieser Satz ein Teil des Denkens und beeinflußt das Selbstwertgefühl in positiver Richtung.

Da es ein wirkliches Selbstbewußtsein (im Sinne von sich seines Selbsts bewußt sein) nur zusammen mit einem Körperbewußtsein gibt, ist die Voraussetzung zur Entwicklung einer autonomen Persönlichkeit, daß die Frau eine neue, positivere Einstellung zu ihrem Körper gewinnt. Statt ihn nur auf seine Äußerlichkeit hin zu betrachten, geht es um das Erleben, Fühlen und Wahrnehmen von Körperlichkeit und damit verbundener Sinnlichkeit. Die Betrachtung des Körpers als etwas, das attraktiv, schlank und hundertprozentig sein muß, wird abgelöst durch das Bewußtsein, nicht einen Körper zu haben, sondern sein Körper zu sein. Bei der weiblich-narzißtischen Frau ist der Körper zum Träger grandioser Erwartungen degradiert, den sie ganz nach Belieben zu kontrollieren versucht. Ich meine, daß dadurch auch die Körperwahrnehmungsstörungen bedingt sind. Denn wie soll sie ihren Körper richtig einschätzen können, wenn sie nicht in ihm lebt?

Statt ihren Körper auszublenden, soll sie sich ihm bewußt zuwenden. Die Verbindung von Körper und negativer Selbsteinschätzung kann aufgehoben werden, indem die Frau lernt, immer mehr Teile an ihrem Körper wahrzunehmen und zu spüren, die ihr gefallen. Dazu ist es nötig, in den Spiegel zu schauen, statt an ihm schnell vorüberzugehen. Die Betonung liegt auf einem liebevollen Zugang zum Körper, auch zu den abgelehnten Teilen. Statt den Bauch nur mit der Kategorie dick oder dünn wahrzunehmen, kann sie entdecken, daß er sich weich anfühlt, die Haut samtig ist, und es angenehm ist, ihn zu streicheln. Das Ziel ist die Annahme des eigenen Körpers so, wie er jetzt ist, nicht erst dann, wenn er einem Ideal entspricht. Gerade die Ablehnung führt nämlich dazu, nie das Ideal zu erreichen, weil die Gedanken zwanghaft daran hängen.[8]

Eine weiblich-narzißtische Frau versucht, möglichst allen zu gefallen. Scheinbar paradox dazu ist ihre Unfähigkeit, positive Rückmeldungen anzunehmen. Wenn sie Lob erhält oder hört, daß man sie mag, dann kann sie es nicht glauben. Die erste Reaktion ist die Abwertung des anderen: »Der hat ja keine Ahnung, wie ich wirklich bin, sonst würde er so etwas nicht sagen.« Damit wird die positive Rückmeldung ebenso abgewertet wie das Gegenüber und sie selbst. Ein wirkliches Annehmen der Anerkennung hieße, die wahren Gefühle, die damit zusammenhängen zu spüren. Nämlich die Freude und Dankbarkeit, aber auch den Schmerz, wenn sie erlebt, wirklich angenommen zu sein. Eine praktikable Möglichkeit, dies im Alltag zu lernen ist, einfach nur danke zu sagen, wenn jemand ein Lob oder eine Anerkennung ausspricht. Das Danken verhindert die sofortige Abwertung des Lobs, verhilft dazu, es anzunehmen, und gibt Zeit, um sich selbst auf seine positiven Seiten zu besinnen. Das ›Sammeln von Goldblättchen‹ ist eine andere Möglichkeit für die Frau, um zu registrieren, was ihr heute gut gelang. Durch das hohe Ideal werden viele positive Gedanken und Handlungen gar nicht wahrgenommen, sofern sie nicht großartig sind. Goldblättchen sammeln bedeutet, am Ende jeden Tages mindestens drei positive Dinge aufzuzählen, die sie gut machte und an denen sie Spaß hatte oder die ihr an ihr gefallen haben. Das schärft die Sicht für das Schöne an ihr und im Leben und bestärkt sie in ihrem Selbstwertgefühl.

Zu einer autonomen Persönlichkeit gehören auch funktionierende Grenzen. Die Person spürt, wo sie aufhört und der andere anfängt, kann sich wehren und muß nicht alles von außen ungefiltert in sich eindringen lassen. Eine Art, eine Grenze aufzubauen, ist das Neinsagen. Weiblich-narzißtische Frauen sagen oft ja, obwohl sie nein meinen und drücken ihr Nein nur indirekt in Verweigerung, Trotz oder Rückzug aus.

Ich kann einfach nicht nein sagen, weil ich Angst vor Ablehnung habe. Aus Angst ja sagen ist anstrengend und auf Dauer kotzt es mich an, und doch kostet es mich eine wahnsinnige Überwindung, nein zu sagen und mitzuteilen, wann es mir zuviel wird. Wenn ich es dann einmal fertig bringe, habe ich hinterher oft ein schlechtes Gewissen. Ich glaube, daß das ganz stark mit meinem Elternhaus zusammenhängt, daß ich bei der geringsten Verweigerung mit Zuneigungsentzug bestraft worden bin.

Wenn sie anfängt, nein zu sagen, vermittelt sie dem Gegenüber eindeutig eine Grenze. Das Neinsagen läßt zu Anfang Schuldgefühle entstehen, die die Frau schnell zu einem Rückzug veranlassen können. Sie sollte dennoch bei ihrem Nein bleiben, denn im Laufe der Zeit nehmen die Schuldgefühle ab und es wird ihr selbstverständlich, sich abzugrenzen.

Grenze bedeutet darüber hinaus, ja sagen, genießen und aufnehmen, was man bekommt, und ein Ende finden zu können. Dadurch hört der Sog, immer mehr zu brauchen, allmählich auf. Nur wenn ich mir nehme, was ich brauche, werde ich satt und zufrieden.

Grenze heißt auch, in Kontakt zu sein mit den eigenen Bedürfnissen und diese zu befriedigen. Dadurch ist es nicht mehr nötig, in den anderen hineinzufallen oder ihn ›aufzufressen‹. Eine funktionierende äußere Grenze zeigt sich auch daran, daß die Frau fähig ist, Getrenntheit auszuhalten. Der Partner darf anders sein als sie und anders, als sie es möchte, und sie selbst darf auch so sein, wie sie ist. Beide müssen nicht immer dasselbe wollen und dürfen unterschiedliche Meinungen haben. Früher wählte sie oft aus Angst die Überanpassung, weil das leichter war, als die Spannung in der Getrenntheit auszuhalten. Sie braucht das Vertrauen zu sich und dem Partner, daß die Beziehung trotz Unterschiedlichkeit bestehen bleibt.

Autonomie bedeutet außerdem, sich nicht mehr als passives Opfer der anderen Menschen oder der Welt zu erleben, sondern verantwortlich zu werden und Probleme selbständig zu lösen. Lebe ich im Bewußtsein, Opfer zu sein, habe ich keine andere Wahl, als zu leiden, wenn der andere sich von mir abwendet. Dann ist er Schuld, daß es mir schlecht geht und eine Lösung müßte ich wiederum von ihm erwarten. Das Aussteigen aus dem Opferstatus geschieht dadurch, daß ich mir bewußt mache, so hilflos gar nicht zu sein, sondern selbst entscheiden zu können, was ich tun will. Ich kann dem anderen etwa sagen, daß es mich ärgert, was er tut, und damit fühle ich mich schon anders, als wenn ich passiv leide. Ich kann mich auch entscheiden, mir andere Menschen zu suchen, bei denen es mir besser geht. Was ich auch immer tue, wichtig ist die Erkenntnis, nicht Opfer sein zu müssen. Daraus ergeben sich neue Entscheidungsmöglichkeiten und Verhaltensweisen.

Cordula schreibt:

Ich zeige mich gerne als Retterin, so mit meinem Verständnis und Helfenwollen (»Ich bin ja so toll und stark«) und gestehe mir nicht ein, in der Opferrolle zu sein. Meine Opferposition erlebe ich nur untergründig, mit Schuldzuweisungen an andere oder untergründigen, diffusen, auf keinen Fall offen ausgesprochenen Forderungen. Dabei mache ich mich stark von den anderen abhängig und leide, wenn sie nicht auf mich reagieren. Im Grunde beziehe ich mich immer auf den anderen, statt offen eine eigene Meinung zu vertreten. Denn wenn ich das tue, bin ich kein Opfer mehr.

Die Worte Ehrlichkeit und Offenheit fallen in Berichten von Patientinnen immer wieder und haben einen zentralen Stellenwert. Ein Großteil der Schwierigkeiten dieser Frauen hat damit zu tun, daß sie sich nicht trauen, ehrlich zu sein, sich nicht so zeigen, wie sie sind, und nicht das sagen, was sie meinen. Dadurch entfremden sie sich von sich selbst, aber auch vom Partner. Sie werden untergründig manipulativ und anspruchsvoll, wenn sie ihre Wünsche nicht offenlegen, und bissig, wenn sie Ihren Ärger nicht aussprechen. Zu einer eindeutigen Kommunikation gehören eindeutige Botschaften, sonst sind die Partner mehr mit Phantasien und Annahmen voneinander beschäftigt, was zu Mißverständnissen führt. Wie Cordula schreibt, muß sich die Frau aber erst bewußt werden, daß sie sich so verhält. Viele Frauen wissen es nicht und sind ganz erstaunt, wenn sie hören, manipulativ zu sein.

Zur Selbstannahme gehört außerdem, sich von alten, negativen Einstellungen und Ver- und Geboten zu lösen, die man als Kind eingetrichtert bekam und die heute als Idealvorstellungen wie Zwangskorsetts wirken, die Betroffenen unter Druck setzen und zu immer mehr und besseren Leistungen antreiben. Eine Abkehr von den Idealvorstellungen bedeutet für viele weiblich-narzißtische Frauen eine große Verunsicherung, weil sie durch ihren Perfektionismus Halt und Sicherheit für ihre innere Unsicherheit bekommen. Erlaubnissätze wie »Ich darf Fehler machen« oder »Ich darf mittelmäßig sein« können hilfreich sein, um vom Ideal Abschied zu nehmen. Im Kontakt mit diesen Sätzen wird die Frau den Schmerz über den ständigen Druck spüren, unter den sie sich setzt. Sie kann dann beginnen, sich mehr Zeit zu nehmen, sich nicht ständig anzutreiben und sich Ruhe und Erholung auch im Alltag und nicht nur im Urlaub zu gönnen. Zugleich muß sie aber auch ihre grandiose Einzigartigkeit aufgeben. Die Arbeit an der Frage: »Was würde geschehen, wenn du nicht perfekt wärst?« führt direkt zum Gefühl, nicht liebenswert zu sein oder sogar nicht dasein zu dürfen. Eine emotionale Durcharbeitung hilft, um die schmerzhaften und bedrohlichen Gefühle integrieren zu können. Der Ausdruck des Schmerzes ist dabei ebenso wichtig wie die Unterstützung durch die Therapeutin und das Gefühl, mit der Verzweiflung nicht allein zu sein.

Im Zusammenhang mit dem Thema, eine ideale Frau sein zu müssen, ist die Auseinandersetzung mit dem Schönheitsdiktat und die Korrektur eigener Forderungen durch andere notwendig. »Was bedeutet Schönheit?« »Warum verlierst du deine Attraktivität, wenn du zugenommen hast?«»Welches Problem steht eigentlich dahinter?« In dem Zusammensein mit anderen Frauen und dem Reden über Weiblichkeit und Frausein, können neue Identifikationsmöglichkeiten erschlossen werden, die die alten starren Muster auf- oder sogar ablösen. Viele Frauen suchen sich in der Therapie neue weibliche Vorbilder, an denen sie sich orientieren. Nicht selten sind es die Therapeutinnen, die in der Idealisierung alle positiven weiblichen Eigenschaften zugeschrieben bekommen. Zu Beginn der Therapie kann eine Identifikation mit ihnen heilsam sein, im Verlauf der Therapie ist es aber nötig, diese Idealisierung zu beenden und ein eigenes positives Selbstbild aufzubauen. Statt das Gute außen zu suchen und sich mit ihm zu identifizieren, um sich aufgewertet zu fühlen, entdeckt die Frau allmählich das Gute in sich selbst.

Selbstwertschwache Frauen neigen häufig dazu, die Lösung ihrer Probleme außerhalb von sich zu suchen, etwa im Partner oder im Essen. Dahinter steht eine Art Erlösungsvorstellung, die aber natürlich nie eintritt. Die Lösung ihrer Schwierigkeiten durch eigenes Handeln ist ein Schritt in die Autonomie, da sie spüren, wie selbständig sie sein können und wie wenig sie sich von anderen abhängig machen müssen. Auch die Suche nach Liebe, die diese Frauen beherrscht, ist im Außen nicht zu finden, sondern nur darüber, daß sie beginnen, sich selbst anzunehmen und zu lieben.

Emotionales Durcharbeiten der alten Verletzungen, ein neuer Zugang zum Körper und eine positive Änderung der Einstellungen zu sich selbst und anderen sind Formen, das ›wahre‹ Selbsterleben zu finden und ein gesundes Selbstwertsystem aufzubauen. Ist die Frau an diesem Punkt, so bekommt sie immer stärker das Bedürfnis, sich anderen so zu zeigen und mitzuteilen, wie sie sich fühlt. Die Bedeutung der äußeren Fassade nimmt zugunsten ihrer Innerlichkeit ab. Sie wird weicher, weiblicher, weniger getrieben und offener im Kontakt. Intern ist sie stabiler, das heißt, sie empfindet nicht mehr so häufig Panik und es gelingt ihr, auch in Streßsituationen klar zu denken. Sie entwickelt den Wunsch nach Nähe zu anderen Menschen und beginnt, sich vertrauensvoll

auf sie zu verlassen. Auf der Basis ehrlicher und zugewandter Beziehungen ist auch die Entwicklung von wirklicher Abhängigkeit möglich.»Der echten (Autonomie, Anm. der Autorin) geht das Erlebnis der Abhängigkeit voraus... Erst jenseits des tief ambivalenten Gefühls der kindlichen Abhängigkeit liegt die echte Befreiung.«[9]
Wirkliche Abhängigkeit hat nichts mit symbiotischem Verschmelzen zu tun. Sie ist die Fähigkeit, sich auf andere Menschen einzulassen, ohne die eigenen Grenzen zu verlieren. Eigenständigkeit fiel der weiblich-narzißtischen Frau bisher so schwer, weil in der Nähe die Gefahr, anders sein zu müssen, lauerte. Autonomie gab es nur im Alleinsein, aber nie in einer Beziehung. Die Erfahrung, daß Nähe und Beziehung nicht gleichbedeutend mit Selbstaufgabe und Identitätsverlust sind, macht es ihr mehr und mehr möglich, auch in der Nähe zu jemanden sie selbst zu bleiben.

Entdeckt die Frau, daß sie so, wie sie ist, liebenswert ist, bekommt sie Zugang zu ihrer eigenen Liebesfähigkeit. Sie wird sowohl mit sich selbst als auch mit den anderen einfühlsamer und liebevoller umgehen. Das Bedürfnis nach Schutz und Geborgenheit, das so lange mit der coolen Fassade verdeckt wurde, steht nun anstelle des Zwangs, besonders sein zu müssen. Indem sie lernt, sich auch mit ihren weichen, empfindlichen Seiten und dem Wunsch nach Liebe mitzuteilen, eröffnet sie sich Wege in befriedigende und erfüllende Beziehungen. Voraussetzung ist, daß sie sich mitteilt und sich zeigt, wie sie ist.

Anhang

Anmerkungen

Zu Einleitung

1) Unter Narzißmus versteht man »in Anlehnung an die Sage von Narcissus: die Liebe, die man dem Bild von sich selbst entgegenbringt« (*Laplanche, Pontalis*, S. 317). Menschen, die als Narzißten bezeichnet werden, sind jene, die in ihrer Selbstliebe und ihren Selbsteinschätzung gestört sind.

Zu I. Weiblicher Narzißmus

1) Bei der Eß-Brechsucht stopfen die Betroffenen teilweise mehrmals am Tag große Mengen von Essen in sich hinein, um es dann hinterher willkürlich zu erbrechen. Sie haben eine panische Angst vor Gewichtszunahme.
2) Siehe das Buch von *Asper* 1987.
3) Zuerst beschrieben von *Mader* 1984 in einer Broschüre über gestörtes Eßverhalten.
4) Die Magersucht hat mit der Bulimie gewisse Ähnlichkeiten, unterscheidet sich aber hauptsächlich dadurch, daß die Sucht mehr auf das Abnehmen zielt, das die Betroffenen nicht mehr stoppen können. Sie leiden in der Regel unter massivem Untergewicht und verweigern bewußt das normale Essen und Gewichtszunahme.
5) Die Begriffe ›Nüchternheit‹ und ›Trockenheit‹ sind von den Anonymen Alkoholikern entleht und können auf jede Form der Sucht angewendet werden. Trocken bedeutet, das Suchtmittel nicht mehr zu nehmen. Nüchternheit umfaßt zusätzlich die Genesung der Persönlichkeit, ihrer Einstellung, ihres Denkens, Verhaltens und Fühlens, die durch die Sucht verändert wurden und das süchtige Verhalten unterstützen.
6) *Asper* 1987, S.63.
7) *Miller* 1979 a.
8) *Miller* 1979 a, S. 70.
9) *Ammon* 1979, S.475.
10) *Kernberg* 1983.
11) *Asper* 1987.
12) *Ebd.*
13) *Ebd.*, S.159.

14) Zit. nach *Asper* 1987, S.160.
15) *Beaumont* 1987, S. 39.
16) Die Interpretation des Märchens Schneewittchen, die ich hier verwende, geht im wesentlichen auf ein unveröffentlichtes Manuskript von *Stauss* 1989 zurück. Eine weitere Quelle sind *Seifert* 1989 und eigene Gedanken.
17) Zit.nach *Miller* 1979a, S.59.
18) Der Begriff ›falsches Selbst‹ stammt von *Winnicott*.
19) Neben den familiären Bedingungen, die zu narzißtischen Störungen führen, darf man die gesellschaftlichen nicht übersehen, die einen großen Einfluß haben. Ich werde immer wieder auf sie verweisen.
20) Vgl. *Richter* 1969, S.28.
21) Dieses Zitat stammt von *Schindler* zit. durch *Battegay* 1987, S.42.
22) *Miller* 1979a, S.29.
23) Vgl. *Asper* 1987, S.67.
24) Ich möchte an dieser Stelle keine ausführliche Diskussion um unterschiedliche Positionen führen, was das Selbst ist und woraus es sich entwickelt. Es gibt eine Reihe guter Bücher darüber, die dieses Thema eingehend behandeln siehe u.a. *Asper* 1987, *Battegay* 1979, *Kernberg* 1978, *Kohut* 1973, *Mentzos* 1984.
25) *Winnicott* und *Miller* sprechen von dem ›wahren‹ und ›falschen‹ Selbst.
26) In der Transaktionsanalyse wird vom sogenannten ›freien Kind‹ gesprochen, das alle Gefühle, Bedürfnisse, Wünsche, Lebendigkeit usw. umfaßt. Siehe u.a. *Brown* und *Schlegel*. Es ist nicht identisch mit dem ›wahren‹ Selbst, da es nur einen Teilbereich der Persönlichkeit umschreibt, das Selbst aber mehr beinhaltet.
27) Siehe *Neumann* 1963, *Balint* 1973, *Bowlby* 1976.
28) *Neumann* zit. nach *Asper* 1987, S.80.
29) Siehe *Balint* 1973: Er spricht von Philobaten (Meidende) und Oknophilen (Festklammernde) und *Casriel* 1983: Er nennt sie Beziehungsannehmer und -ablehner.
30) Vgl. *Willi* 1983. Die nächsten zwei Punkte beziehen sich auch auf Ausführungen von ihm.
31) Vgl. *Battegay* 1979, S.77.
32) Wenn ich im Text das Wort Eßsucht oder eßsüchtig in einer allgemeinen Form verwende, so kann darunter jede Form der Eßstörung verstanden werden, nicht nur speziell die Eßsucht. Bei dieser Form essen die Betroffenen zu viel und leiden unter Übergewicht. Mit jeder Eß-Krankheit ist zugleich ein hohes

seelisches Leiden verbunden, weil diese Menschen nur noch für das Essen leben, sich stark isolieren und sich selber verachten. Die körperlichen und seelischen Folgen einer jeden Eßstörung – ausgenommen der latenten Eßsucht – können so gravierend sein, daß die Betroffenen daran sterben. Die hauptsächlichen Todesursachen sind Herz-, Kreislauf- und Nierenversagen und Selbstmord.

33) *Willi* 1983, S.78, nennt die Partner Narzißt und Komplentärnarzißt, wobei letzterer meist die Frau ist.
34) Ebd., S.82.

Zu II. Was wir früh lernen, kann später zum Problem werden

1) Anaklitische Depression bedeutet ›Anhänglichkeitsdepression‹, weil sie sich von der Depression im Erwachsenenalter unterscheidet.
2) Zum Begriff ›Urvertrauen‹ siehe *Erikson* 1973.
3) *König* 1965.
4) Vgl. *Mahler* zit. nach *Johnson* 1988, S.30.
5) Vgl. *Mahler* 1975, S.616.
6) Bei der Bulimie zeigt sie sich in extremer Form daran, daß die Betroffenen im Zusammenhang mit dem Erbrechen die Todesnähe spüren, indem sie sich vorstellen, eines Tages tot neben der Kloschüssel zu liegen.
7) Nach *Bruch* kommt diese Situation in zahlreichen Fällen von später Eßgestörten vor.
8) Laut *Bill B.* sind Eßsüchtige nicht süchtig nach Essen, sondern nach negativen Gefühlen.
9) Vgl. *Bruch* 1973.
10) *Mentzos* spricht in demselben Zusammenhang von Inkorporation, meint aber dasselbe.
11) *Polster/Polster* 1975, S.82.
12) Diese Begriffe sind nicht einfach synonym zu setzen, da sie aus verschiedenen Theoriemodellen stammen und daher inhaltlich nicht identisch sind. Im weitesten Sinne umschreiben sie jedoch ähnliche Phänomene.
13) Vgl. *Battegay* 1979, S.32.
14) Im Kapitel über das gesellschaftlich geprägte Schönheitsideal komme ich noch einmal darauf zurück.
15) *Mahler* zit. nach *Lettner* 1989.

16) *Battegay* 1979, S.87.
17) *Lettner* lehnt sich bei der Beschreibung der Entwicklung des Körperschemas an die Entwicklungstheorie von *Mahler* an.
18) Vgl. *Schneider-Henn* 1988, S.49.
19) *Mentzos* 1984, S.89.
20) Vgl. *Lettner* 1989.
21) *Mentzos*, S.43.
22) Ein Übergangsobjekt ist ein Gegenstand, der bei Abwesenheit der Mutter diese stellvertretend symbolisiert. In den meisten Fällen ist er weich und warm wie beispielsweise ein Kuscheltier oder eine weiche Decke. Es kann jedoch jeder beliebige Gegenstand zum Übergangsobjekt werden. Es stellt das gute Bild der Mutter dar, wenn sie weg ist. Besondere Bedeutung bekommt es in der Zeit, in der das Kind sich von der Mutter zu lösen beginnt (ab circa sechs Monate).
23) Mündliches Zitat von *Kohlrieser*.
24) Ebd.
25) Siehe *Mahler* 1975.
26) *Mentzos* 1984, S. 128 ff.
27) Beides sind die häufigsten Auslösesituationen einer bulimischen Erkrankung.
28) In ähnlicher Weise kann auch das Kaufen von Kleidern oder anderen Gegenständen dienen, um die Leere zu füllen.
29) *Battegay* 1987.
30) Siehe *Battegay* 1987, der davon spricht, daß narzißtische Menschen sich besonders abends und nachts alleingelassen fühlen und ihre daraus resultierenden Einsamkeitsgefühle und Schlafstörungen mit vermehrtem Essen kompensieren im Sinn von Trost durch Fusion mit einem guten Objekt (Essen).
31) Siehe *Johnson* 1988, S.35.
32) *Stauss* 1988, S.29.
33) Vgl. *Mentzos* 1984.
34) *Hommerich/Scheffler* 1986.
35) Ebd., S.63.
36) Zit.nach *Schneider-Henn* 1988, S.48.
37) Vgl. *Johnson* 1988, S.42.
38) Ebd., S.40.
39) Ebd.
40) *Boskind-Lohdal/Sirlin* 1979 sehen dies als Charakteristikum der Bulimie an.
41) Auf S. 118 ff. gehe ich näher auf dieses Thema ein.

42) In diesem Zusammenhang zeigt sich die unbestreitbar aggressive und abgrenzende Funktion, die das Erbrechen für Bulimikerinnen bekommt. Das Symptom tritt immer dann wieder verstärkt auf, wenn sie die Mutter besuchen. Die Spannung und der Druck durch die Überversorgung entlädt sich dann im Eß-Brech-Symptom. Der scheinbar einzige Schutz und Ausdruck des Ärgers und der Abgrenzung gegenüber der Überfürsorge der Mutter ist das Erbrechen.
43) Vgl. *Focks/Trück* 1987.
44) *Dowling* beschreibt diesen Sachverhalt aus ihrer Sicht als Mutter einer bulimischen Tochter.
45) Siehe *Schwartz* u.a. 1985.
46) Vgl. *Asper* 1987.
47) *Miller* 1979a, S.141.
48) Ebd., S.22.
49) *Focks/Trück* 1987, S.175.
50) *Sauer-Burghard* 1986, zit. nach *Focks/Trück* 1987.
51) *Schneider-Henn* 1988, S.109.
52) Vgl. *Schwartz* u.a. 1985.
53) Vgl. *Stierlin* 1980.
54) Vgl. *Asper* 1987, S.137.
55) Siehe *Schneider-Henn* 1988, *Focks/Trück* 1987 u.a.
56) Vgl. *Kohut* 1973.
57) *Richter* 1969, S.173.
58) Ebd., S.170.
59) *Miller* 1979a, S.140.
60) So beschreibt es *Perls* 1987, S.143 im Zusammenhang mit der christlichen Lehre.
61) *Wurmser* 1986, S.114.
62) Den Begriff der ›Ehe zu dritt‹ verwendet *Selvini Palazzoli* zur Beschreibung von Bündnissen in Magersuchtsfamilien.
63) Siehe *Weber/Stierlin* 1989.
64) *Selvini Palazzoli* 1984, S. 249.
65) *Weber/Stierlin* 1989.
66) Vgl. auch *Dowling* 1989.
67) Siehe *Kleemann* 1966.
68) Vgl. *Rotmann* 1978.
69) Siehe zur kontroversen Diskussion u.a. *Miller*: ›Du sollst nicht merken‹, *Johnson:* ›Der narzißtische Persönlichkeitsstil‹ und andere psychoanalytische Literatur. Zur Begriffsbedeutung des Ödipuskomplexes siehe das Glossar am Ende des Buches.

70) Dieser Begriff stammt von *Selvini Palazzoli* 1989, S.260.
71) Den Begriff des ›unsichtbaren Dritten‹ prägte *Brink*. Persönliche Mitteilung 1991.
72) Siehe *Busch* 1988.
73) In der folgenden Interpretation des Märchens stütze ich mich im wesentlichen auf Gedanken von Eugen *Drewermann*.
74) Literatur zum Thema ›sexueller Mißbrauch‹: *Bass, E./Davis, L.:* ›Trotz allem – Wege zur Sebstheilung für sexuell mißbrauchte Frauen‹; *Besems/van Vugt:* ›Wo Worte nicht reichen‹; *Steinhage:* ›Sexueller Mißbrauch an Mädchen‹; *Walter:* ›Sexueller Mißbrauch im Kindesalter‹; *Wirtz:* ›Seelenmord‹ u.a.
75) Ich befragte insgeamt 28 Patientinnen. Über sexuellen Mißbrauch lagen mir Aussagen von 25 Patientinnen vor.
76) Diese These vertritt *Hirsch* 1987.
77) Vgl. *Wirtz* 1989, S.92 ff.
78) Frauen mißbrauchen ebenso wie Männer ihre Kinder.
79) In einigen Sitzungen mit Patientinnen wurde deutlich, daß das Erbrechen als unbewußter Versuch eingesetzt wird, sich von dem Penis oder dem Sperma in Kehle und Mund zu befreien. Der Würgereiz und das Erbrechen sollen sie auch von dem Ekel befreien, der mit dem Mißbrauch zusammenhängt.
80) Vgl. *Toman* 1988, S.41 ff.
81) *BUNTE* Heft 49-52, 1988, und Januar-Heft 1989.
82) *Lawrence* 1987.
83) *Lawrence* 1987, S.41.

Zu III. Ein Leben in Extremen

1) Die Begriffe ›falsches‹ und ›wahres‹ Selbst habe ich in Kapitel I bereits ausführlich erklärt, weshalb ich an dieser Stelle nicht noch einmal darauf eingehe.
2) Vgl. *Mentzos* 1984, S.60.
3) Es gibt eine ganze Reihe verschiedener Abwehrmechanismen, der bekannteste ist wohl der der Verdrängung. Die Spaltung ist demgegenüber ein Mechanismus, der in sehr früher Kindheit eingesetzt wird (zwischen sechs Monate und drei Jahren), wenn der Mensch noch nicht in der Lage ist, unangenehme Inhalte zu verdrängen.
4) *Stauss* 1988, S.64.
5) Das Modell geht teilweise auf *Johnson* (1988) zurück, der *Kohuts*

Konzept der vertikalen und horizontalen Spaltung verwendet. Es ist ergänzt und erweitert durch *Stauss* und eigene Ausarbeitungen.
6) Das Hoch-Tief dieser Frauen hat nichts mit einer manisch-depressiven Erkrankung zu tun.
7) *Kohut* 1971, zit.nach *Johnson* 1988, S.32.
8) *Johnson* 1988, S.104.
9) Ebd., S.80.
10) Vgl. *Wurmser* 1986. Die weiteren Ausführungen über Scham gehen zum großen Teil auf Gedanken von ihm zurück.
11) Vgl. *Hunter* 1987.
12) Diese Übungen werden Groundingübungen genannt und dienen dazu, sich zu ›erden‹, das heißt, einen festen Stand auf dem Boden zu entwickeln. Die meisten narzißtischen Menschen haben einen schlechten Stand. Psychologisch bedeutet das, daß sie von ihren Gefühlen leicht überschwemmt werden oder schnell ›abheben‹. Siehe dazu *Lowen, Schwieger* u.a.
13) *Johnson* 1988, S.74.
14) Ebd., S.73.
15) Ebd., S.172.
16) Hier besteht eine Analogie zum Fressen und Erbrechen: Das Essen wird in dem Moment wieder ausgestoßen, in dem es verschlungen ist.
17) Vgl. *Reich* 1973.
18) Siehe *Schmidbauer* 1986.
19) Der Begriff ›Tiefpunkt‹ kommt aus der Arbeit mit Alkoholikern, die in dem Moment ihr Verhalten ändern, in dem sie nicht mehr weiter können. Sie sind sozusagen ›am Ende‹. Ich gehe im Therapieteil noch einmal näher darauf ein.
20) Bulimikerinnen erreichen ihren Beziehungstiefpunkt in der Regel erst, nachdem sie ihre Bulimie aufgegeben haben. Die Beziehungskrankheit wird von ihnen vorher als solche nicht erlebt, da sie nur unter ihrem Eßverhalten leiden.
21) Die Ausführungen zu den narzißtischen Beziehungen gehen zum großen Teil auf *Willi* 1983 zurück, der sie ausführlich unter dem Begriff der ›narzißtischen Kollusion‹ beschrieb.
22) Vgl. *Miller* 1979, S.77.
23) Ebd., S.137.
24) Weitere Literatur zu diesen Themen: *Carnes:* ›Zerstörerische Lust. Sex als Sucht‹; *Covington/Beckett:* ›Immer wieder glaubst du, es ist Liebe‹; *Schaeffer:* ›Wenn Liebe zur Sucht wird‹;

Mellody: ›Verstrickt in die Probleme anderer‹; *Wilson-Schaef:* ›Co-Abhängigkeit‹ und ›Die Flucht vor der Nähe‹ u.a.
25) Das ist im wesentlichen die Beziehungsform, die *Norwood* bei den Frauen, die zu sehr lieben, beschrieb.
26) ›Die Flucht vor der Nähe‹.
27) Vgl. *Schaef* 1990, S.12.
28) Ebd., S.23 f.
29) Vgl. *Carnes* 1987, S.60.
30) Vgl. *Wurmser* 1986.
31) Ein Hauptkriterium von Sucht ist der sogenannte Kontrollverlust. Trotz besseren Wissens kann die Betroffene nicht mit dem süchtigen Verhalten aufhören.
32) Dieser Begriff stammt von *Schaef* 1990.

Zu IV. Therapie, Selbsthilfe und Heilung des Selbst

1) Das A-Programm liegt allen Selbsthilfegruppen zugrunde, die nach den 12 Schritten arbeiten. Es ist ein geistig geprägtes Lebensprogramm, durch das Süchtige lernen, trocken und nüchtern zu werden und ihr Leben neu zu gestalten, das heißt, ihm einen neuen Sinn zu geben und mit ihren Schwierigkeiten anders umzugehen, als sie mit dem Suchtmittel zu bekämpfen.
2) *Flemming* zit. nach *Stauss,* unveröff. Manuskript.
3) Am Ende des Buches ist eine Liste von verschiedenen Einrichtungen, an die sich Frauen um Hilfe wenden können.
4) Siehe auch *Beaumont* 1987.
5) *Beaumont* 1988, S. 22.
6) Dieses Gedankenmodell findet sich in ausführlicher Form bei *Mentzos* 1984.
7) Auch die Eß-Brech-Rückfälle der Bulimikerinnen sind solche Verführungen des ›falschen‹ Selbsterlebens: Immer, wenn sie mit sich selbst in Kontakt kommen, droht der Rückfall sie in das alte Verhalten zurückzuzwingen.
8) Meine Erfahrung mit ehemaligen, genesenen Bulimikerinnen ist, daß sich das Gewicht auf ein normales Maß einpendelt, wenn sie aufhören, es zu regulieren. Die Figur, die sie dann haben, ist selten ihre Idealfigur, aber trotzdem können sie damit zufrieden werden und sich wohl fühlen.
9) *Miller* 1979a, S.45.
10) *Miller* 1979a, S. 45.

Literatur

Die folgenden Werke sind in ihren derzeitig lieferbaren Ausgaben angegeben. Wo für die Anmerkungen andere Ausgaben verwendet wurden, sind sie in Klammer nachgewiesen.

Aliabadi, Christiane/Lehnig, Wolfgang: Wenn Essen zur Sucht wird. (München 1982), Bergisch-Gladbach 1988
Ammon, Günter (Hrsg.): Handbuch der dynamischen Psychiatrie I. München 1979
Anonyme Sexaholiker: Ein Genesungsprogramm. Simi Valley CA 1986
Asper, Kathrin: Verlassenheit und Selbstentfremdung. Neue Zugänge zum therapeutischen Verständnis. Olten (1987), 1989[3]
Balint, Michael: Therapeutische Aspekte der Regression. Hamburg 1973
Bass, Elen/Davis, Laura: Trotz allem – Wege zur Selbstheilung für sexuell mißbrauchte Frauen. Berlin 1990
Battegay, Raymond: Narzißmus und Objektbeziehungen. Über das Selbst zum Objekt. Bern (1979), 1991[3]
ders.: Die Hungerkrankheiten. Unersättlichkeit als krankhaftes Phänomen. Bern 1987
Beaumont, Hunter: Prozesse des Selbst in der Paartherapie. Gestalttherapie Zeitschr. d. Deutsch. Ges. f. Gestalttherapie 1 (1987), 38-51
ders.: Ein Beitrag zur Gestalttherapietheorie und zur Behandlung schizoider Prozesse. Gestalttherapie Zeitschr. d. DVG 2 (1988), 16-26
Besems, Thijs/van Vugt, Gerry: Wo Worte nicht reichen. Therapie mit Inzestbetroffenen. München 1990
Bill, B.: Ich bin Bill und eßsüchtig. Ein Weg zur Genesung mit den »Zwölf Schritten«. Burg Hohenstein 1990
Boskind-Lodahl, Marlene/Sirlin, Joyce: Frauen zwischen Freß- und Magersucht. Psychologie heute 3 (1979)
Boskind-White, Marlene/White, William: Bulimarexia. The Binge/Purge Cycle. New York 1987
Bowlby, John: Trennung. Psychische Schäden als Folge der Trennung von Mutter und Kind. München 1976
Brown, Michael et al.: Abriß der Transaktionanalyse. (Frankfurt 1983), Heidelberg 1984[2]
Bruch, Hilde: Eating disorders. Obesity, Anorexia Nervosa and the Person within. New York 1973
Busch, Elisabeth M.: Die bulimische Frau unter besonderer Betrachtung

ihrer Mutter-Tochter-Beziehung. Unveröffentlichte Hausarbeit zur Prüfung für Diplom Sozialarbeit/Sozialpädagogik. 1988
Casriel, Daniel: Die Wiederentdeckung des Gefühls. München (1983), 1990
Carnes, Patrick: Zerstörerische Lust. Sex als Sucht. München 1987
Covington, Stephanie/Beckett, Liane: Immer wieder glaubst du, es ist Liebe. Wege aus der Beziehungssucht. München 1990
Dowling, Colette: Perfekte Frauen. Die Flucht in die Selbstdarstellung. Frankfurt 1989
Drewermann, Eugen/Neuhaus, Ingritt: Marienkind. Olten (1984), 1990^4
EMMA Sonderheft: Durch Dick und Dünn. Sonderband 4. Köln 1984/85
Erikson, Erik H.: Identität und Lebenszyklus. Frankfurt (1973), 1976
Focks, Petra/Trück, Gabriele: Maskerade der Weiblichkeit. Ess- Brech-Sucht – Gratwanderung zwischen Anpassung und Verweigerung. Pfaffenweiler 1987
Grauer, Angelika/Schlottke, Peter F.: Muß der Speck weg? Der Kampf ums Idealgewicht im Wandel der Schönheitsideale. München 1988
Habermas, Tilmann: Heißhunger. Historische Bedingungen der Bulimia nervosa. Frankfurt a.M. 1990^2
Hirsch, Mathias: Realer Inzest. Psychodynamik des sexuellen Mißbrauchs in der Familie. Berlin (1987), 1990^2
Hommerich, U./Scheffler, S.: Weichenstellungen in der Entwicklung weiblicher Identität in ihrer Beziehung zur gesellschaftlichen Notwendigkeit.In: Beiträge zur feministischen Theorie und Praxis. Neue Heimat Therapie Heft 17. Köln 1986
Horstkotte-Höcker, Elen: Eß-Brech-Sucht und weiblicher Lebenszusammenhang im Patriarchat. Ursachen und Möglichkeiten der Veränderung einer frauenspezifischen Sucht. Pfaffenweiler 1987
Johnson, Stephen, M.: Der narzißtische Persönlichkeitsstil. Köln 1988
Kernberg, Otto F.: Borderline-Störungen und pathologischer Narzißmus. Frankfurt (1978), 1983
ders.: Schwere Persönlichkeitsstörungen. Theorie, Diagnose, Behandlungsstrategien. Stuttgart (1988), 1991^3
Kleemann, J.A.: Genital self-discovery during a boy's second year: a follow-up. The Psychoanalytic Study of the Child 21 (1966) 358-392
Kohut, Heinz: Narzißmus. Eine Theorie der psychoanalytischen Behandlung narzißtischer Persönlichkeitsstörungen. Frankfurt (1973), 1976
Kohut, Heinz/Wolf, Ernest, S.: Die Störungen des Selbst und ihre

Behandlung. In: Peters, Uwe, H. (Hrsg.): Pschologie des 20. Jahrhunderts. Psychiatrie Bd. 2, 97-112, Weinheim 1983
Langsdorff, Maja: Die heimliche Sucht, unheimlich zu essen. Frankfurt (1985), 1990[8]
Laplanche, Jean/Pontalis, J.-B.: Das Vokabular der Psychoanalyse. Frankfurt (1972), 1973
Lawrence, Marilyn: »Ich stimme nicht«. Identitätskrise und Magersucht. Reinbek 1987
dies. (Hrsg.): Satt aber hungrig. Frauen und Eßstörungen. Reinbek 1989
Lettner: Unveröffentliches Manuskript. 1989
Lowen, Alexander: Bio-Energetik. Therapie der Seele durch Arbeit mit dem Körper. Reinbek (1979), 1988[2]
Mader, Petra: Gestörtes Eßverhalten. Adipositas – Bulimia nervosa – Anorexia nervosa – latente Adipositas. Hamburg (1984), 1991[6]
Mahler, Margaret S.: Symbiose und Individuation. Psyche 29 (1975)
Mellody, Pia: Verstrickt in die Probleme anderer. Über Entstehung und Auswirkung von Co-Abhängigkeit. München 1991
Mentzos, Stavros: Neurotische Konfliktverarbeitung. Einführung in die psychoanalytische Neurosenlehre unter Berücksichtigung neuer Perspektiven. Frankfurt (1984), 1991[8]
Merfert-Diete, Christa/Soltau, Roswitha: Frauen und Sucht. Die alltägliche Verstrickung in Abhängigkeit. Reinbek 1984
Miller, Alice: Das Drama des begabten Kindes und die Suche nach dem wahren Selbst. Frankfurt 1979a
dies.: Depression und Grandiosität als wesensverwandte Formen der narzißtischen Störung. Psyche 33 (1979b), 132-156
dies.: Du sollst nicht merken. Variationen über das Paradies-Thema. Frankfurt 1983
Norwood, Robin: Wenn Frauen zu sehr lieben. Die heimliche Sucht, gebraucht zu werden. Reinbek (1986), 1991
Orbach, Susie: Anti-Diätbuch. Über die Psychologie der Dickleibigkeit, die Ursachen von Eßsucht. München (1978), 1979
dies.: Antidiätbuch II. Eine praktische Anleitung zur Überwindung von Eßsucht. München (1983), 1984
Perls, Frederick, S.: Das Ich, der Hunger und die Aggression. Die Anfänge der Gestalttherapie. (Stuttgart 1987), München 1989
Polster, Erving/Polster, Miriam: Gestalt-Therapie. Neue Erkenntnisse aus Theorie und Praxis. München (1975), 1990[6]
Ray, Sondra: Schlank durch positives Denken. Die spirituelle Diät. München (1986), 1989[5]

Reich, A.: Narzißtische Objektwahl bei Frauen. Psyche 27 (1973), 928-948
Richter, Horst-Eberhard: Eltern, Kind und Neurose. Hamburg (1969), 1972[3]
ders.: Patient Familie. Entstehung, Struktur und Therapie von Konflikten in Ehe und Familie. Reinbek 1972
Robertson, James u. Joyce: Neue Beobachtungen zum Trennungsverhalten kleiner Kinder. Psyche 7 (1975)
Rotmann, Michael: Die Triangulierung der frühkindlichen Sozialbeziehung. Psyche 12 (1978)
Schaef, Anne Wilson: Co-Abhängigkeit – nicht erkannt und falsch behandelt. Wildberg 1986
dies.: Im Zeitalter der Sucht. Wege aus der Abhängigkeit. Hamburg 1989
dies.: Die Flucht vor der Nähe. Warum Liebe, die süchtig macht, keine Liebe ist. Hamburg 1990
Schaeffer, Brenda: Wenn Liebe zur Sucht wird. München 1989[2]
Schlegel, Leonhard: Grundkurs zur TA. Berlin 1988
Schmidbauer, Wolfgang: Die Angst vor Nähe. Reinbek 1986
Schneider-Henn, Karin: Die hungrigen Töchter. Eßstörungen bei jungen Mädchen. München 1988
Schwartz, Richard et al.: Family Therapie for Bulimia. In: Garner, David M./Garfinkel, Paul E. (Hrsg.): Handbook of Psychotherapy for Anorexia Nervosa and Bulimia. New York 1985
Schwieger, Cäsar: Bio-Energetik-Praxis. Bioenergetische Übungen. Sufi-Gymnastik. Dynamische Meditation. Frankfurt 1977
Seifert, Theodor: Schneewittchen. Das fast verlorene Leben. Zürich 1989
Selvini Palazzoli, Mara: Magersucht. Von der Behandlung einzelner zur Familientherapie. Stuttgart (1984), 1989[4]
Spitz, René: Hospitalismus I und II. In: Bittner, G./Schmid-Cords, E. (Hrsg.): Erziehung in früher Kindheit, München 1968
ders.: Entstehung der ersten Objektbeziehungen. Stuttgart (1960), 1988[4]
ders.: Vom Säugling zum Kleinkind. Naturgeschichte der Mutter-Kind-Beziehungen im ersten Lebensjahr. Stuttgart (1987), 1989[9]
Stauss, Konrad: Die stationäre transaktionsanalytische Behandlung des Borderline-Syndroms. Grönenbach 1988
Steinhage, Rosemarie: Sexueller Mißbrauch an Mädchen. Ein Handbuch für Beratung und Therapie. Reinbek 1989
Stierlin, Helm: Eltern und Kinder. Das Drama von Trennung und Versöhnung im Jugendalter. Frankfurt 1980

Toman, Walter: Family Therapy and Sibling Position. Rockville 1988
Wardetzki, Bärbel: Weiblicher Narzißmus und Bulimie. Dissertation. München 1990
Walter, Joachim (Hrsg.): Sexueller Mißbrauch im Kindesalter. Heidelberg 1989
Weber, Gunthard/Stierlin, Helm: In Liebe entzweit. Die Heidelberger Familientherapie der Magersucht. Reinbek (1989), 1991
Willi, Jürg: Die Zweierbeziehung. Spannungsursachen/Störungsmuster/Klärungsprozesse/Lösungsmodelle, Reinbek 1983
Winnicott, Donald W.: Über die Fähigkeit, allein zu sein. Psyche 6 (1958) 345-352
Wirtz, Ursula: Seelenmord. Inzest und Therapie. Zürich 1989
Wurmser, Leon: Die schwere Last von tausend unbarmherzigen Augen. Zur Psychoanalyse der Scham und der Schamkonflikte. Forum der Psychoanalyse 2 (1986) 111-133

Glossar

A-Gruppen: Sie sind eine unabhängige Gemeinschaft von Menschen, die zusammenkommen, um ein gemeinsames Problem (zum Beispiel die Eßsucht, Beziehungssucht, Sexsucht, oder emotionale Probleme) zu lösen, indem sie sich gegenseitig ihre Erfahrungen mitteilen und sich unterstützen. Willkommen ist jeder, der Hilfe sucht und von der Krankheit loskommen möchte. Es gibt keine Mitgliedsbeiträge oder Gebühren, sondern nur Spenden der Teilnehmer. Die Gruppen sind unabhängig von äußeren Geldgebern und religiösen und politischen Ideologien. Die Teilnehmer bleiben anonym und arbeiten für ihre Genesung mit dem sogenannten 12 Schritte-Programm, das ihnen hilft, die Krankheit zu überwinden und ein zufriedener Mensch zu werden.

affektiv: gefühlsmäßig

Ambivalenz: Doppelwertigkeit, Hingezogen- und Abgestoßensein zugleich

anaklitisch: Anlehnungs-

anal: das Ausscheidungsorgan (After) betreffend

archaisch: aus sehr früher Zeit stammend

Autonomie: Eigenständigkeit, sich als eigene, unabhängige Person fühlen und verhalten

Borderlinesyndrom: eine bestimmte Art der Persönlichkeitsstörung. Definition nach einem internationalen Diagnoseschema (DSM-III-R): Instabilität der Stimmung, der zwischenmenschlichen Beziehungen und des Selbstbildes. In der Regel verbunden mit Selbstmordgedanken, Selbstverletzungen, starken Identitätsstörungen, heftigen Gefühlsausbrüchen, Suchtverhalten u.a.

Deprivation: Mangel, Entbehrung

Destruktivität: Zerstörung

dirigierend: lenkend, leitend

double-bind-Situation: eine Situation, die in sich widerspürchlich ist und auf die man deshalb nie richtig reagieren kann. Was man auch tut, es ist in einer Weise immer falsch. Beispiel: Eine Mutter schenkt dem Sohn zwei Hemden, ein weißes und eine blaues. Der Sohn zieht freudig das weiße an und die Mutter fragt enttäuscht: »Gefällt Dir das blaue nicht?«

Dyade: Zweierbeziehung, Zweiheit

dysfunktional: es funktioniert fehlerhaft, nicht erfolgreich

Eltern-Ich: vergleichbar mit dem Über-Ich und dem Gewissen. Es symbolisiert eine seelische Instanz, die aus Einstellungen, Wahrnehmungs- und Verhaltensweisen besteht, wie sie bei den Eltern oder anderen Bezugspersonen beobachtet und von diesen übernommen wurden. Sie können teilnehmend fürsorglich und nährend sein oder moralisch urteilend und kritisch. Sowohl der nährende Teil als auch der kritische können ermutigend (also dem Wachstum dienlich) eingesetzt werden, aber auch entmutigend, herabwürdigend oder überfürsorglich.

empathisch: einfühlend, einfühlsam

Erwachsenen-Ich: »Wer im Erwachsenen-Ich-Zustand ist, fällt nach *Berne* sachliche Urteile und Entscheidungen. Er sammelt und verarbeitet dementsprechend einschlägige Informationen, berücksichtigt die äußere und innere Realität und schätzt die Wahrscheinlichkeit des Eintretens eines Ereignisses nach den vorliegenden Informationen und seiner Erfahrung ein. Keinesfalls ist gemeint, daß ein Erwachsener immer im Erwachsenen-Ich-Zustand zu sein habe! Um dieses Mißverständnis zu vermeiden, wäre es eigentlich besser von einem sachbezogenen Zustand zu sprechen.« (*Schlegel* 1988, S. 6.)

Fragmentierungsangst: die Angst, auseinanderzufallen, keinen inneren Zusammenhalt mehr zu haben, auseinanderzubrechen

Fusion: Verschmelzung

Grandiosität: Größenvorstellungen, Großartigkeit

Gratifikation: Vergütung, Zuwendung

horizontal: waagerecht

Hospitalismus: Folgen eines Heimaufenthaltes

Individuation: Der Prozeß, in dem ein Mensch zu einer eigenständigen Person wird

individuell: das Einzelwesen betreffend

intendieren: beabsichtigen

Introjekt: Inhalte, die per Introjektion ›verschluckt‹, also unhinterfragt von anderen übernommen werden, wie Meinungen, Einstellungen, Ansichten usw.

Introjektion: die unkritische Einverleibung von Inhalten

Introspektionsfähigkeit: Fähigkeit zur Selbstbeobachtung

Identität: Wesenseinheit, ganzheitliches, einheitliches Gefühl der eigenen Person

kausal: ursächlich zusammenhängend

kognitiv: den Verstand, das Denken, die geistigen Prozesse betreffend

Kompensation: Ausgleich

Konstrukt: Gebilde

Kontext: Zusammenhang

Manifestation: Offenbarwerden, Ausdruck

narzißtisch: das Selbstwertgefühl betreffend

narzißtische Zufuhr: Zuwendung jeglicher Art, die das Selbstwertgefühl stärkt

nonverbal: ohne Worte

Ödipuskomplex: Tritt ungefähr zwischen dem dritten und fünften Lebensjahr auf und umschreibt die Liebes- und feindseligen Wünsche des Kindes seinen Eltern gegenüber: Feindseligkeit gegenüber dem gleichgeschlechtlichen und sexuelles Begehren des anders geschlechtlichen Elternteils

Paradigma: Beispiel

patriarchalisch: das Vaterrecht (Patriarchat) betreffend

projizieren: zum Beispiel Bilder auf einer weißen Fläche darstellen. Im psychologischen Bedeutungszusammenhang heißt es: eigene, ungewollte Gefühle dem anderen unterstellen

Promiskuität: häufig wechselnder Geschlechtsverkehr, sexuelle Zügellosigkeit

Pseudounabhängigkeit: Ein Mensch, der ›pseudounabhängig ist‹, zeigt sich nach außen autonom, ist innerlich aber anhänglich. ›Pseudo‹ soll ausdrücken, daß es sich um keine echte, das heißt in der Persönlichkeit verankerte Unabhängigkeit handelt, sondern um eine ›aufgesetzte‹.

Psyche: Seele

psychisch: seelisch

Reflexion: Betrachtung, Vertiefung in einen Gedankengang

Regressionsneigung: Neigung, in frühere Entwicklungsstadien zurückzufallen

Ressentimentcharakter: ein Verhalten, das von unterschwelligem Groll geprägt ist

reversibel: umkehrbar

rigid: starr, steif

Separation: Ablösung, Loslösung

Spiegelung: in der psychologischen Bedeutung heißt es, daß der Mensch gesehen, verstanden und ernstgenommen wird, wie er ist. In der Reaktion der anderen auf ihn, erlebt er sich gespiegelt. Er lernt so, seine Wahrnehmungen und Gefühle zu unterscheiden und erfährt, wer er ist.

Spiritualität: Geistigkeit

Symbiose: Die Beziehung zwischen Mutter und Säugling wird vor allem in den ersten Lebensmonaten als Symbiose bezeichnet, in der das Kind die Mutter weitgehend ungetrennt von sich erlebt, das heißt, sie zusammen eine Einheit bilden. Es ist eine natürliche, wachstumsfördernde Form des innigen Umgangs miteinander, bei dem das Kind aufgrund seiner Hilflosigkeit völlig auf die Mutter angewiesen ist. Symbiosen im Erwachsenenalter dagegen sind nicht förderlich, weil sie reife und unabhängige Beziehungen verhindern. Denn der erwachsene Mensch ist nicht wie der Säugling von anderen abhängig, um zu überleben. In einer symbiotischen Beziehung verhalten sich die zwei Menschen so, als wären sie ein einziger. Sie sind nicht getrennt, das heißt sie unterscheiden sich nicht voneinander, nehmen ihre Bedürfnisse und Gefühle nicht wahr und gehen davon aus, daß der andere dieselben hätte. Auseinandersetzungen und unterschiedliche Meinungen werden gemieden, weil sie als unharmonisch erlebt werden und Getrenntheit signalisieren. Am liebsten wäre es ihnen, dasselbe zu mögen, zu denken und zu fühlen. Somit hat keiner mehr die Chance, er selber zu sein, muß aber auch nicht eigenverantwortlich für sich einstehen (vgl. *Schlegel*).

Symptom: Krankheitszeichen

systemisch: das System betreffend, sich auf das System beziehend
traumatisch: seelisch verletzend, erschütternd
Triade: Dreiheit
Über-Ich: Seelische Instanz, die aus Gewissen und Ichideal besteht
vertikal: senkrecht

Hier finden Sie Hilfe und Unterstützung

Falls Ihnen beim Lesen des Buches deutlich wurde, daß Sie Hilfe brauchen, dann können Sie sich an folgende Stellen wenden:

Beratungsstellen
Es gibt in jeder Stadt psychologische Beratungsstellen, deren Träger entweder staatlich, kirchlich oder privat sind. Sie dienen in erster Linie für Erstkontakte, in denen zusammen besprochen wird, welche weitere Hilfe nötig und sinnvoll ist. Die Beratungen sind in der Regel kostenlos. Sie finden die jeweiligen Adressen im Telefonbuch unter ›Beratungsstellen‹, ›Kirchen‹ und ›Stadtverwaltung‹.

Frauenhäuser
Hier können sich Frauen hinwenden, wenn sie in Not sind und Unterstützung brauchen, im Falle von körperlicher, sexueller oder seelischer Mißhandlung. Viele organisieren auch Selbsthilfegruppen. Sie finden sie unter ›Frauenhäuser‹ im Telefonbuch.

Kinderschutzbund
Bei der Bundesgeschäftsstelle können Sie erfahren, wo es in Ihrer Nähe eine Landesgruppe bzw. eine Beratungsstelle gibt: Drostestraße 14-16, 30161 Hannover, Tel. 0511/662056

Hauptstelle gegen die Suchtgefahren
Hier können Sie sich hinwenden, wenn Sie Fragen zu Suchterkrankungen, deren Prävention und Behandlung haben.
DHS-Deutsche Hauptstelle gegen die Suchtgefahren
Bahnhofstr. 2, 59065 Hamm, Tel. 02381/25269

Notruf für Suchtgefährdete
Theresienstr. 23, 80333 München, Tel.089/ 282822 oder 283300

Selbsthilfegruppen
A-Gruppen:
Emotions Anonymous (EA)
Die EA ist für Menschen mit seelischen Problemen offen und anders als die anderen A-Gruppen nicht auf eine bestimmte Sucht ausgerichtet. Informationen über Zeit und Ort der Treffen in der Nähe Ihres Wohnortes erfahren Sie über die folgende Adresse:

EA Kontaktstelle Deutschland
Katzbachstr. 33, 10965 Berlin, Tel. 030/7 86 79 84

Anonyme Sex- und Liebessüchtige (S.L.A.A.)
In dieser Gruppe treffen sich Menschen, die unter Liebes- bzw. Beziehungssucht leiden. Es gibt jedoch erst sehr wenige solcher Gruppen, vielleicht auch, weil das Problem bei uns noch nicht so lange Zeit bekannt ist.
S.L.A.A. Deutschland e.v., Anonyme Sex- und Liebessüchtige
SHG für Sex-, Liebes-, Beziehungs- und Romanzensucht
Postfach 1352, 65003 Wiesbaden, Tel. 0700/7522-7522

Anonyme Sexsüchtige (AS)
Die AS oder SAA (Abkürzung für die amerikanische Bezeichnung Sex Addicts Anonymous) ist eine Selbsthilfegruppe für sexsüchtige Menschen
AS Kontaktstelle
Himmelfahrtskirche, Kidlerstr. 25, 81371 München, Tel. 089/77 68 35

AS-Anon (Angehörige von Sexsüchtigen)
Hier finden Frauen und Männer Hilfe, deren Partner sexsüchtig sind.
AS-Anon Kontaktstelle:
Schweiz: Postfach 863, CH-8501 Frauenfeld 1
Deutschland: Postfach 1262, 76002 Karlsruhe

AL-Anon
Eine anonyme Selbsthilfegruppe für Angehörige von Alkoholikern.
Zentrales Dienstbüro
Emilienstr. 4, 45128 Essen, Tel. 0201/78 84 64

Overeaters Anonymous (OA)
In dieser Selbsthilfegruppe finden sich alle eßsüchtigen Menschen zusammen, seien sie nun mager-, eß-brech- oder eßsüchtig.
OA Deutsche Intergruppe
Postfach 106206, 28062 Bremen, Tel. 0421/32 72 24

Deutsche Arbeitsgemeinschaft Selbsthilfegruppen e.V.
»Nationale Kontakt- und Informationsstelle zur Anregung und Unterstützung von Selbsthilfegruppen«
Albrecht-Achilles-Str. 65, 10709 Berlin, Tel. 030/8914019

Wenn Essen zum Problem wird

Bärbel Wardetzki
»Iß doch endlich mal normal!«
Hilfen für Angehörige und Partner von eßgestörten Mädchen und Frauen
241 Seiten. Kartoniert
ISBN 3-466-30406-7

Jedes fünfte Mädchen hat ein gestörtes Verhältnis zum Essen. Dabei sind Eßstörungen von jungen Frauen nicht nur ein individuelles Problem, sondern Ausdruck einer familiären und partnerschaftlichen Dynamik.
 Wie Angehörige und Partner helfen können, zeigt das Buch von Bärbel Wardetzki anhand zahlreicher Beispiele.

Kösel online: www.koesel.de; e-mail: service@koesel.de

Verletzte Gefühle

Bärbel Wardetzki
Ohrfeige für die Seele
Wie wir mit Kränkung und
Zurückweisung besser
umgehen können
217 Seiten. Klappenbr.
ISBN 3-466-30517-9

Eine Kränkung oder Zurückweisung ist wie eine Ohrfeige für die Seele. Wir sind verletzt und fühlen uns in unserem Selbstwertgefühl getroffen. Daraus resultiert eine tiefe Verunsicherung unserer Person, verbunden mit Gefühlen von Ohnmacht, Wut und Selbstzweifeln. In unserer Gekränktheit wenden wir uns trotzig von unserem Gegenüber ab und sinnen häufig auf Rache oder Vergeltung.

In diesem spannend zu lesenden Buch lernen Sie, wie Sie mit Kränkungen anders umgehen können, so dass sie für Sie und die anderen weniger zerstörerisch sind.

Kösel online: www.koesel.de; e-mail: service@koesel.de

Mehr Gelassenheit im Alltag

Barbara Berckhan
Die etwas gelassenere Art, sich durchzusetzen
240 Seiten. Kartoniert.
ISBN 3-466-30379-6

Die etwas gelassenere Art, sich durchzusetzen, bedeutet knebelnde innere Vorschriften aufzulösen, über die Spielregeln männlicher und weiblicher Kultur Bescheid zu wissen sowie die Selbstbehauptungsstrategien zu kennen, die es Frauen möglich machen, selbstsicher und souverän aufzutreten.
Ein praktischer Ratgeber für den Alltag!

Kösel online: www.koesel.de; e-mail: service@koesel.de